国家社科基金青年项目（18CFX027）
国际合作区域拓展计划 · "一带一路"项目成果
中央高校基本科研业务费专项资金项目成果
中国法学会法治研究基地浙江大学公法研究中心研究成果

互联网法学丛书
Internet Law Series

欺诈、盗窃与入侵

西方网络安全大案解析

主　编　冯　洋

Fraud, Theft and Intrusion

Western Network Security Case Analysis

ZHEJIANG UNIVERSITY PRESS
浙江大学出版社

作者简介：

冯　洋　浙江大学光华法学院互联网与法学方向博士后

牟绿叶　浙江大学光华法学院讲师

蔡诗萌　浙江大学光华法学院法律硕士研究生

杨荟茜　美国乔治城大学法学院法律研究生

叶敏婷　浙江大学光华法学院博士研究生

林　熙　浙江大学外国语言文化与国际交流学院本科生

施俊超　浙江大学光华法学院法律硕士研究生

何羽浓　浙江大学光华法学院法学硕士研究生

序　言

21 世纪是互联网、人工智能等新科技迅猛发展的时期。从局域网到世界互联网,随着网络科技不断升级,犯罪的形式与手段也逐渐多样化,"网络犯罪"这一新型犯罪逐步出现在我们的视野中。近年来,网络犯罪对全球的经济和社会发展造成巨大的负面影响。仅 2016 年,全球范围内有关互联网安全的经济损失达 4500 亿美元,账号被盗人数达 20 亿,仅在美国,就有高达 1 亿人的医疗账户因网络犯罪而失窃。由于犯罪分子多将服务器地址设在政府监控盲区,较多案件的犯罪要件(主体、客体、对象等)都具有境外的元素,其跨国性、互动性、开放性的特点也决定了所涉案件均带有全球化的色彩。根据相关数据,每 10 起互联网犯罪案件中就有 8 起来自西方国家,而其中 5 起来自美国。如何防范网络犯罪也成为各国政府会晤的日常议题之一。在第十三届联合国预防犯罪和刑事司法大会上,几十个国家对"大数据时代网络安全治理法治化"的热议证明了网络犯罪已正式升级为一个全球化议题。

美国是世界上第一起大规模网络犯罪案件发生地。1988 年 11 月,闻名全世界的"莫里斯蠕虫病毒"(Morris Internet Worm)攻击了全美境内 10％的计算机,从此拉开了网络犯罪在全世界蔓延的序幕。30 多年来,网络犯罪从当初的蠕虫病毒演化出了非法网络窃密、传播木马病毒、互联网经济诈骗等方式。2016 年美国大选中,"邮件门""维基百科"等互联网法律安全话题成为希拉里团队竞选落败的"阿喀琉斯之踵"。与此同时,美国也是最早开展反网络犯罪专门立法的国家。"9·11"事件后,美国的互联网安全立法从侧重于"国家安全层面"转变到"社会安全层面"。美国网络安全案例的代表性体现出来的法律问题,对其他国家都具有重要参考价值。

近年来,中国的互联网、人工智能产业发展迅速,同时,网络犯罪呈逐年上升趋势。根据官方统计数据,涉网犯罪已经占到了犯罪总量的 1/3,而且每年还以

30％的速度在增长。为了维护网络安全,中国在2015年通过《刑法修正案(九)》增设了有关新型网络犯罪的罪名,并在2016年制定了《中华人民共和国网络安全法》,以卓有成效的立法、执法和司法实践遏制了网络犯罪高发的趋势。中国在互联网法律建设中的探索及打击网络犯罪的经验,同样值得其他国家借鉴。

在互联网法律建设、维护网络安全等问题上,中美有深厚的合作基础。2015年,中美打击网络犯罪高级别联合对话在华盛顿举行。美国司法部部长林奇与中方负责人同意根据《中美打击网络犯罪及相关事项指导原则》开展打击网络犯罪等领域的经验交流,从此奠定了中美两国共同防治国际网络犯罪的基础。在全球著名的互联网公司中,中美企业都占据了很高的比例,也都面临着计算机病毒、黑客攻击、个人信息保护等问题。共同的互联网经济基础与共同的维护网络安全使命,使中美学者有广阔的对话交流空间。两国学者的学术交流与研究,对全球范围内互联网立法的完善具有标杆性意义。

基于维护网络安全、推动互联网法治建设的使命,浙江大学光华法学院推出了《欺诈、盗窃与入侵——西方网络安全大案解析》一书。本书介绍、评价各国尤其是美国发生的重大案件,通过还原真实案例的过程及裁判结果,将其层层解剖、对比和分析。在此基础上,作者对各国尤其是美国互联网安全的立法、司法、法律监督等法律实践进行评析。本书的特点在于,通过典型案例展现各国互联网法律的发展脉络,并揭示其存在的问题和挑战。本书中对网络犯罪的惩治、网络案件的裁判思路,对于完善中国互联网法律体系来说,都具有重要的参考价值。中美两国都处于互联网法律的转型期,也都在致力于有关人工智能法律的研究,两国学者有必要在法制建设方面分享经验,总结成果,共同推动网络空间法制的进步。本书的出版正逢其时。

希望本书能提供求教于同仁的机会,共同推动中国以及全球范围内互联网法律的完善,让人类在享受科技效率的同时,也能够感受到法律的温暖。

目　录

第三部分 利用网络实施诈骗和其他犯罪活动

第四部分 侵犯个人信息

第五部分　危害网络安全与国家安全

第一部分
传播网络病毒和垃圾邮件

1. 莫里斯传播蠕虫病毒案(1990)

【关键词】计算机诈骗 网络病毒 未授权访问

【基本案情】

被告人罗伯特·塔潘·莫里斯(Robert Tappan Morris)1965 年出生于马萨诸塞州。其父罗伯特·莫里斯(Robert Morris)是 20 世纪六七十年代著名的密码专家和计算机专家。老莫里斯在享誉世界的美国贝尔实验室从事计算机研发工作。贝尔实验室是晶体管、蜂窝移动通信设备以及通信网等许多重大发明的诞生地。在贝尔实验室,老莫里斯曾参与开发复用信息和计算服务(Multics)①以及尤尼克斯操作系统(Unix)②。在 Unix 操作系统的 B 语言和 C 语言的开发中,老莫里斯起到了重要作用。此外,自老莫里斯开始,莫里斯家族开发病毒的能力就初露锋芒。老莫里斯是网络病毒的前身之一 Core War("核心大战")的开发者。Core War 是一款游戏,该游戏可以通过植入汇编语言清空计算机运行记忆。基于在计算机领域杰出的成就,老莫里斯后来被聘为美国国家安全局国家计算机安全中心首席科学家。

或许是从小耳濡目染,莫里斯很早就显示出了惊人的计算机天赋。老莫里斯曾从美国国家航空航天局(NASA)带回一台原始密码机,这台机器激起了莫里斯对计算机的强烈兴趣。莫里斯 12 岁时就能编出高质量的计算机程序,18 岁时在贝尔实验室和哈佛大学当过程序员。莫里斯 1983 年从德巴顿中学毕业后,

---

① Multics 是一个分时操作系统,其目的是开发出一套安装在大型主机上多人多任务的操作系统。

② 尤尼斯操作系统(Unix)是一个强大的多用户、多任务操作系统,支持多种处理器架构,按照操作系统的分类,属于分时操作系统。

进入哈佛大学。通过本科阶段的学习,莫里斯掌握了扎实的计算机操作技术。本科毕业后,莫里斯申请了康奈尔大学计算机科学专业直博项目。在研究生学习的第一年,他获得了康奈尔大学计算机科学院的网络账号。通过此账号,莫里斯可以进入美国政府和其他大学的网络。莫里斯是出了名的"孤僻"学生,他厌倦常规学习,只想把时间花在他所热爱的编程上。

1988年10月,为了测算美国网络的规模以及证明网络防火墙存在漏洞,莫里斯瞄准老莫里斯开发的 Unix 系统,利用 Unix 系统中 Sendmail[①],Finger[②],Rsh[③]/Rexec[④] 等程序的漏洞以及存在缺陷的密码程序[⑤],编写出一款蠕虫病毒,并将该病毒释放到康奈尔大学的网络上。通过这些漏洞,蠕虫病毒"爬向"与该校园网络连接的美国各大高校和政府机构的计算机。

编写该病毒程序时,莫里斯考虑到既要让蠕虫病毒广泛传播,又不能让它被轻易察觉。因此,莫里斯所编写的蠕虫病毒几乎不影响计算机程序运行,也很难被其他程序察觉和读取,因而很难被截获和删除。除此之外,为了防止蠕虫病毒重复感染计算机,莫里斯增设了一个进程。该进程用于查询计算机是否已被病毒感染,若查询结果为"是",则该病毒不再复制;若查询结果为"否",病毒将入侵计算机。心思缜密的莫里斯又想到,如果计算机中设置一个程序谎称"是",就可以避免被感染。为打破这种防御机制,莫里斯让蠕虫病毒在得到"是"的回答时,仍按 1/7 的概率侵入。事实上,莫里斯低估了复制的速度,计算机感染数量远超他的预期。

1988年11月2日,为混淆"犯罪"地点,莫里斯选择通过麻省理工学院的网络传播蠕虫病毒。莫里斯很快发现,蠕虫病毒以远超预期的速度入侵计算机。许多计算机要么崩坏,要么处在高危状态。当莫里斯意识到事情的严重性时,他在深夜给他的哈佛同学萨德斯(Sudduth)打了3次电话。依据萨德斯的说法,莫里斯"心事重重,仿佛认定他已犯了一个弥天大错"。莫里斯请求萨德斯代表他

---

① Sendmail 是最重要的邮件传输代理程序。电子邮件程序被分解成用户代理、传输代理和投递代理。当用户试图发送一封电子邮件的时候,他并不能直接将信件发送到对方的机器上,用户代理必须试图去寻找一个信件传输代理,把邮件提交给它。

② Finger 既是协议名也是应用程序名,通过它可以查询互联网上主机或用户的状态。Finger 通常被用来查询用户是否登录以及登录的账户、登录时间、办公地址、电话、邮件地址等。

③ Rsh 是"remoteshell"的缩写,shell 俗称"计算机壳层",该命令在指定的远程主机上启动一个 shell 并执行用户指定的命令。

④ Rexec 是在远程计算机上运行命令。

⑤ 指令下达后,字母快速排列组合,组出正确的密码。

在哈佛论坛上发送匿名消息。该消息首先为该行为道歉,然后再解释如何更新计算机以杜绝病毒传播。11月3日上午3点34分,萨德斯按照莫里斯的请求,在 Usenet 公告板系统上张贴了匿名消息,但由于网络不畅,这封帖子很晚才发送出去。蠕虫病毒迅速蔓延,造成了6200个 Unix 操作系统的工作终端瘫痪。6200台计算机在现今的网络环境中只是沧海一粟,然而当时连接网络的计算机总量仅6万多台,即被蠕虫病毒感染的计算机已占接入网络的计算机总量的10%。同时,被感染的计算机多为存储国家重要机密和高校最新研发技术的计算机,包括美国国家航空航天局(NASA)、五角大楼、加州大学伯克利分校、斯坦福大学、麻省理工学院等重要国家机构和顶尖高校。蠕虫病毒不仅波及范围广,还造成严重损失。在短短72小时内,该病毒造成了高达1000万至1亿美元的经济损失,众多重要数据和资料在一夜之间被毁。

莫里斯案之重要性除了在于感染计算机之多、损失之严重外,还在于它推动了治理计算机网络犯罪的司法进程。对计算机网络犯罪的审判是当时的世界性难题。尽管1986年美国国会已通过《计算机欺诈与滥用法》,但还没有援引该法案对制造和传播计算机病毒进行定罪的先例。莫里斯案是该法颁布以来,第一次援引该法的案件,是打击计算机网络犯罪的重要司法突破。此外,尽管莫里斯仅出于对计算机的好奇而导致损失,却也难逃《计算机欺诈与滥用法》对其"非故意"行为的制裁。这在当时引起众多争议。因此,莫里斯案进一步推动了《计算机欺诈与滥用法》的修订。

莫里斯案震惊了美国乃至整个世界。在莫里斯传播蠕虫病毒之前,网民们认为互联网就是一个和平安宁的虚拟空间。莫里斯案让网民们意识到互联网的危险性,黑客和计算机病毒从此进入民众和立法者的视野。后来,莫里斯"改邪归正",在曾经"兴风作浪"的麻省理工学院担任计算机电子工程学院教授。

【相关法律条文】

计算机诈骗及其他相关犯罪(Fraud and Related Activity in Connection with Computers)

通过散播恶意程序、信息、代码和命令,或故意非法进入被保护的计算机系统,造成计算机损坏,根据情节,处1年以上20年以下有期徒刑,并处罚金。

【裁判结果】

美国联邦地方法院认为,被告人罗伯特·塔潘·莫里斯违反《计算机欺诈与滥用法》的规定,传播计算机病毒,未经授权进入与联邦利益相关的计算机,判处其3年缓刑、400小时社区服务,另处罚金10050美元。莫里斯表示不服,提起上诉。1991年3月美国联邦上诉法院维持了一审判决。

【评议】莫里斯传播蠕虫病毒案的"故意"与"未授权"问题初探

莫里斯案是援引《计算机欺诈与滥用法》判决的第一案。该案推动了美国国会对《计算机欺诈与滥用法》的完善。新的法案细化了"故意"和"未授权"两个概念。尽管如此,在量刑和定罪上,修订后的《计算机欺诈与滥用法》仍存在不少问题。

1984年,美国通过第一部计算机犯罪法案《1984年全面控制犯罪法案》(*Comprehensive Crime Control Act of* 1984)。由于当时的计算机犯罪还较少,该法案尚未摸清"计算机犯罪"的范围,因而所做规定适用性不强。该法案在1986年做了较大改动,并更名为《计算机欺诈与滥用法》。所做的改动主要有以下三方面:一是(a)(2)和(a)(3)中的"明知"(knowingly)改为"故意"(intentionally);二是(a)(1)和(a)(2)中的"超授权进入"改为"未授权进入";三是新设立两项重罪和一项轻罪,分别为造成联邦利益相关的计算机损害罪、计算机诈骗罪以及非法买卖计算机密码罪。法案的修订不是一劳永逸的,尽管新法案已取得较大进步,但莫里斯蠕虫病毒案仍暴露出不少立法漏洞。

该案中,控辩双方对该法案§1030(a)(5)(A)的解释争议不断。1986年版的该法案§1030(a)(5)(A)规定:"故意未授权进入联邦利益的计算机,存在改变、损害、破坏联邦利益的计算机信息行为,或阻止任何其他计算机或信息的授权使用,因而在任一年内导致一方或多方至少1000美元损失。"针对该法条,莫里斯提出两点质疑,一为"故意"的行为范围。在该法条中,"故意"一词列在"未授权进入联邦利益的计算机"这个小分句前,但该条文是由3个被逗号分隔的小分句组成的,因而莫里斯认为,"故意"同样修饰后面的"存在改变、损害、破坏联邦利益的计算机信息行为""阻止任何其他计算机或信息的授权使用"。然而他仅未授权进入联邦利益的计算机,并不存在故意改变、损害、破坏联邦利益的计算机信息行为,或故意阻止任何其他计算机或信息的授权使用,因此不构成违反该条文。另一个质疑为,作为康奈尔大学内网的使用者,应为"超授权"而非"未授权"访问其他计算机。事实上,基于以上两点,该案主审法官也对该条文感到迷惑。法官和检方在判决前各执一词,检方想定莫里斯重罪,而纽约州北部地区法院更倾向轻罪。

关于"故意"的认定,法官最终做出如下解释,"故意"仅修饰"未授权进入联邦利益的计算机",并非修饰之后的两个短句。法官认为,法律解释应着眼于立法的历史和意图。1986 年修正案之所以将"明知"(knowingly)改为"故意"(intentionally),是提高未授权访问他人计算机文件及数据的主观层级。因此,根据立法者的原意,"故意"旨在修饰"未授权进入联邦利益的计算机",而不包含后面两个分句。同时,若国会在制定 1986 年修正案时,想要对"造成损害"补充"故意"这一主观要件,应分别在小分句前加上,而非将"故意"放在总句的前面。① 所以"故意未授权进入联邦利益的计算机",并非故意"存在改变、损害、破坏联邦利益的计算机信息行为""阻止任何其他计算机或信息的授权使用",也是违反 §1030(a)(5)(A)的行为。尽管莫里斯不断申明自己并非故意造成损害,但根据 §1030(a)(5)(A)的"故意"认定范围,莫里斯已违反该法。

至于"未授权访问"的定性,法院认为虽然莫里斯有权限使用康奈尔大学内网,但不代表他可以非授权访问该网络上的其他计算机。在 20 世纪 80 年代末,互联网规模还较小。莫里斯所访问的内网连接着康奈尔大学、加州大学伯克利分校、斯坦福大学、麻省理工学院、美国国家航空航天局、五角大楼等重要国家机构和顶尖高校,莫里斯有权限使用该网络,也有权发送邮件。因此,莫里斯认为他不是 1984 年法案 §1030(a)(5)所规制的外部人员(outsider),而是该法案所保护的内部人员(insider)。法院认为,外部人员并非固定不变的群体,其定义要因背景而定。虽然某甲可进入某联邦利益的计算机,但不代表他可以进入同样连接该网络的另一联邦利益的计算机。法院通过对外部人员做扩张解释,认定莫里斯并非定义中的"内部人员",他属于"外部人员",因而是"未授权访问"。

除"故意"和"未授权访问"外,该案量刑也是争议焦点。莫里斯最终被判处 3 年缓刑,400 小时社区服务,判处罚金 10050 美元并承担缓刑期间的监管费用。可见,所判刑罚并无服刑时间。依据《计算机欺诈与滥用法》,莫里斯违反 §1030

---

① Susan M. Mello, Administering the Antidote to Computer Viruses: A Comment on United States v. Morris, Rutgers Computer & Technology Law Journal, 1993, 259(19): 269.

(a)(5)和§1030(a)(3),最高可被判5年有期徒刑,但最终却被判处3年缓刑。地区法院芒森(Munson)法官认为,由于莫里斯案是援引《计算机欺诈与滥用法》判决的第一案,尚无前例,因此无法参考之前的判决。鉴于莫里斯并无恶意造成损失,建议的惩罚方式重则入狱服刑、轻则进行社区服务或禁止再进入计算机行业。持轻判的人认为,既然所谓黑客并无攻击计算机的恶意,那么入狱服刑就没必要了。同时,由于计算机攻击的损失难以估计,法官认为统计的损失有所夸大。因此,虽然检方提议判决21至27个月有期徒刑,但最后莫里斯被判处3年缓刑。无服刑的判决招来不少反对,认为这个判决使《计算机欺诈与滥用法》失去应有的效力,将无法有效震慑网络犯罪行为,黑客将继续"胆大包天"。

虽然该案最终以轻判结束,但"非故意"的主观要件引起了立法者的关注。在莫里斯案的启发下,根据主观要件的不同,1996年的《计算机欺诈与滥用法》修正案对§1030(a)(5)做了三层划分。§1030(a)(5)(A)规定:故意传播恶意程序、信息、代码和指令,并因此故意未授权造成受保护计算机的破坏,此规定为重罪。§1030(a)(5)(B)规定:故意未授权进入受保护计算机,并因此行为鲁莽地造成破坏,此规定同为重罪。§1030(a)(5)(C)规定:未授权进入受保护计算机,并因此行为导致破坏或损失属于轻罪。总结而言,§1030(a)(5)主观要件分为故意、鲁莽和完全不知情。举例而言,甲通过故意发送email入侵计算机系统,明知email带有病毒,且明知此病毒具有极大危害性,但仍故意为之,则符合§1030(a)(5)(A)的主观"故意";明知email带有病毒,但认为病毒不会造成多大危害,这样的主观符合§1030(a)(5)(B)的"鲁莽";完全不知晓email带有病毒,这样的行为则适用§1030(a)(5)(C)的"完全不知情"。这样的分层规定有助于区分不同的主观故意,而非过于扩大主观故意的范围。

然而,这样的规定还是暴露出不少问题。虽然新法案已经对"故意"和"鲁莽"的量刑做了较充分的区分,但在衡量是否判重罪的另一对要素"授权"与"未授权"上,法律规定仍有不完善的地方,使得因鲁莽或不知情入侵计算机且造成损害的授权者可以免罪。相比之下,因鲁莽或不知情入侵计算机的未授权者则被严厉判罚。这样的漏洞主要体现在§1030(a)(5)(A),§1030(a)(5)(B)和§1030(a)(5)(C)三个法条上。§1030(a)(5)(A)规制故意进入计算机的授权或未授权者,即内部者和外部者均受规制。然而,§1030(a)(5)(B)和§1030(a)(5)(C)则只规制未授权故意入侵计算机者,即只规制外部人员。事实上,现实中存在大量内部人员鲁莽或毫不知情地入侵计算机的案件,造成难以估量的损失。

但是,按照《计算机欺诈与滥用法》的现行规定,这样的行为得不到应有的惩罚。此外,还存在不少技术人员,为测试计算机系统性能或寻找清除病毒的解决办法,不得不违规进入计算机寻找解决方法。例如,在未知服务器和"肉鸡"①主体身份的情况下,微软试图清除"僵尸网络"时,很难得到服务器和"肉鸡"主体的授权。同时,面对"僵尸网络"快速扩展,企业方无法尽快采取措施,这给企业方带来极大困扰。因此,实务中出现的难题已经大大挑战了《计算机欺诈与滥用法》的规定。

虽然截至目前,《计算机欺诈与滥用法》已修订五次之多,每次修订都在不断细化和扩张概念,但是发展迅速的黑客技术已让《计算机欺诈与滥用法》难以招架。诸多学者认为《计算机欺诈与滥用法》中关于"未授权进入计算机"等的表述十分模糊。在日新月异的计算机技术变革的大背景下,该法的完善仍然任重道远。

---

① "肉鸡"也称傀儡机,是指可以被黑客远程控制的机器,"肉鸡"通常被用作 DDoS 攻击。

2. 史密斯传播梅丽莎宏病毒案 (2002)

【关键词】网络安全 宏病毒邮件

【基本案情】

被告人戴维·史密斯(David L. Smith),案发时 30 岁,美国新泽西州蒙茅斯县人,案发时住在该县阿伯丁地区的肯花园(Ken Garden)公寓。史密斯是一家软件公司的程序员,该公司主要为美国电话电报公司(AT&T)提供编程服务。史密斯在邻居眼里是一个典型的"程序猿"。与两只猫同居,整日在家编写程序,就是"程序猿"史密斯的所有生活。史密斯的楼下邻居安·特劳特曼(Ann Trautmann)也是一位出色的软件工程师。他说史密斯独来独往,很少见到史密斯出门或者和邻居聊天。肯花园公寓里唯一与史密斯说过话的是美国有线电视公司的一位技工,他曾在案发三周前询问史密斯是否想在家里安装有线电视,史密斯回答说:"不了,我一直都只用我的计算机。"技工回忆说:"这个人也称不上怪异,但总觉得和一般人不同。"

史密斯的确"不同寻常"。1999 年 3 月 26 日,史密斯通过一个名为 alt. sex 的网络新闻组(newsgroup)传播了一种名为梅丽莎(Melissa)的宏病毒。该宏病毒传播速度之快史无前例。据计算,梅丽莎病毒只需要自我复制 5 次就可以让全世界所有的网络用户都收到该病毒。

梅丽莎病毒也被称为"美丽杀手"病毒。该病毒的命名与一般病毒不同,大多数病毒由反病毒软件公司来取名,但该病毒由史密斯亲自取名,它以佛罗里达州一位脱衣舞女郎的名字命名。

虽然有这样一个美丽的名字，但梅丽莎病毒实质上是一种威力巨大的宏病毒。计算机技术中的宏（Macro）指批量处理，是计算机的一种规则或模式。例如，在 Word 文档编辑过程中，经常有某项工作要多次重复，这时可以利用 Word 的宏功能来使其自动执行，以提高效率。宏将一系列的 Word 命令和指令组合在一起，形成一个命令，以实现任务执行的自动化。

宏病毒由 Visual Basic① 语言编写，是一种寄存在文档或模板（如 Normal 模版）的宏中的计算机病毒。一旦打开这样的文档，其中的宏就会被执行，于是宏病毒就会被激活，转移到计算机上，并驻留在 Normal 模板② 上。此后，所有自动保存的文档都会感染上这种宏病毒，而且如果其他用户打开了感染病毒的文档，宏病毒又会转移到他的计算机上。Word 宏病毒的破坏性主要在两方面：一是 Word 宏病毒对文档运行造成破坏，使文档无法正常打印、关闭或改变文件存储路径，导致用户信息被盗等；二是 Word 宏病毒对系统造成破坏，宏语言能够调用系统命令，损坏系统。

史密斯需将宏病毒植入网络，再传播出去。史密斯事先盗取了一个用户名为"skyrocket"的美国在线③（American Online，AOL）账号，该账号的真实所有者是华盛顿州林伍德市的一名土木工程师。事发后这名工程师告诉科技行者网站，他对此一无所知。通过此账号，史密斯发布了带有宏病毒的附件文档。该文档被命名为 LIST.DOC，内含 80 个色情网站的账户和密码。一旦用户点开该文档，文档中的宏病毒会被激活，病毒的 Visual Basic 脚本作为打开 Windows 系统的钥匙，若该 Windows 未被感染，梅丽莎病毒会将感染的文件复制到文档使用的 Normal 模板中，用于自定义设置和默认宏的模板就这样被感染了。然而，这只是梅丽莎"温柔陷阱"的开始。梅丽莎宏病毒使用 Visual Basic 代码创建一个 Outlook 文件，接着向该用户常用邮件联系人的前 50 位发送这份病毒文件，并当了一回"标题党"。史密斯将邮件的主题设为"这是来自 XX 的重要信息，千万不

---

① Visual Basic（简称 VB）是微软开发的一种通用的基于对象的程序设计语言，是一种可用于微软自家产品开发的语言。

② Normal 模版是可用于任何文档类型的共用模板。可修改该模板，以更改默认的文档格式或内容。以 Microsoft Word 2003 软件为例，默认模板 Normal.dot 文件中保存着 Word 文档的默认信息。如果该模板文件被损坏，则可能导致 Word 文档无法打开的错误。

③ 2000 年至 2009 年，AOL 是美国时代华纳的子公司，著名的因特网服务提供商，可提供电子邮件、新闻组、教育和娱乐服务，并支持对因特网访问。

要让别人看到!",文件名同样为 LIST. DOC,这样的标题让收信人浮想联翩,迫不及待地打开附件文档,然而就在打开附件文档的那一刻,宏病毒进入了收信人的计算机。

一旦 Normal 模板被损坏,病毒将入侵其他文件,窃取敏感信息,而用户对此浑然不觉,他们甚至会将已被感染的文件发送给他人,宏病毒又被传播到其他用户的计算机里。

虽然该病毒的 payload①没有恶意,但通过大量邮件发送的传播方式加重了邮件服务器的负担,形成了对服务器的拒绝服务攻击(Denial of Service, DoS),致使多家公司关闭服务器,造成巨大损失。有趣的是,宏病毒 payload 的"发威"时间是由史密斯特地设置的——当分钟值等于天数时,宏病毒将开始大量复制,如日期为 4 月 19 日时,宏病毒将在 4 月 19 日的每一个小时的 19 分开始"发威",同时在文档中打下以下这段话:

Twenty-two points, plus triple-word-score, plus fifty points for using all my letters. Game's over. I'm outta here.

这段话引自著名卡通节目《辛普森一家》中的拼字游戏片段,大意为"22 点加上 3 线交叉拼字游戏,再加上 55 点。游戏结束,我要走了"。

梅丽莎宏病毒就这样席卷全球,众多反病毒软件企业和组织在和它的对抗中败下阵来。据统计,该病毒除了造成北美地区 8 亿美元的损失,还造成全球其他地区 11 亿美元的损失。预计至少有 10 万台计算机和 300 个机构被该病毒感染。

计算机安全紧急响应组(Computer Emergency Response Team,CERT)声称,有组织在短短 45 分钟内收到 3200 份含有梅丽莎病毒的邮件附件,其传播速度令人咋舌。虽然梅丽莎病毒不像其他病毒一样会对硬件设施造成破坏,但该病毒传播方法之新和传播效率之高,使其极具威胁性。IBM 公司高级反病毒调查管理人史蒂夫·怀特(Steve White)说:"在不久的将来,病毒将在发布后 1～2 小时快速席卷全球,造成巨大损害,我们亟待研究出新的方法与它斗争到底!"

由于宏病毒的隐秘性,该案若无 AOL 的介入可能又是一桩黑客界的悬案。

---

① 病毒通常会做一些有害的或者恶性的动作。在病毒代码中实现这个功能的部分叫作"有效负载"(payload)。Payload 可以实现任何运行在受害计算机中的程序所能做的事情,能够执行的动作包括破坏文件、删除文件,向病毒的作者或者任意的接收者发送敏感信息,以及提供通向被感染计算机的后门。

AOL 查找到上传该病毒的 IP 地址，发现共有 12 个账户在 3 月 26 日使用该 IP 地址，其中就含有史密斯发布病毒的 AOL 账号。警方根据此线索顺藤摸瓜，找到了史密斯的藏身之处，在史密斯哥哥新泽西州伊顿敦的公寓里将其抓获。

【相关法律条文】

计算机诈骗及其他相关犯罪（Fraud and Related Activity in Connection with Computers）

通过散播恶意程序、信息、代码和命令，或故意非法进入被保护的计算机系统，造成计算机损坏，根据情节，处 1 年以上 20 年以下有期徒刑，并处罚金。

【裁判结果】

美国联邦新泽西州地区法院认为，被告人戴维·史密斯违反《计算机欺诈与滥用法》和《新泽西州计算机盗窃法》，判处其有期徒刑 20 个月，罚金 5000 美元，刑满释放后 3 年监外看管。

监外看管期间，史密斯应遵守以下四点要求：

（1）需完成 100 小时社区服务，社区服务周期约为 36 个月；除非美国缓刑办公室特许，不得以其他形式替代社区服务，但鉴于史密斯的计算机专长，法院可分配其参与计算机相关的社区服务；

（2）未经法院允许，不得使用计算机网络、互联网和计算机电子公告板；

（3）应向美国缓刑办公室上报每年的税后收入，且应配合美国缓刑办公室调查其收入状况，提供真实有效的月收入证明；

（4）应持续参加美国缓刑办公室主导的心理治疗，直至达到结束治疗的标准，并得到美国缓刑办公室的同意。

【评议】深度解析史密斯传播梅丽莎宏病毒案

史密斯传播梅丽莎宏病毒案是美国首例病毒开发者被判刑的案例，也是继莫里斯传播蠕虫病毒案后，美国第二例起诉成功的计算机犯罪案件。该案的判决离不开《计算机欺诈和滥用法》的制定。20 世纪 80 年代初，计算机在商业和政治活动中扮演着日益重要的角色，但日渐抬头的计算机犯罪让立法者意识到，计算机在带来高效的同时，也给现代社会埋下巨大隐患，如时常发生的破坏计算机系统、窃取计算机机密等事件。在《计算机欺诈和滥用法》颁布之前，美国已有

1984年《全面控制犯罪法案》,该法仅仅规范故意非法或超出合法权限进入计算机系统的非法行为。面对计算机犯罪技术的层出不穷,《全面控制犯罪法案》难以起到保护效力,《计算机欺诈和滥用法》便在此背景下应运而生。

《计算机欺诈和滥用法》共分为10章。其中,较为重要的前5章分别规定各项计算机犯罪行为、密谋犯罪行为、刑罚、负责机构以及其他术语的定义。在第1章中,《计算机欺诈和滥用法》共规定7项罪行,其中包括:(1)计算机间谍[①];(2)非法入侵政府和金融机构的计算机[②];(3)非法入侵政府部门的计算机[③];(4)为欺诈目的非法入侵金融机构和美国政府的计算机[④];(5)通过散播恶意程序、信息、代码和命令,或故意非法进入被保护的计算机系统,造成计算机损坏[⑤];(6)为欺诈目的非法买卖政府或金融机构计算机密码[⑥];(7)故意敲诈勒索,破坏计算机[⑦]。为了维护各州的立法权威,不与各州原有的计算机法案起冲突,同时又能够避免州、联邦各自立法后,针对州际黑客攻击出现立法空白状态,联邦层面的《计算机欺诈和滥用法》不涉及州内部的计算机犯罪,而是主要针对州与州之间的计算机犯罪。

在史密斯传播梅丽莎宏病毒案中,法官援引18 U.S.C. §1030(a)(5)(A)和18 U.S.C. §1030(a)(2)进行判决。

18 U.S.C. §1030(a)(5)的争议焦点主要在:(1)故意的认定;(2)受保护计算机的定义;(3)损失的认定。

首先,故意的认定。18 U.S.C. §1030(a)(5)因主观和行为不同,分为两个重罪一个轻罪。重罪包括:(A)故意传播程序、信息、代码和命令,因而导致受保护计算机的损坏;(B)非法进入受保护的计算机,因鲁莽行为造成计算机的损坏。轻罪:(C)非法进入受保护的计算机并因此损坏受保护的计算机系统。主观因素是能否援引18 U.S.C. §1030(a)(5)判罚的关键衡量因素。对比(A)(B)两款,是否故意造成损害,是两款的区别所在。以该案中史密斯发送带病毒的电子

---

① 参见18U.S. Code §1030 (a)(1)。
② 参见18U.S. Code §1030 (a)(2)。
③ 参见18U.S. Code §1030 (a)(3)。
④ 参见18U.S. Code §1030 (a)(4)。
⑤ 参见18U.S. Code §1030 (a)(5)。
⑥ 参见18U.S. Code §1030 (a)(6)。
⑦ 参见18U.S. Code §1030 (a)(7)。

邮件附件行为为例,若史密斯在明知邮件含有病毒的情况下,仍传播邮件,构成传播病毒且破坏计算机的主观故意,则检方可援引 18 U.S.C. § 1030(a)(5)(A),判决史密斯有罪。但若只是故意传播病毒,却无心造成计算机损害的,则应援引 18 U.S.C. § 1030(a)(5)(B)判罪。

在史密斯案中,史密斯用各种手段引诱用户打开带病毒邮件,该病毒可未经授权入侵其他计算机,非法进入受保护的计算机系统的故意心态已非常明显。若该案故意造成损害的证据不足的话,史密斯可辩称他虽然明知是个病毒,但他认为只是个无任何恶意的恶作剧。[①] "无任何恶意后果"则满足 18 U.S.C. § 1030(a)(5)(B)的判决条件,只是大意、鲁莽地造成此行为,无主观故意造成损害。

事实上,立法之初的 18 U.S.C. § 1030(a)(5)并未对主观方面做细分。但《计算机欺诈和滥用法》判决的第一案——莫里斯传播蠕虫病毒案使立法者意识到,细分是否主观故意造成损害非常必要。在莫里斯案中,莫里斯声称,他只是为了测量美国网络的规模以及印证当前网络防火墙存在漏洞,因而编写和传播蠕虫病毒,并无恶意造成损失的主观故意。[②] 为了规范故意非法进入计算机,但无主观恶意造成损害的行为,立法者对 18 U.S.C. § 1030(a)(5)进行了细分。

其次,受保护计算机的定义。18 U.S.C. § 1030(a)(5)中的计算机被定义为"被保护的计算机",指"金融机构或美国政府专用计算机,或非专用计算机却被上述两类机构使用的计算机;同时也包含位于外国但影响美国国际与州际贸易和通信的计算机"[③]。该定义的关键点在"国际与州际通信"。根据"国际与州际通信"的定义,通过硬盘、软盘将病毒扩散至 1 台计算机的行为不属于该法案的打击范围。计算机未联网,则该计算机用于"国际与州际通信"同样无法成立。但如果通过计算机调制解调器[④]或传真进行国际或州际病毒的传播,则可称为国际与州际通信。在史密斯传播梅丽莎宏病毒案中,史密斯通过网络发送带病毒的邮件,造成至少有 10 万台计算机受感染,受感染计算机分布在全球各个地区,北美地区尤为严重,显然满足国际与州际通信的定罪条件。

---

① Eric J. Sinrod, William P. Reilly, Cyber-Crimes: A Practical Approach to the Application of Federal Computer Crime Laws, Santa Clara Computer & High Technology law Journal, 2000,220(16).

② 参见 U.S. v. Morris, 728F. Supp. 95 (1990)。

③ 参见 18U.S.C. § 1030(e)(2)(A)。

④ 调制解调器是连接两台计算机的一种硬件,可将数字信号翻译成可沿普通电话线传送的脉冲信号,信号被另一个调制解调器接收后,再译成计算机可懂的语言。

最后,损失的认定。与实体损失不同,计算机损失通常是数据遭破坏或流失,数据的价值常常难以评估,因此损失统计方法仍模糊。18 U. S. C. § 1030 (e)(8)将本法案的损失定义为对数据、程序、系统或信息完整性的任何伤害。[①] 在此定义下,某些损失是可以量化的,如修复系统的费用,但某些损失是难以衡量的,如病人的健康数据,等等。虽然损失无法衡量,但故意散播病毒和故意造成损害的行为仍然可被追究责任,许多法条将以造成 5000 美元损失作为重罪门槛。

该案中援引的另一法条是 18 U. S. C. § 1030(a)(2)。该法条同样从三个方面规定,对金融机构、美国政府以及国际与州际通信,禁止故意非法或超出合法权限进入计算机系统获取信息的行为。[②] 在该案中,窃取金融机构、美国政府以及州际或国际通信的计算机中的信息三方面皆有举证。值得一提的是,《计算机欺诈和滥用法》对政府计算机遭受攻击的规定最为详细,不同程度损害行为对应不同的刑法条文。该案中,史密斯被指控通过邮件散播病毒,病毒入侵政府机构计算机后窃取信息,应适用 18 U. S. C. § 1030(a)(2)(B)。但是,若仅仅是故意进入未授权的政府计算机,并未窃取信息,则应以 18 U. S. C. § 1030(a)(3)判罚轻罪。相反,如果窃取的信息为关乎美国国防和外交的信息,该信息必须给予保护以防非法公开,那么入侵行为将按 18 U. S. C. § 1030(a)(1)判罚。若犯有该罪,不再局限于《计算机欺诈和滥用法》所规定的最高刑 5 年有期徒刑,而是以最高刑 10 年有期徒刑判处。对史密斯的起诉中,尚未提及入侵政府计算机,窃取美国国防和外交的信息,因而该案不适用加重处罚的条款。

综上而言,史密斯以虚假标题引诱收件人打开邮件、对邮件服务器进行高强度 DoS 攻击等行为,已充分体现其严重的犯罪主观故意;梅丽莎病毒侵犯的计算机分散在金融机构、美国政府以及州际和国际通信中,属于《计算机欺诈和滥用法》的保护对象;梅丽莎病毒席卷全球,导致 8000 万美元损失,远远超出 5000 美元的门槛。以上已满足 18 U. S. C. § 1030(a)(5)的三个要素:主观故意、受保护计算机和损失。此外,史密斯利用梅丽莎病毒入侵政府计算机,窃取信息的事实成立。两罪并罚,法院判处史密斯有期徒刑 20 个月。

---

① 参见 18U. S. C. § 1030(e)(8)。
② 参见 18U. S. C. § 1030(a)(2)。

3. 杜罗尼奥投放"逻辑炸弹"案 (2002)

【关键词】逻辑炸弹 雇员报复 期权

【基本案情】

被告人罗杰·杜罗尼奥(Roger Duronio),生于1941年,案发时60岁,哥伦比亚波哥大市人。杜罗尼奥曾任美国著名投资银行瑞银普惠新泽西州办公室的计算机系统管理员,是一名资深的计算机程序员。在瑞银普惠工作的2年内,杜罗尼奥年薪12.5万美元,同时享有基于他基本工资的最高年终奖3.2万美元,但杜罗尼奥却于2002年2月22日离职。

杜罗尼奥的离职其实早有征兆。他曾多次抱怨年终奖太低,他认为他至少应当获得5万美元年终奖,然而只收到3.2万美元。年终奖的落差激怒了他,他愤而离职。在离职之前,他打算报复公司,除了要让公司遭受巨大损失,他还要从中获利。在离职之前,他向公司计算机植入"逻辑炸弹"恶意程序。公司共有上千台连着工作网络的计算机,计算机分布于全国400个办公室。

与病毒不同,逻辑炸弹不会扩散,但它的威力不可小觑。根据美国司法部的解释,逻辑炸弹是一款程序,程序员将其植入计算机中,并设定炸弹引爆条件,引爆条件常为系统时间达到某个值或服务程序收到某个特定的消息。若没有满足引爆条件,逻辑炸弹会一直"冬眠",时间可能是几天或几年,计算机使用者丝毫察觉不出它的存在。这个特点为幕后黑手隐瞒罪行提供便利,他们可以提前几年或几个月植入"炸弹",避免被侦查。当引爆条件满足时,逻辑炸弹会自行引爆,造成计算机甚至该计算机所在的数据库瞬间瘫痪。更令人头疼的是,逻辑炸弹引爆次数是无限的,即一旦满足引爆条件,曾经爆炸的计算机又要"受罪"。同时,数据将被无限期地破坏,直至完全丧失数据的完整性,被完全窃取。逻辑炸弹常常是程序员用来惩罚雇主或报复仇人的方式,曾有一名程序员将自己的工资单单号作为引爆条件,逻辑炸弹一旦检测不到该程序员的工资单号,就会引爆。

　　除了常被程序员用于引爆雇佣公司的计算机系统,逻辑炸弹还用于大国之间的博弈,迄今最严重的是"西伯利亚天然气管道爆炸"事件。1981 年,美国政府为了打击苏联克格勃(苏联国家安全委员会),故意泄露一个"机密软件",该软件用于天然气管道输送控制管理系统,美国中央情报局(CIA)在该软件中种下逻辑炸弹。该炸弹的引爆条件是,软件的运行方式切换到与初始不同的模式后运行至 10 万个周期。由于逻辑炸弹的隐秘性,克格勃虽反复检查,但没有发现任何异样。该程序前几个月运行良好,然而在 1982 年 6 月,在运行达到 10 万个周期的那一刻,苏联西伯利亚一条天然气输送管道发生了大爆炸!据当时美国内刊描述,这是"从太空看到最巨大的非核武器爆炸"。这次爆炸造成苏联通往西欧国家的输气管线大面积中断,苏联的国内经济因此遭受重创。

　　与 CIA 设置逻辑炸弹的引爆条件不同,杜罗尼奥的引爆条件较为常见:只要系统时间达到某个数值,炸弹即可引爆。杜罗尼奥将数值设为 2002 年 3 月、4 月和 5 月的每个周一早上 9 点 30 分。2002 年 3 月 4 日早上 9 点 30 分,引爆条件满足,逻辑炸弹被引爆。顷刻间,分散在全国各地 400 个办公室的数据系统遭到洗劫,系统里的主文件瞬间被清空,并企图毁坏公司服务器。瑞银普惠查明原因,始作俑者竟然是一组代码!瑞银普惠向 IBM① 搬救兵,请来 200 位专家解决危机。这场浩劫导致瑞银普惠 2000 台计算机瘫痪,系统修补费用高达 310 万美元,将近 17000 名瑞银普惠股票经纪人长达一天不能进行交易,损失难以估计。

　　事实上,给瑞银普惠以重创只是杜罗尼奥复仇计划的一部分,他还计划着从瑞银普惠的危机中大捞一笔。杜罗尼奥在离开瑞银普惠之前,买了瑞银普惠的看跌期权,成交价为 42.91 美元。杜罗尼奥的看跌期权在 2002 年 3 月 15 日过期。在期权过期之前,看跌期权只有在股价下跌至 46.38 美元以下时才能赢利。因此,检方认为,杜罗尼奥早已预期瑞银普惠系统瘫痪会给股价带来波动,存在证券诈骗行为。然而,杜罗尼奥的如意算盘落空了。虽然计算机系统瘫痪的消息被泄露出来,截至 2002 年 3 月 15 日,瑞银普惠的股价并未下跌至 46.48 美元,

---

　　① IBM 总公司在纽约州,是全球最大的信息技术和业务解决方案公司,业务遍及 160 多个国家和地区。

而是上涨至 50.14 美元。杜罗尼奥的股票经纪人格里·斯佩齐亚莱（Gerry Speziale）在出庭时曾称，杜罗尼奥在得知股价没有下跌后，愤怒地冲进其办公室大喊："鬼知道我要复仇吗！"由于股价没有下跌，计划没有达成，这也成了杜罗尼奥向法院辩驳并不存在证券诈骗的理由之一。

据称，瑞银普惠的系统安全缺陷其实早已存在。杜罗尼奥的律师克里斯·亚当斯（Chris Adams）指出，两位计算机审计员分别于案发前两年和案发前的几周认定，瑞银普惠对掌握主计算机系统密码的人员管理不严，且追溯破坏系统者的方法存在问题。同时，律师还指出，瑞银普惠计算机系统中存在安全漏洞，这些漏洞就像"打开大门欢迎黑客"一样，因此杜罗尼奥认为，也有可能是其他黑客植入该恶意程序。而该案最终被公开审理，极有可能将瑞银普惠计算机系统漏洞暴露，招致黑客攻击的风险。

【相关法律条文】

计算机诈骗及其他相关犯罪（Fraud and Related Activity in Connection with Computers）

通过散播恶意程序、信息、代码和命令，或故意非法进入被保护的计算机系统，造成计算机损坏，根据情节，处 1 年以上 20 年以下有期徒刑，并处罚金。

证券和商品诈骗罪（Securities and Commodities Fraud）

以虚假表示、描述或承诺的方式，骗取债券或其他财物，根据情节，处 25 年以下有期徒刑，单处或并处罚金。

【裁判结果】

美国联邦新泽西州地区法院认为，被告人罗杰·杜罗尼奥犯计算机诈骗等罪，判处他有期徒刑 97 个月，归还瑞银普惠 3162376 美元。

【评议】网络犯罪中电子证据侦查的挑战与启示

在以逻辑炸弹为网络攻击方式的众多案件中，杜罗尼奥投放逻辑炸弹案被列为典型案例。这类案件多为熟悉内部计算机系统的工作人员作案，此类案件常使受害公司系统彻底瘫痪，损失尤为惨重。加之逻辑炸弹的爆发时间不等同于被植入系统的时间，犯罪嫌疑人可以在时间上做文章，声称自己并不在场。同时，该类案件体现了网络犯罪侦查的共同困难，即电子证据的收集、保存后的真实性和证明力等问题。杜罗尼奥投放逻辑炸弹案充分体现了以上的特点。此次攻击共造成杜罗尼奥的老东家著名投资银行瑞银普惠 400 个办公室的数据系统遭到洗劫,2000 台计算机瘫痪。虽然瑞银普惠未向外公布具体损失,但透露系统修补费用高达 310 万美元,将近 17000 名瑞银普惠股票经纪人长达一天不能进行交易。杜罗尼奥被判处有期徒刑 97 个月,为此类犯罪的最高刑。该案的审理并非一帆风顺,从 2006 年 5 月的初审到 2012 年 1 月的最后判决,历时接近 6 年。在这 6 年内,双方围绕检方提交的电子证据展开了激烈的辩论。

一、电子证据的特点与挑战

电子证据是一种以数字化形式创建、存储、传输和复制的证据信息,以证明案件真实情况,包含系统操作的日志文件(log files)、传输记录、计算机程序等文件和信息。[①] 相对于以物质形态存在的传统证据而言,由二进制的位(bits)和位串(bitstrings)组成的电子证据具有无形性、易受破坏性、取证不成熟等劣势,阐述如下。

首先是无形性。二进制下的电子证据具有无形性,没有重量、大小等固有的物理属性。这一特点决定了电子证据的提取比普通证据要求更高的技术,特有的取证工具或取证技术是必不可少的,当提取专业性更强的电子证据时,还需要依靠技术专家的协助,这也是该案暴露出的刑侦困境之一。

其次是易破坏性。电子证据的存储形式及介质的无形性和特殊性决定了当人为因素或者技术因素介入时,它易于被伪造、篡改、复制、删除且不易被发现。电子证据存在于动态的网络当中,系统崩坏、黑客攻击时常发生。[②] 一旦此类情况发生,数据旋即遭到破坏,且大部分破坏是不可修复的。此外,电子证据破坏过程没有留下痕迹,因此侦查人员很难辨认证据是否真实,也很难修复、还原证据。电子数据的真实性和可信度也是本案争论的焦点之一。

最后,电子证据的取证手段和规范仍待完善。目前没有明确的电子证据取证的规范和标准,加之数据的易破坏性,侦查人员很可能在提取证据、保存证据

---

① 参见 David Chaikin, Network Investigations of Cyber-attacks: The Limits of Digital Evidence Crime, Law and Social Change, 2006(46):241。

② E. Casey, Error, Uncertainty and Loss in Digital Evidence, International Journal of Digital Evidence, 2002(1):1.

的过程中破坏了证据,嫌疑人可以大做文章。

二、杜罗尼奥投放逻辑炸弹案的定罪电子证据链

由于电子证据的无形性、易破坏性、取证手段不成熟等劣势,杜罗尼奥质疑电子证据的可信度,大致从以下四方面展开:(1)电子证据可能遭"真正的犯罪嫌疑人"篡改过;(2)不完整的电子数据没有说服力;(3)服务器遭破坏后,备份数据可能也遭到破坏;(4)检方提取数据不当,破坏了真实数据。因此,为了以更全面、更具说服力的论证驳倒杜罗尼奥的质疑,该案不仅着眼电子证据,还将嫌疑人的动机、作案可能性、目击证人和专家证据等作为关联的定罪逻辑。首先,动机是杜罗尼奥作案的起点;其次,作案可能性的大小可排除其他无辜的嫌疑人;再者,目击证人的证词佐证杜罗尼奥的罪行;最后,专家的证词可以为检方或杜罗尼奥律师的电子证据论证增加权威性。

(一)动机

该案中,杜罗尼奥于瑞银普惠任职的 2 年内,多次抱怨公司给他的年终奖太低,他预期应当收到 5 万美元年终奖,然而只收到 3.2 万美元。2001 年的年终奖依旧低于他的预期,奖金的差额足够付清他儿子大学的学费。2002 年 2 月 22 日杜罗尼奥突然离职。此外,杜罗尼奥购买了瑞银普惠看跌期权,若公司爆发运营危机,股票有极大可能下跌,杜罗尼奥就可从中获利。值得注意的是,杜罗尼奥之前从未有期权交易的历史,而他在离开瑞银普惠之前,购买了超过 3.18 万美元的瑞银普惠看跌期权,成交价为 42.91 美元,看跌期权在 2002 年 3 月 15 日过期,而逻辑炸弹摧毁公司系统的日期是 2002 年 3 月 4 日,即看跌期权的过期时间的 11 天前。基于杜罗尼奥对公司奖金数额的不满和意图从看跌期权中获利,检方认为杜罗尼奥植入逻辑炸弹的动机成立。

(二)作案的可能性

第一,检方追溯恶意代码源头,最终定位在杜罗尼奥家的 IP 地址。此电子证据说明,逻辑炸弹是从杜罗尼奥的家庭网络植入公司系统的。但杜罗尼奥的律师利用电子证据的可破坏性进行辩护,称极有可能是"真正的犯罪嫌疑人"从杜罗尼奥的计算机上实施了攻击行为,目的是栽赃杜罗尼奥。这个方法在技术上是可行的,即 IP 地址显示来自机器 A 的数据包,但实际上可能来自机器 B。但检察官的反驳很简单,虚假的 IP 地址不可能攻入瑞银普惠的数据库系统。

第二，检方认为能如此熟悉数据库，且从杜罗尼奥的家庭网络轻松进入数据库的只有杜罗尼奥。杜罗尼奥的律师提出，植入该逻辑炸弹的犯罪嫌疑人很可能是他的同事。包含杜罗尼奥在内，该公司共有三名系统管理员，他们都是公司系统的超级用户（super user），可以创建、删除用户账号，安装软件和硬件以及更改文件，甚至可以通过"后门设置"（backdoor），避开系统认证，从其他计算机对系统进行远程访问。解决此疑问的最佳方法是找到另外两名员工的计算机记录，然而计算机记录副本在 2004 年被销毁。在没有其他员工计算机记录的情况下，检察官琼斯较为单薄地答辩称[①]，能绕过数据库的验证系统，通过虚拟专用网络（VPN）连接杜罗尼奥家中的计算机与公司数据库系统，并精确植入逻辑炸弹，这样的幕后黑手只能是杜罗尼奥。

第三，检方认为从服务器中搜集到的备份文件数据是真实的。该案中的许多电子证据是瑞银普惠服务器和路由器的数据信息，其中有瑞银普惠相关计算机的日志文件。杜罗尼奥方的专家证人作证称，从瑞银普惠中央服务器调出的数据是遭破坏的服务器的备份文件，可信度低，甚至可能把杜罗尼奥脱罪的证据给抹除了。杜罗尼奥的律师的反驳体现了网络攻击案中共有的问题：服务器遭破坏后，备份的数据是否可被纳入证据？若可纳入证据，可信度有多少？目前的做法是，若备份没有遭到破坏，则可采纳为证据。但事实上，备份数据是否遭到破坏很难辨别。该案中，检察官以日志文件作为证据，根据系统的浏览记录指向杜罗尼奥的计算机，从而认定杜罗尼奥的嫌疑。杜罗尼奥的律师立即质疑数据的可靠性。一是日志作为定罪证据的完整性不够，它并没有记录所有的经过。二是杜罗尼奥的律师抓住数据的易破坏性以及检方技术水平不足，认为获取的日志信息可能已由于此次攻击，或由于检方提取不当而发生了改变。

第四，从以上检察官的说明可以看出，这些论证并不可靠。最终定罪的证据是两份逻辑炸弹的代码副本。这两份代码副本从杜罗尼奥家中计算机搜得，还有一份打印稿存在杜罗尼奥家的卧室里。杜罗尼奥无力辩驳，只能以检方与瑞银普惠公司有勾结，有意栽赃他来推脱罪名，但他又无法交出勾结的证据，最后被检方成功定罪。

（三）目击证人

由于黑客攻击行为的隐蔽性，该案目击证人主要针对杜罗尼奥的证券诈骗

---

① U. S. v. Duronio(2006).

行为,间接可为杜罗尼奥植入逻辑炸弹的行为作证。主要有两位证券从业者提供证词。其中,杜罗尼奥的股票经纪人格里·斯佩齐亚莱在出庭时称,杜罗尼奥想做空该股票,在 2002 年 3 月 15 日前大捞一笔。但在得知股价没有下跌后,愤怒地冲进其办公室大喊:"鬼知道我要复仇吗!"法院认为,该证词增强了杜罗尼奥证券诈骗行为的可信度,同时也作为间接证据,印证杜罗尼奥直接参与或知晓逻辑炸弹植入公司系统网络。

(四)专家意见

该案出现专家意见的原因在于,检方和律师都不是计算机领域的专家,因此他们为了增加论证的说服力,都请来专家。其中,检方的专家对"将逻辑炸弹植入瑞银普惠系统的 IP 地址不可能被篡改"的说法予以支持,对证据收集、分析过程予以指导等。杜罗尼奥方专家对服务器数据的真实性提出质疑。

三、反思与启示

该案的定罪逻辑给予当今网络犯罪中电子证据侦查许多启示。与其他网络犯罪相比,该案是较为特别的,因为能够指明嫌疑人,且能在嫌疑人的家中搜到较强说服力的证据。但在该案中,杜罗尼奥为摆脱罪责,不断地质疑电子证据的可信度,而检方的回应明显存在不足。首先,检方反驳杜罗尼奥的律师提出的虚假 IP 地址时,仅仅声称技术上不可行,而缺乏详细、有力的论证。其次,当杜罗尼奥的律师提出另外两个系统管理员进入系统的条件和杜罗尼奥相同时,即作案可能性相同,检方只提出杜罗尼奥更可能从家中的 IP 地址连入系统,但虚假 IP 地址的问题还未解释清楚,因而这个论证的说服力又大打折扣。最后,由于技术水平有限,检方很难证明服务器遭破坏后,备份的电子数据作为证据的可信度。以上检方的薄弱论证已经透露出电子证据应对网络犯罪的无力。

事实上,大部分网络案件很难破案,电子证据自身特点的难解释性和网络侦查水平不成熟是两大原因。首先,由于电子证据无形性、易破坏性的特点,在目前技术还无法解决的情况下,犯罪嫌疑人可借电子证据遭到破坏、真实性不够逃脱罪名。因此应发展技术,以提高电子证据的可靠度和可信度。其次,电子证据侦查的困境还在于目前的刑事侦查水平不够成熟,侦查人员往往不具备计算机知识,更没有明确的侦查标准。在该案中,虽然检方请了专家做咨询,但杜罗尼奥的律师抓住数据易破坏性和检方水平的问题,认为数据可能会在侦查过程中遭到破坏。因此建立一支专业的电子证据侦查队伍十分必要。同时,鉴于电子证据效力不如物质形态存在的传统证据,检方不能仅仅依靠电子证据,还应当广泛收集间接证据,从而将真正的嫌疑人绳之以法。

4. 莱斯利网络攻击案(2007)

【关键词】恶意软件 分布式拒绝服务(DDoS)攻击

【基本案情】

被告人布鲁斯·莱斯利(Bruce Raisley)生于1963年,已婚,居住于美国密苏里州堪萨斯城,是宾夕法尼亚州汇丰银行的一名计算机程序员。

莱斯利曾是"打击性扭曲"组织(Perverted Justice Foundation)的志愿者。该组织位于加利福尼亚和俄勒冈州,致力于调查恋童癖者。志愿者在确认恋童癖者后,将他们的身份公之于众。为了捕获恋童癖者,志愿者在网上伪装成青少年,混入青少年常出入的聊天室。他们守株待兔,等待同样伪装成青少年但不怀好意的成年人向他们发起聊天。当对方将聊天内容转向性时,志愿者"鼓励"对方透露详细的身份信息,如电话号码等。志愿者再将这些信息移交给执法机关。

"打击性扭曲"组织的做法引起巨大争议,也引来媒体的关注。该组织曾与美国全国广播公司(NBC)[①]合作,一起制作一档电视节目《逮捕罪犯》(*To Catch a Predator*)。该组织创始人维泽尔·冯·埃里克(Xavier Von Erck),原名为菲利普·约翰·爱德(Phillip John Eide)。后来莱斯利对这套引诱恋童癖者的做法产生了质疑,他与埃里克发生了争执。莱斯利愤怒之下,威胁要骚扰并公开"打击性扭曲"组织的成员。最后,莱斯利选择离开该组织。埃里克恼羞成怒,为了报复莱斯利,埃里克采用诱捕恋童癖者的方法,给莱斯利布下陷阱。埃里克乔装成名为"Holly"的女性,通过网上聊天的方式一步步诱使莱斯利爱上"她"。莱斯利深陷爱河,无法自拔,甚至已准备和妻子离婚,和"Holly"结婚。莱斯利不断劝

---

① NBC是美国主流广播电视网络公司,政治倾向偏于民主党,节目坚持大胆革新的作风。

"Holly"和他一起远走高飞。终于,"Holly"与莱斯利相约在机场见面。但当莱斯利手捧鲜花出现在机场时,却迟迟没有见到"Holly"。事实上,埃里克早已派摄影师在一旁,偷偷拍下莱斯利苦等"Holly"的照片。随后,埃里克将机场见面的照片和聊天记录公布在网上。除了让全世界笑话莱斯利外,他将此作为对所有"打击性扭曲"组织反对者的警戒。他警告称:"如果你试图威胁'打击性扭曲'的成员……这一切将会发生在你的身上。今晚,布鲁斯·莱斯利孤独地站在机场,手捧鲜花,却泪流不止。其实,他等待的是一个假扮成女人的男人! 他并没有恋爱,他摧毁了和妻子的感情,他背叛了周围所有人。现在,他众叛亲离。"

2006年9月和2007年7月,《雷达》(Radar)和《滚石》(Rolling Stone)两家杂志网站发表关于"打击性扭曲"组织的文章。《雷达》杂志的文章以"奇怪的性伴侣"为题对组织的行为提出质疑。《滚石》杂志抨击《逮捕罪犯》这档节目,指出这是新的美国"中世纪猎巫运动",想要捕获危险的恋童癖者。莱斯利作为该组织的支持者,同时又公开批评该组织,自然被《滚石》和《雷达》写入文章中,文章还详细描述了莱斯利和埃里克的纠葛。除了《雷达》网站、《滚石》网站,《邪教新闻》(Cult News)的赞助商新泽西里克罗斯研究所(the Rick A. Ross Institute of New Jersey)等其他网站也发表了相关文章。

屈辱往事被公开后,莱斯利决定用"自己的方式"解决问题。他利用分布式拒绝服务(DDoS)攻击发布该文章的所有网站。DDos是指发送大量的正常或非正常请求、耗尽目标主机资源或网络资源,从而使目标主机不能为合法用户提供服务。莱斯利编写了一款恶意软件,将该恶意软件释放入互联网。如其所愿,该软件感染了全世界成千上万台计算机。莱斯利编写的恶意软件其实是一款代理程序,他提前将代理程序安装在许多计算机上,形成僵尸网络,主要僵尸网络位于东欧。沦陷的计算机被称为"肉鸡"。恶意软件入侵"肉鸡"后,莱斯利将DDoS主控程序安装在一台计算机上,紧接着触发DDoS攻击,"肉鸡"上的代理程序收到主控程序的指令后,成千上万台"肉鸡"被激活,向发布文章的所有网站发送请求,由于请求数量太大,这些网站瞬间瘫痪,涉及文章的网页也由于过多的访问请求而崩溃。DDos攻击体系见图1。

2007年4月,里克罗斯研究所遭到首次攻击。自此,DDoS攻击持续一年之久。为减轻僵尸网络攻击带来的损失,里克罗斯研究所在未对外告知的情况下,突然关闭服务器。之后,将服务器转移至瑞典的PRQ服务器,该服务器以能够有效抵御DDoS的攻击而闻名。里克罗斯研究所能成功摆脱僵尸网络的攻击,

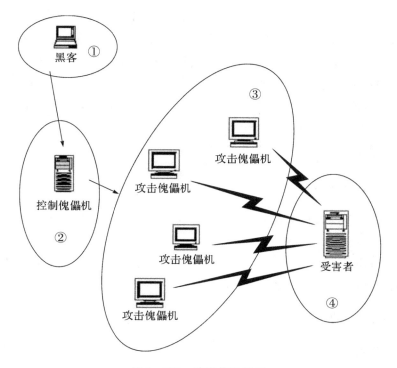

图 1　DDos 攻击体系结构

PRQ 的系统管理员泽农·帕诺希希斯（Zenon Panoussis）的贡献极大。帕诺希希斯是著名的防病毒专家，他设计了一种巧妙的防御措施，有效抵御攻击，清除危害，保护了里克罗斯研究所的网站。帕诺希希斯还通知了沦为"肉鸡"的用户。由于大部分"肉鸡"位于斯洛文尼亚，因此里克罗斯研究所寻求与斯洛文尼亚的合作。也正是通过这次合作，斯洛文尼亚方破解了莱斯利的恶意程序。该恶意程序与攻击里克罗斯研究所的恶意程序极其相似。因此，他们推定莱斯利是长期骚扰里克罗斯研究所、《滚石》和《雷达》杂志的幕后黑手。

　　2007 年 11 月，里克罗斯研究所网站向美国新泽西州的美国联邦调查局（FBI）反映该信息。FBI 随即进行调查，向莱斯利下达搜查令。检方在莱斯利家中搜到作案的计算机、便携式计算机硬盘和里克罗斯研究所杂志，杂志中涉及莱斯利的文章处被贴着标签。在这些证据面前，莱斯利承认他写了恶意软件，启动了 DDoS 攻击，但莱斯利辩称，他是埃里克骗局的受害者，他这么做是无奈之举。莱斯利告诉 FBI 探员，他并不想伤害任何人，而只想将他的名字从网站上抹除。

但讽刺的是,莱斯利本可以采取伤害性更低的方法行动。以他的能力,在进入里克罗斯研究所数据库时,他可以直接删除此篇文章,而非采用 DDoS 攻击的方式。该方式除造成众多网站瘫痪外,还危及无辜的"肉鸡"。

此次 DDoS 攻击影响全球近 10 万台计算机。除了使《雷达》《滚石》这样的大网站受害外,莱斯利的行为还造成众多小网站的服务器崩坏。正如特拉华州纽瓦克市 FBI 探长邓伟山(Weysan Dun)所言,网络攻击并非一种迫使媒体保持沉默的明智方式,这种方式已经侵犯了宪法规定的新闻自由。

【相关法律条文】

计算机诈骗及其他相关犯罪(Fraud and Related Activity in Connection with Computers)

通过散播恶意程序、信息、代码和命令,或故意非法进入被保护的计算机系统,造成计算机损坏,根据情节,处 1 年以上 20 年以下有期徒刑,并处罚金。

【裁判结果】

美国联邦新泽西州地区法院认为被告布鲁斯·莱斯利违反《计算机欺诈与滥用法》,破坏里克罗斯研究所网站,判处其有期徒刑 3 年,赔偿受害网站 90386 美元。莱斯利不服,提起上诉。美国联邦第三巡回法庭维持了一审判决。

5. 尼科兰科僵尸网络垃圾邮件案 (2010)

【关键词】垃圾邮件 僵尸网络 售假

【基本案情】

被告人奥列格·尼科兰科(Oleg Nikolaenko),生于1987年7月,俄罗斯人,居住于莫斯科维德诺耶市,已婚,育有一子。尼科兰科虽年纪轻轻,但已是FBI通缉的"垃圾邮件大王"。他通过运行"Mega-D"僵尸网络,发送垃圾邮件,控制近50万台"肉鸡"。一旦受害者的计算机被病毒感染,该计算机将被主机控制,沦为"肉鸡"。此僵尸网络有多种功能,包括启动和控制DDos攻击体系,创建和滥用垃圾邮件以及窃取个人身份信息。更令人震惊的是,此巨型僵尸网络每日可产生100亿封垃圾邮件,占全球每日发送垃圾邮件的32%。与许多以发送垃圾邮件为生的黑客一样,尼科兰科运行"Mega-D"僵尸网络,为许多从事非法行业的商家提供营销通道,如售卖假冒伪劣的食品和未批准上市的药物。尼科兰科发送的垃圾邮件通常带有假标题,从而引诱受害者点开邮件,一旦点开邮件,该计算机随即沦为僵尸网络的"肉鸡",随后继续向其他计算机发送垃圾邮件。

尼科兰科的僵尸网络不但规模庞大,垃圾邮件发送量多,其运行也极为隐秘。早在2008年初,美国侦查部门已注意到"Mega-D"僵尸网络,经评估后认为该僵尸网络很可能是全球最大的僵尸网络。但FBI和联邦贸易委员会(Federal Trade Commission,FTC)一直抓不住幕后黑手,直到FBI抓获了一位在线销售假劳力士表的商人。

通过审讯这位名为史密斯的商人,FBI和美国联邦贸易委员会终于查清了生产全球1/3垃圾邮件的"Mega-D"。史密斯在2009年8月被抓捕,之后他供述,他与一名发送垃圾邮件的俄罗斯黑客达成交易,后者为其发送垃圾邮件,引诱消费者购买其假冒劳力士表,史密斯支付这位黑客 200 万美元酬金。除假冒劳力士表外,史密斯还贩卖假的壮阳药、仿制处方药。

史密斯供出了一位名为兰斯·阿特金森(Lance Artkinson)的澳大利亚同伙。2008 年 12 月 23 日,在澳大利亚和新西兰政府的协作下,澳大利亚通信及媒体局(Australian Communications and Media Authority)对阿特金森进行询问,以求获得更多关于垃圾邮件营销的细节。阿特金森解释了 Affking 公司与其他公司的关系,并提及一家名为 Genbucks 的公司。他称,该公司是 Affking 的前身。阿特金森还透露,他们产品的广告主要通过邮件网页广告和搜索引擎弹窗广告发布。其中 80% 通过垃圾邮件发送,20% 通过搜索引擎发送。他找了许多垃圾邮件"生产商",其中能力最强的是一位化名为"Docent"的俄罗斯人。

联邦贸易委员会对阿特金森哥哥位于新西兰的家进行搜查,搜查到了阿特金森与"Docent"的聊天记录,聊天记录证实,阿特金森与"Docent"两人达成发送垃圾邮件交易。调查人员还发现阿特金森拥有一家注册于英属维京群岛的公司,名为新太平洋资源(New Pacific Resources)。以该公司的名义开户的网上支付工具 ePass porte 显示,一个名为"Genbucks_dcent"的账号与阿特金森来往频繁,而此账号注册人正是尼科兰科。

2007 年 6 月 6 日到 2007 年 12 月 4 日,已被美国侦查部门控制的阿特金森收到"Genbucks_dcent"账号寄来的账单,共计 464967.12 美元。同时,调查人员还找到尼科兰科与阿特金森的邮箱。从这两个邮箱中,调查人员搜集到阿特金森和尼科兰科交易的证据,包括垃圾邮件的样本、发送垃圾邮件的数量、壮阳药的说明、尼科兰科的收款账号。虽然调查人员基本掌握了尼科兰科和"Mega-D"的情况,但是追捕尼科兰科和捣毁"Mega-D"并非易事。2009 年 11 月 4 日,美国加州的一家网络安全公司 Fire Eye 在获得以上信息后,摸清了受影响的服务器。Fire Eye 接着找到这些服务器的运营商,劝说他们关闭这些受"Mega-D"影响的服务器,并引导"肉鸡"返回定位主控计算机。此举控制了僵尸网络的蔓延,减少了邮件发送量,也收集了僵尸网络的信息。2009 年 11 月 1 日至 2009 年 11 月 4 日,"Mega-D"发出的垃圾邮件从占全球垃圾邮件发送总量的 11.8% 降至 0.1%。Fire Eye 工程师分析所搜集的信息,基本可确认幕后主使是尼科兰科。同时,FBI 找出了尼科兰科的出入境记录。出入境记录显示,尼科兰科多次往返俄罗斯与美国。尼科兰科于 2009 年 6 月 18 日申请美国旅游签证,2009 年 7 月 17 日进入美国洛杉矶,7月27日离境;2009年10月29日进入洛杉矶,11月9日离境。

正当FBI打算进一步捣毁"Mega-D"时,尼科兰科重新对其进行修复。2009年11月22日,其垃圾邮件发送量开始反弹,2009年12月13日,垃圾邮件发送量占全球的17%。此时,调查人员为摸清情况,点开一封由"Mega-D"发出的邮件,该邮件主题为"来自亚马逊网站的授权信用卡"。然而,调查人员一点开该邮件,便被引导至一个卖假壮阳药的"加拿大药店"网站,而非邮件内容所描述的亚马逊网站或授权信用卡页面。同时,该页面要求调查人员支付37美元。尼科兰科已经逃回俄罗斯,调查人员鞭长莫及,显然,捣毁"Mega-D"仍任重道远。

然而,自以为逍遥法外的尼科兰科选择再次进入美国。2010年11月,尼科兰科时隔一年再次前往美国内华达州拉斯维加斯,参加改装车零配件展览会。FBI趁机将其抓获。

【相关法律条文】

电子邮件诈骗及其他相关犯罪 (Fraud and Related Activity in Connection with Electronic Mail)

在多个营利性电子邮件中使用虚假标题,且故意传播该邮件。若在24小时内传播超过2500封电子邮件,或在30天内传播超过25000封电子邮件,或1年内传播超过250000封电子邮件,或在1年内导致1人或多人损失累计5000美元,或该非法行为持续超过1年,该非法行为的组织者或领导者,(1)原则上处罚金或3年以下有期徒刑,或两者并罚;(2)情节特别严重者,处罚金或5年以下有期徒刑;(3)若情节较为轻微,则处罚金或1年以下有期徒刑,或两者并罚。

【裁判结果】

美国联邦威斯康星州东部地区检察机关认定被告人奥列格·尼科兰科犯电子邮件诈骗罪,2013年3月,当地法院判处已入狱27个月的尼科兰科3年有期徒刑。

6. 僵尸网络病毒案(2011)

【关键词】僵尸网络 木马病毒 远程操控

【基本案情】

2011 年 4 月 13 日,FBI 和美国司法部发表联合声明,调查人员于 4 月 12 日部分摧毁一个名为"Coreflood"的僵尸网络,逮捕 13 名嫌疑人。然而,该案判决书里的 13 名嫌疑人名字分别以 John Doe 1 至 John Doe 13 代称。John Doe 在英语中指代身份不明的人,类似于中国人常称的"张三""李四"。同样令人匪夷所思的是,该案虽然没有具体的刑罚判决,但美国康涅狄格州地区法院下达临时禁令,对该案涉及的服务器、网络域名等物品的运行进行限制。

Coreflood 是典型的木马病毒[①]。当计算机感染上该病毒时,该中毒计算机将被另一台远程计算机操控,这台远程操控计算机被称为"命令与控制服务器"(C&C 服务器)。中毒计算机则成为一台"僵尸计算机",即"肉鸡",数以万计的"肉鸡"群组成了巨大的僵尸网络,庞大的僵尸网络被 C&C 服务器牢牢控制。"肉鸡"与 C&C 服务器的通信首先通过域名,再通过域名系统[②](domain name system,DNS)转换的 IP 地址来实现。

---

① 木马病毒是指通过特定的木马程序控制另一台计算机。木马通常有两个可执行程序:一个是控制端,另一个是被控制端。控制端通过自身伪装吸引用户下载执行,施种木马者打开被种主机的门户,可以任意毁坏、窃取被种者的文件,甚至远程操控被种主机。

② 因特网上作为域名和 IP 地址相互映射的一个分布式数据库,能够使用户更方便地访问互联网,而不用去记住能够被机器直接读取的 IP 数串。

Coreflood 病毒最为显著的特点有三个。

第一个特点是连接 Coreflood 病毒与 C&C 服务器的网络域名不断变化。Coreflood 病毒的两台 C&C 服务器的 IP 地址分别为 207.210.74.74 和 74.63.232.233,但 C&C 服务器每个月有两个用于与"肉鸡"通信的新域名,一个域名用于辨认原始的 C&C 服务器,另一个域名用于控制"肉鸡"(如表1)。由于该域名有自动更新功能,即使"肉鸡"之前使用的 Coreflood 域名没有及时更新,"肉鸡"依旧会使用新的 Coreflood 域名。不断变化的域名提高了病毒的反侦查能力,这也是难以查处 Coreflood 病毒的 C&C 服务器和难以抓到幕后黑手的原因,可见未知黑手技术之高超,计划之周详。

表1 域名为 207.210.74.74 的 C&C 服务器

月份	第一个域名	第二个域名
1	a-gps.vip-studions.net	old.antrexhost.com
2	dru.realgoday.net	marker.antrexhost.com
3	brew.fishbonetree.biz	spamblocker.antrexhost.com
4	jane.unreadmsg.net	ads.antrexhost.com
5	exchange.stafilocox.net	cafe.antrexhost.com
6	ns1.diplodoger.com	coffeeshop.antrexhost.com
7	a-gps.vip-studions.net	old.antrexhost.com
8	dru.realgoday.net	marker.antrexhost.com
9	brew.fishbonetree.biz	spamblocker.antrexhost.com
10	jane.unreadmsg.net	ads.antrexhost.com
11	exchange.stafilocox.net	cafe.antrexhost.com
12	ns1.diplodoger.com	coffeeshop.antrexhost.com

第二个特点是难以清除。当 Coreflood 病毒无法和指定的 C&C 服务器通信时,Coreflood 病毒还将继续在"肉鸡"中"兴风作浪",伺机与 C&C 服务器取得联系。即使 Coreflood 病毒被终止运行,一旦计算机重新启动,该病毒又"死而复生"。事实上,2004 年网络上就已出现 Coreflood 病毒。但直到 2008 年,Coreflood 不仅没有被清除,反而不断升级自身反侦查和反破坏的能力,出现了新的变体,可见它的清除难度。

第三个特点是带有金融诈骗目的。在该案中,被告人涉嫌电信诈骗、银行诈骗以及非法截取他人电子信息等。在电信诈骗中,被告人通过线上交流,窃取国际贸易文件、指令等,并散播机密信息。在银行诈骗中,"肉鸡"自动记录机主输入的密码,并与浑然不知的"肉鸡"机主通信,一步步诱使他们落入圈套,从而窃取银行安全认证书和密码,被窃取的密码将被发回 C&C 服务器,被告人及同伙记录下每一份窃取信息。除此之外,C&C 服务器还储存每一个"肉鸡"的网络和操作系统特点。

在 Coreflood 病毒的扩散中,受害的公司和政府部门不计其数。其中,位于密歇根州的某地产公司银行账户存款损失 115771 美元,位于南加州的某律所损失 78421 美元,位于北加州的某投资公司损失 151201 美元,位于田纳西州的国防项目承包商损失 924528 美元。然而,由于中毒计算机数量之大、窃取数据之多,实际损失是难以评估的。

除已知的经济损失外,由于 Coreflood 难清除的特点,"僵尸计算机"机主们未来仍面临巨大损失。Coreflood 病毒仍在秘密运行,昼夜不息地窃取电子信息、计算机机主的机密信息,等等。然而这一切,机主都被蒙在鼓里。截至 2010 年 2 月,有 2336542 台计算机中毒,其中 1853005 台中毒计算机位于美国,占总数的近 80%。其余中毒计算机分布于世界各地。

僵尸网络每秒都在指数级增长,损失时刻在攀升,捣毁僵尸网络迫在眉睫。以往捣毁僵尸网络的行动都是由技术能力极强的 IT 巨头领导的,如微软捣毁 Waledac 僵尸病毒等,Coreflood 僵尸病毒案是司法部重拳出击的第一次。FBI 分析后认为,Coreflood 病毒幕后黑手隐蔽性极强,狡猾多端,服务器不停变换,扰乱侦查视线。基于此困境,FBI 暂时放弃直接抓获幕后黑手以及下达搜查令的传统方式,而是采用临时禁令,即在未告知幕后黑手的情况下,停止 Coreflood 僵尸网络的运行,切断僵尸网络的蔓延途径,同时使"肉鸡"重回"自由身"。

2011 年 4 月 11 日,FBI 宣布,其在获得临时禁令授权后,查获了部分 C&C 服务器。但由于"肉鸡"中的病毒在无法与指定的 C&C 服务器通信时,还会继续与其他未查获的服务器取得联系,这使得僵尸网络飞速扩张。因此,侦查人员将"肉鸡"引导至他们事先设定好的服务器。这样一来,既查获了部分 C&C 服务器,又切断了与僵尸网络的联系,限制了僵尸网络的扩展,及时终止了损失的疯狂增长。值得一提的是,在替代服务器对"肉鸡"的操作上,临时禁令只授予替代服务器向美国境内的"肉鸡"发送暂停运行指令。同时,临时禁令禁止调查人员获取非调查目的的信息。在这一场行动中,美国司法部共查获了 29 个域名和 5 个 C&C 服务器。此次行动除了捣毁部分 Coreflood 网络外,还开创了美国司法部终止僵尸网络扩张的先河,也是美国司法部第一次使用临时限制令对网络犯罪采取行动。该行为为司法部捣毁僵尸网络提供了法律和技术范式。

【相关法律条文】

禁止拦截、泄露以有线、口头或电子方式交流的信息(Interception and Disclosure of Wire, Oral, or Electronic Communications Prohibited)

禁止未授权拦截、泄露和使用有线、口头或电子方式交流的信息。

【裁判结果】

美国康涅狄格州地区法院认定该病毒具有非法截取他人电子信息并以此获利的特性。为防止损害的扩大,法院颁布临时禁令。禁令的主要内容包括:

1. 修改每一个 Coreflood 网络域名,锁住或直接删除该网络域名及与该网络域名有关的账户;

2. 每一个 DNS 转换的 IP 地址应改为 149.20.51.124 等其他由 FBI 掌控的 IP 地址;

3. 禁止法院和 FBI 储存该案的数据,或将数据传至未授权的服务器上。

7. 达斯投放逻辑炸弹案(2014)

【关键词】逻辑炸弹 美军数据库承包商

【基本案情】

被告人米泰什·达斯(Mittesh Das),案发时 45 岁,佐治亚州亚特兰大人。达斯是一名资深的数据库管理专家。2012 年至 2014 年,美国陆军将数据库管理操作工作外包给达斯,这些数据库主要处理美国陆军预备役军人相关资料。但两年承包期后,美国陆军将承包权授予了另一家公司。因此,自 2014 年 11 月 24 日起,达斯将不再承包美国陆军的数据库管理工作。然而,在数据库控制权移交给新的承包商后不久,数据库系统出现了重大故障。时间之巧合,不免令人生疑。达斯作为曾经管理数据库的核心人员,成为头号嫌疑人。

达斯所掌管的数据库储存着将近 20 万美国预备役军人的薪资数据和士兵动员令。除此之外,该数据库还用于预备役军人的日常工作、奖金分发和升职管理。该数据库的发言人威廉·里特(William Ritter)称,数据库所管理的相关事项将被延后,并通过其他方法处理。发言人所称的其他方法包含原始的人工处理方式。例如,在当时数据库遭损毁的情况下,为了给士兵发放月薪,士兵需要在花名册上手写签字,这些花名册将被送往威斯康星州的麦科伊堡①。随后,工作人员审核信息,并将信息人工输入国防财政服务系统。经过如此一番繁杂的人工程序,预备役士兵的工资信息才能录入陆军系统。美国陆军预备役士兵需多等待 17 天,才拿到自己的工资。发言人里特称,该故障不仅导致预备役士兵

---

① 麦科伊堡是美国陆军的一处军事基地。自 1909 年起,该地主要作为军事训练基地。

的工资拖延发放,还使士兵动员令延后发布。原计划于 2014 年 12 月发布的士兵动员令被延迟至 2015 年的 2 月。

除了造成工作拖延外,由于故障成因的隐秘性,美国军方开展调查和进行相关工作也非常困难。里特在案发后曾称:"到目前为止,我们还很难找出什么原因让该数据库突然失常,我们也很难估计数据库什么时候才能恢复正常。"在依赖数据库的时代,一旦数据库受损,又无法快速查清原因,再简单的日常工作都变得棘手。例如,在给几十万预备役士兵发放工资的问题上,除了按绩效审核问题外,还有送达消息问题。原本可通过数据库轻松解决的送达工作,美国军方大费了一番周章。里特称,为了让预备役士兵及时获取消息,预备役部队需要通过多重方式向预备役士兵传达信息,告知他们工资延迟发放。一个数据库的故障就搅乱了美国陆军,可见始作俑者的手段之高超,威力之巨大。

数据库遭破坏后,陆军刑事调查司令部(Criminal Investigation Command,CID)介入调查。调查人员夜以继日地彻查了位于北卡罗来纳州布拉格堡的 5 个服务器,发现达斯植入了一枚逻辑炸弹!

管理美国军方数据库这等好差事被他人抢走,达斯自然心生不快。为报复军方,给接手者留下个烂摊子,同时又能以隐蔽的方式实施,以免自己被警方发现,达斯采用了逻辑炸弹的攻击方式。逻辑炸弹的巨大威力既能造成数据库的彻底崩坏,植入时间与爆炸时间的错位又能给予达斯推脱罪名的理由。在该动机的驱使下,按照先前试想的"周全计划",达斯将炸弹引爆的时间设定为移交数据库管理权后。完成设置后,达斯将数据库管理权移交给新的承包商,坐等数据库移交后突然运作失常,全线崩溃。

美国司法部相关工作人员称,达斯的恶意程序具有渐进式破坏的特点。同时,他还补充道,为了修复该数据库,除了移除恶意程序、修复所有数据库的信息和功能外,还需要彻查整个系统,以找到仍潜伏着的恶意程序。如此一番移除、修复和彻查,将花费美国陆军约 260 万美元!

2016 年 4 月,达斯被逮捕。2016 年 5 月 4 日,美国检方起诉达斯未授权入侵计算机,故意散播恶意软件,导致重要信息、指令损毁,严重危害了美国国家安全。达斯将面临 10 年有期徒刑,高达 25 万美元的罚金,以及 3 年的监外看管。

该案给社会各界敲响警钟,网络犯罪不可小觑,上危及国家安全,下连累普通公民。同时,该案的破获也给蠢蠢欲动的网络犯罪者一记警告,再高超的技术都逃不过法律制裁。美国北卡罗来纳州东区检察官约翰·斯图尔特·布鲁斯(John Stuart Bruce)说:"网络破坏不是'恶作剧'。网络破坏将造成无数公民受害,连累无辜之人,使个人和国家蒙受严重损失,是一项非常严重的犯罪。以达斯投放逻辑炸弹案为例,为修补数据库,美国军方耗费了260万美元的纳税额。调查人员和检察官工作出色,查明原委,将犯罪嫌疑人绳之以法,达斯先生将为他的恶劣行径付出应有的法律代价。"刑事调查司令部负责人丹尼尔·安德鲁斯(Daniel Andrews)说:"我们对有罪判决感到高兴。我们将尽全力,把企图破坏或扰乱美国陆军安全防卫系统的不法分子绳之以法。"安德鲁斯还补充道:"该案将起到极大的震慑作用。该案给那些借技术的隐秘性兴风作浪、自以为能逃过法网的不法分子敲响警钟。我们的工作人员训练有素,技术高超,他们夜以继日地工作,严厉打击不法分子,保护陆军数据系统的安全性和完整性免受损害。"

美国媒体称达斯为"蠢货"(plonker),他为了一己私利,损害美国陆军数据库,造成的损失难以弥补。在美国,类似案件不在少数,大多是一方对雇主或对合同另一方不满而破坏数据库,其中著名案例有"苏利文投放逻辑炸弹"案。约翰·米歇尔·苏利文(John Michael Sullivan)于 1996 年 9 月 23 日被聘为美国兰斯公司①的程序员,日常工作为编写程序和维护公司系统,该系统用于销售部门沟通销售、库存和运货信息。因为工作不力,苏利文于 1998 年 5 月 8 日被降职。他因此怀恨在心,愤而离职,但计划在离职之前要给公司点"颜色"看看。1998 年 5 月 12 日,苏利文将逻辑炸弹植入公司系统,该系统连接全国 2000 台销售代表的计算机。1998 年 5 月 22 日,苏利文提交辞呈。在安然无事的 4 个月后,系统被"引爆",造成 2000 台计算机瘫痪,该事件造成公司 154879 美元损失。最终苏利文因违反《计算机欺诈与滥用法》,被判处有期徒刑 24 个月,罚金 194609 美元,3 年监外看管。目前,逻辑炸弹已获多国重视,原因不仅在于其危害巨大,还在于其隐秘性,取证和定罪的困难性。

---

① 兰斯公司是美国一家历史悠久的休闲食品公司,总部位于北卡罗来纳州。

【相关法律条文】

计算机诈骗及其他相关犯罪（Fraud and Related Activity in Connection with Computers）

通过散播恶意程序、信息、代码和命令，或故意非法进入被保护的计算机系统，造成计算机损坏，根据情节，处 1 年以上 20 年以下有期徒刑，并处罚金。

【裁判结果】

美国联邦法院北卡罗来纳州地区检察机关起诉米泰什·达斯违反《计算机欺诈与滥用法》，实施了未授权入侵计算机，故意散播恶意软件等非法行为，认为他的罪行导致重要信息、指令损毁，严重危害了美国国家安全。达斯面临 10 年有期徒刑，高达 25 万美元的罚金，以及 3 年的监外看管。2018 年当地法院判处达斯 2 年有期徒刑、3 年监外看管，支付 150 万美元赔款。

8. 波格契夫制造传播僵尸病毒案（2014）

【关键词】僵尸病毒 勒索软件病毒变体 多国合作

【基本案情】

被告人艾维盖尼耶·米哈伊洛维奇·波格契夫（Evgeniy Mikhailovich Bogachev），1984 年出生，俄罗斯阿纳帕人。2014 年，FBI 下达有史以来最高赏金通缉令——悬赏 300 万美元追捕波格契夫。当时，波格契夫年仅 30 岁。到 2018 年，虽然波格契夫身负 14 家法院起诉状，但 FBI 无法将其引渡到美国归案，而这位通缉犯依然过着声色犬马的富足生活。据《纽约时报》报道，波格契夫或驾着他的私人快艇冲浪黑海，饱览黑海沿岸旖旎风光；或购买庄园，收集各式豪车，并将豪车停放于欧洲各地，以便旅行时使用。与此同时，他操控着庞大的僵尸网络，控制着遍布全球的数百万台计算机。通过僵尸网络，波格契夫轻松地从世界各地的银行账户里窃取巨额财富。

波格契夫所操控的僵尸网络名为 Gameover Zeus，也称为"对等网络宙斯病毒"(Peer-to-Peer① Zeus),其首次出现于2011年9月,是Zeus木马病毒②系列的最新变体,其设计极其复杂,可从受害计算机里窃取银行或其他软件的认证密码。同时,当受害者还浑然不知时,Zeus病毒将受害计算机变为僵尸网络中的一只"肉鸡"。"肉鸡"分散世界各地,僵尸网络成了覆盖全球的"天网"。波格契夫除了可以不断从"肉鸡"中盗取机密信息,还可以指挥其从事各种各样的网络犯罪行为,例如可以操控世界各地的"肉鸡"相互联系,进行金钱交易等。Gameover Zeus病毒通过邮件进行传播。"肉鸡"会向受害者的邮件联系人发送带有病毒文件的邮件,联系人一旦打开附件,他们的计算机也成了丧失意志的"肉鸡",病毒继续向各自的联系人扩散。Gameover Zeus作为Zeus病毒变体之一,与Zeus早期的病毒变体不同的是,之前的病毒是星状结构,Gameover Zeus病毒是分布对等结构,既没有专用的服务器,也没有专用的工作站,任何一台"肉鸡"都可以发出指令,这样的网络结构增加了破解该病毒网络的困难。据FBI估计,Gameover Zeus病毒造成了1亿美元的损失。

除了Gameover Zeus病毒外,波格契夫还操控恶意勒索软件Cryptolocker,该软件于2013年9月开始在网络横行,其结构高度复杂,使用编录数据库的密钥③匹配重新编码受害者的计算机文件。因此,若受害者想要打开文件,需向波格契夫团伙缴纳"赎金",金额通常至少700美元;若受害者拒绝缴纳"赎金",他们将永远无法取回文件。同时,Cryptolocker借助僵尸网络向外传播,大大加快了其传播速度。据安全调查员估计,仅仅在2014年4月,Cryptolocker感染了超过23.4万台计算机,其中近一半位于美国。仅在该勒索软件出现的头两个月,犯罪分子借助Cryptolocker勒索了2700多万美元。

FBI执行助理局长安德森将该病毒称为FBI及其盟友有史以来遇到的最复杂的病毒。若没有各国、各机构、各公司以及各执法部门的国际合作,该病毒很难被彻底捣毁。由美国牵头的执法团队采取如下措施。首先,匹兹堡民事和刑

---

① Peer-to-Peer(P2P)意为"对等网络",又称工作组。具体来说,P2P是指网上各台计算机有相同的功能,无主从之分,每台计算机都是既可作为服务器,设定共享资源供网络中其他计算机所使用,又可以作为工作站,没有专用的服务器,也没有专用的工作站。对等网络是小型局域网常用的组网方式。

② Zeus木马病毒出现于2007年,针对Windows系统电脑,主要通过钓鱼式攻击信息传播,当用户遭到钓鱼式攻击后,他们的账户就会自动向好友继续发送恶意信息或恶意链接。该病毒在Facebook等多个平台上泛滥,窃取大量用户银行账户信息。近年来,该病毒有多种变体,Gameover Zeus是Zeus病毒的最新变体。

③ 密钥是一种参数,它是在明文转换为密文或将密文转换为明文的算法中输入的参数。

事法庭授权 FBI 获得受害者计算机的 IP 地址,FBI 可替换其服务器地址,帮助受害者的计算机远离僵尸病毒。其次,除美国之外,澳大利亚的执法部门、荷兰国家高技术犯罪研究中心、欧盟网络犯罪中心、新西兰警署和乌克兰内政部等多个国家的多个部门参与了合作。除了国家机构外,公司的技术力量不可忽视。戴尔网络安全部门、CrowdStrike[①]、Shadow Server、微软、迈克菲(McAfee)[②]等多家公司都为捣毁 Gameover Zeus 僵尸网络做出贡献。其中,FBI 领导戴尔等公司负责摧毁僵尸网络的部分 C&C 服务器并找出了域名地址。微软和 Shadow Server 主要负责分析对等网络结构以及寻找出清理病毒的方法。微软与全球计算机应急反应小组[③](CERTs)协作,通过微软的网络威胁情报程序,不仅帮助受害者重新取得计算机系统的控制权,还将为受害者提供后续服务,防止其计算机再次变为"肉鸡"。

针对恶意勒索软件 Cryptolocker,FBI 设立了另一支团队,该团队由 FBI 华盛顿地区办公室牵头,与加拿大、卢森堡、荷兰、英国和乌克兰的执法部门合作,同时戴尔安全部、卡内基梅隆大学、佐治亚理工等公司和学校也助以一臂之力,最终查获 Cryptolocker 的服务器。另外,FBI 声明,调查的过程充分发挥了计算机技术的作用,确保公民的隐私权没有遭受到侵犯。

在各方努力下,FBI 不仅查获服务器,还查清了真正的幕后黑手——波格契夫。波格契夫在网上有多个代号,如"Slavik""Pollingsoon""Lucky12345"等。

然而,国际合作缺了波格契夫所在国——俄罗斯这一环。俄罗斯与美国之间没有引渡条约,且俄罗斯以波格契夫在俄罗斯领土上并没有犯罪为由,拒绝抓捕波格契夫。据《纽约时报》报道,俄罗斯情报部门可以监控波格契夫团伙的活动。因此,波格契夫虽然犯下滔天大罪,造成全球数亿损失,但仍然能在黑海的私人别墅里过着惬意的生活。

---

① CrowdStrike 公司成立于 2011 年,总部位于旧金山,该公司提供云计算工具,帮助政府和企业发现并阻止正在发生的黑客攻击。

② McAfee 官方中文译名为迈克菲。公司的总部位于美国加州圣克拉拉市,致力于创建最佳的计算机安全解决方案,以防止网络入侵并保护计算机系统免受下一代混合攻击和威胁。迈克菲是全球最大的专业安全技术公司。

③ 全球计算机应急反应小组是一支解决计算机安全事故的专家小组,1988 年在卡内基梅隆大学建立,目前有数十个国家参与,美国、英国、澳大利亚、中国等国家都是小组成员。

【相关法律条文】

电信诈骗罪(Fraud by Wire,Radio or Television)

以虚假表示、描述或承诺等方式,在州际或国际无线、有线营利性活动中传播文字、符号、图像或声音,根据情节,处 20 年以下有期徒刑,单处或并处罚金。如果该行为对金融机构造成损失,处 30 年以下有期徒刑或 100 万美元以下罚金,或两者并罚。

禁止拦截、泄露以有线、口头或电子方式交流的信息(Interception and Disclosure of Wire,Oral,or Electronic Communications Prohibited)

禁止未授权拦截、泄露和使用有线、口头或电子方式交流的信息。

禁止窃听令(Injunction against Illegal Interception)

法院可以根据审理的需要,在作出判决之前,下达限制令或禁止令,以避免给国家或个人带来损害。

【裁判结果】

由于俄罗斯与美国之间并没有引渡条约,且俄罗斯长官发表声明称,只要波格契夫没有在俄罗斯领土内犯罪,俄罗斯就没有理由逮捕波格契夫。因此,基于电信诈骗等罪名,美国匹兹堡市地区法院、内布拉斯加州奥马哈市地区法院对波格契夫下达永久限制令。

该团伙部分成员乌克兰人耶文·库利巴巴和尤里·科诺特伦克被抓捕归案,两人皆被判处有期徒刑 2 年 10 个月。

【评议】打击跨国犯罪的难点与国际合作

波格契夫案案情简单,在事实认定和法律适用上并无争议。可以这么说,本案中值得思考的问题并非刑事问题。若要给本案及相似的案件提供恰当的建议,那么我们需谨记世界互联的时代早已到来,不同于以往的跨国犯罪,重大的网络犯罪甚至可以是全球性的问题,因而考察案件焦点时,目的是在全球范围内更好地打击网络犯罪,而非仅仅满足于区域性的合作。

一、本案难点及应对

(一)技术难点

本案的技术难点在对 Gameover Zeus 僵尸网络的破解,对恶意勒索软件 Cryptolocker 的服务器的查获,以及对行为人的确定上。

事实上,在刑事案件中,及时制止犯罪行为、查获犯罪工具、追查犯罪人向来是案件侦查中的难点,很大程度上受案件类型及作案方式的限制。但随着侦查人员的经验越来越丰富,以及强大的追踪技术支持,侦查人员即是专家,克服难点只是时间问题。

然而在互联网时代,面对利用互联网和代码进行的犯罪行为,侦查人员从专家变成了"门外汉",主要由法律专家组成的侦查团队,恐怕无法跨过技术鸿沟,在互联网世界中游刃有余——就如同他们在现实世界中处理刑事案件那样。哪怕侦查团队有意识地纳入了互联网技术专家,有时也无法完全应对网络上的犯罪行为。一方面,犯罪人可能拥有更高的技术,追踪与反追踪更多的是一场技术水平之争。另一方面,网络犯罪将比传统犯罪更快、更大范围地产生危害结果,侦查机关独木难支,仅仅依靠侦查团队无法及时有效地制止犯罪。

本案中的应对方式为,由 FBI 牵头,联合各国、各机构、各公司以及各执法部门,展开包括法律和网络技术领域的合作、国内各部门的合作与国际合作。合作取得了良好的效果。同样地,法律专家和技术专家的合作、部门间合作、国家间的合作并非网络犯罪案件独有,只是在互联网时代,与技术专家合作的需求更为迫切,后者也将更深入地参与到案件中,而全球互联也使部门和国家间的协作变得更为畅通和及时。

(二)管辖难点

行为人所在地与犯罪行为发生地、犯罪结果发生地属于不同国家亦非新问题,只是当前出现了新形态。在传统犯罪中,一般行为人的跨境流动,亦即行为人在实施犯罪行为后逃离至无关的第三国,难度较大,成功概率也较小。而在网络犯罪中,则更有可能出现犯罪行为和犯罪结果的跨境流动,亦即行为人可在别国境内远程实施犯罪行为,大大提升了行为人处在受害国管辖地区外的可能性。

此时国与国之间应有更为宽松和广泛的引渡合作,本案并未实现这样的合作,因俄罗斯和美国之间缺乏引渡条约,使得案件缺乏最终的审判环节,而犯罪人也得以继续逍遥法外。国家之间是否签订引渡条约,更多地在于政治考量,因而此类问题要放在国际法环境中解决。

二、全球合作网络的生成

在国际社会,早已有联合打击犯罪行为的共识,例如 2000 年第 55 届联合国大会通过了《联合国打击跨国有组织犯罪公约》、2005 年生效的《联合国反腐败公约》等。第一部针对网络犯罪行为所制定的国际条约,为 2001 年欧盟成员国及其他多个国家签署的《网络犯罪公约》(以下简称《公约》)。《公约》旨在"通过采取适当的立法和促进国际合作的方式打击网络犯罪",在"国际合作部分",即包含了引渡原则和协助原则。然而要达成真正有效的国际合作还任重道远,尤其在网络犯罪领域,国际合作可以包含比国际条约的制定、签署、遵循更为广泛的内容。

第一,合作的主体不限于国家、政府间国际组织。在此,需首先区分国际条约实现的三种情形。其一,国家是条约的主体,依靠国家部门和官员即可实现条约目的;其二,国际条约监督国家在其辖区内要求私人主体作出符合条约的行为,亦即条约间接对私人发生效力;其三,"条约对个人或企业具有直接法律后果而其中没有任何国内政府行为的介入"①。

在传统的国际刑事合作中,一般为国家之间的合作,即上述第一种条约实现情形。而在网络犯罪领域,企业、非政府组织发挥着无可替代的作用。以中国为例,在恶意软件越来越猖獗的今天,我国仍然缺少对恶意软件的有效立法。于此,中国互联网协会发布的《抵制恶意软件自律公约》《"恶意软件定义"细则》,以及各大企业做出的反恶意软件的努力是当前抵制恶意软件的主要力量。同样地,在打击网络犯罪行为时,政府常常需要求助于具有更大技术优势的私人企业,合作突破了传统的缔约国间互通信息、跨境追捕等形式,私人企业成为网络犯罪案件中重要的侦查主体。但私人企业并非规范的负担侦查义务的主体,政府能在多大程度上要求私人企业协助?更重要的是,如何确保私人企业遵守规范,在侦查过程中不致侵犯合法权益?因此,上述第二、三种条约的实现情形提

---

① 参见本尼迪克特·金斯伯里、尼科·克里希、理查德·B.斯图尔德:《全球行政法的产生》,范云鹏译,毕小青校,《环球法律评论》2008 年第 5 期。

供了新思路,是否可以将企业纳入国际条约的效力范围,或者至少通过间接效力,由国内立法激励并规制企业参与刑事案件。

第二,国际社会缺乏统一的权威,且存在多元的国内环境,因此,对条约实体内容达成共识需要诸多磋商,从而难以实现大范围的国际合作。以《公约》为例,其由欧盟发达国家制定,更多地代表了发达国家的利益,其中重点关注的诸如儿童色情信息、著作权的犯罪,并未切合其他众多发展中国家的强烈诉求。在《公约》推出之后,许多国家、利益集团——甚至包括部分《公约》缔约国——纷纷推出各自的治理方案,"国际社会对于包括网络犯罪在内的网络规则制定权的争夺已经到了白热化的状态"[①]。相较网络犯罪形成和扩散的速率和范围,国际共识的达成可谓效率低下。

国际秩序模式中存在一种世界主义模式,世界主义模式所能达到的理想状态是,推动世界范围的民主,甚至组建国际议会,实现全球参与或协商。[②] 这种类似国内民主立法的程序,才有可能达成实体规则的共识。然而在当前,实现世界主义模式尚属天方夜谭,但这一模式提供了新的启示。例如,除了政府,非政府组织、企业,甚至私人可以加入国际规则的制定,在面对国际社会亟须解决的问题时,借助更广泛的参与来更好地平衡各方利益。然而这仍旧缺乏民主基础,参与国际规则制定的主体是有国际影响力的主体而非民选代表。

第三,由于国际法体系缺乏一个有绝对强力的裁决和执行机构,国际法主体违背国际义务的情况屡见不鲜,因此需要建立有效的问责机制以确保国际规则的实效性。以来源于国际条约的义务为例:"条约必须遵守"是国际法的基本原则之一,但条约真正能被缔约方善意履行,还需诸多条件,常见的为通过立法将国际条约转化为国内法律,而此乃一国主权的行使,并非一蹴而就。鉴于此,国际社会也致力于发展国家责任法。到 2001 年,联合国国际法委员会二读通过了《国家对国际不法行为的责任条款草案》(以下简称《草案》)。《草案》所规定的国家责任的类型有继续履行、停止和不重复不法行为、赔偿等,同时受害国可以适当地采取反对措施促使加害国承担国际责任。归根结底,还是依靠自助行为实现国际权利。

---

① 参见于志刚:《"信息化跨国犯罪"时代与〈网络犯罪公约〉的中国取舍——兼论网络犯罪刑事管辖权的理念重塑和规则重建》,《法学论坛》2013 年第 2 期。

② 参见本尼迪克特·金斯伯里、尼科·克里希、理查德·B. 斯图尔德:《全球行政法的产生》,范云鹏译,毕小青校,《环球法律评论》2008 年第 5 期。

除此之外,还有两种国际问责方式值得关注。其一,由国内机构制约国际合作行为,作为一种私人可获取的有效的救济途径,此一问责方式主要针对国际规则及国际决策对私人发生效力的情形——亦即要求私人承担义务或对私人实施制裁。国内机构包括国内司法机构、议会、调查委员会等。[①] 不过,国内机构实施问责的实效性无法确定,尤其是对主权国家的不利决策往往无法直接执行。其二,由共同承认的权威机构实施问责,典型代表为共同承认的纠纷解决机构、国际法庭以及各正式组织内设的纠纷解决程序和机构。对机构的事先承认保证了对处理结果的执行。除纠纷解决机构外,决策机构在决策制定过程中,可扩大参与主体,尤其需注意可能的义务主体的参与。如此可增加决策的合理性和可接受性。

三、结语

波格契夫案揭示了国际合作对于打击网络犯罪的重要性,同时也提示了全球合作网络的生成仍旧困难重重。本文仅展现其中最为关键之处,意在表明全球合作包含了更为广泛的合作主体以及更为复杂的合作过程,在国际决策确立、执行、问责阶段,都可以有全球范围内不同主体的参与。全球合作形式的研究尚属起步阶段,本文亦仅给出了可能的解决方向,以供读者讨论。

---

① 参见本尼迪克特·金斯伯里、尼科·克里希、理查德·B. 斯图尔德:《全球行政法的产生》,范云鹏译,毕小青校,《环球法律评论》2008 年第 5 期。

9. 华莱士"垃圾邮件"攻击案(2016)

【关键词】垃圾邮件 邮件诈骗 网络攻击 黑客

【基本案情】

被告人桑福德·华莱士(Sanford Wallace),生于1969年,案发时47岁,内华达州拉斯维加斯市人。华莱士被业内人士称为"垃圾邮件之王",他的攻击对象既有美国政府,也有互联网巨头 MySpace 和 Facebook。由华莱士发起的影响最大的垃圾邮件攻击事件当属其对 Facebook 的攻击,这次攻击将"垃圾邮件之王"送进监狱。

华莱士是从发送垃圾传真"起家"的。20世纪90年代初,在垃圾传真早已被美国全面禁止的情况下,华莱士仍通过发送垃圾传真的营销手段谋生,华莱士因此在营销圈内声名狼藉。之后,华莱士进军网络营销,开办公司 Cyber Promotions,该公司专为商家营销发送垃圾邮件。华莱士常用的破解反垃圾邮件的策略有:假网页返回地址、多重路径返回等。通过这些方法,华莱士确保垃圾广告能传播给每一个目标用户。值得一提的是,2003年华莱士开始涉足夜总会业务,他开创了夜总会营销的新路径,通过网络多窗口发送色情广告,这在色情业实属少见。

华莱士不仅投资夜总会,还制造间谍软件 Smart Bot。2004年,美国联邦贸易委员会(FTC)要求华莱士销毁该软件,禁止在未经用户同意的情况下安装间谍软件,然而华莱士并未执行。2006年3月,美国联邦贸易委员会再次对华莱士和 Smart Bot 提起诉讼,该诉讼类似于2004年的诉讼。这一次,华莱士和他的共同被告被处罚金5089550.48美元。

虽然其垃圾邮件业务也遭遇众多诉讼,但华莱士还是一贯的"老赖"风格,屡教不改。2007 年,MySpace 向华莱士提起钓鱼和垃圾邮件诉讼。在该案中,华莱士创建了 1100 个虚拟配置软件,该配置软件是 MySpace 所不允许的。此虚拟配置软件能自动将 MySpace 用户引导到其他网站。2007 年 7 月,美国地区法官奥德丽·柯林斯(Audrey B. Collins)发布指令,禁止华莱士创建 MySpace 账号或使用 MySpace 公开发表信息或发送私人消息。然而,华莱士迟迟未能递交相关解释文件,也未能出庭。2008 年 4 月,加州中区法院在 MySpace 的诉讼中对华莱士发出了违约判决。2008 年 5 月,在华莱士未能出庭的情况下,其被判向 MySpace 支付 2.3 亿美元赔款。

即使由于垃圾邮件、间谍软件遭到众多诉讼,"垃圾邮件之王"华莱士仍然兴风作浪,在 Facebook 散播垃圾邮件,最终导致 FBI 介入调查,挖出罪证,一直抵赖的华莱士不得不低头认罪。

华莱士之所以瞄准 Facebook,与 Facebook 庞大的用户群以及邮件是用户交流的方式之一有关。据统计,Facebook 共有 17.5 亿名用户。如此庞大的用户群,使得 Facebook 成为众多黑客觊觎的肥肉。Facebook 用户之间的交流方式有三种,一为通过 Facebook 网站,二为通过 email,三为通过用户主页。同时,Facebook 在用户条款中,对垃圾邮件及其他形式的广告邮件的发送进行了严格的限制,以防大量的垃圾邮件损害 Facebook 的正常运转,如:禁止僵尸网络操控"肉鸡",以获得用户的登录信息;禁止向用户主页和 email 循环发送广告和垃圾邮件;禁止未经 Facebook 授权的第三方个人软件发送广告和垃圾邮件等等。然而,华莱士并不把此用户条款当回事,反而从用户交流的三种方式中琢磨出"生财门道"——通过垃圾邮件引诱用户访问网站,增加网站访问量,以此从网站方获得相应报酬。

注册一个名为"David Frederix"的 Facebook 虚假账号,是华莱士对 Facebook 进行垃圾邮件攻击的第一步。通过该虚假账号,华莱士寻找 Facebook 拒绝垃圾邮件系统的漏洞。随后,华莱士编写出一款自动登录 Facebook 账户的盗号程序。通过该程序,华莱士进入 Facebook 账户,获得用户的好友名单,进而向名单里的用户发送垃圾邮件,循环往复,导致垃圾邮件快速蔓延。该邮件以好友的名义发出,引诱用户点开邮件,一旦用户点开该邮件,页面立即跳转至华莱士事先设置好的钓鱼网站。通过华莱士的"垃圾邮件"引诱手段,网站获得了激增的访问量,而华莱士通过引诱海量用户进入钓鱼网站,从而从网站那里获取了不菲的收入。与此同时,该钓鱼网站引诱用户泄露 Facebook 账号隐私,获取用户的

email 地址和密码,进而继续向这些用户的好友发送垃圾邮件。

华莱士共三次向 Facebook 用户发送大量垃圾邮件。第一次大约于 2008 年 11 月 5 日到 2008 年 11 月 6 日,华莱士激活"盗号程序"的运行,垃圾邮件快速扩散,该次垃圾邮件攻击致使超过 128883 封垃圾邮件发送至 Facebook 用户的账户中。第二次攻击仅限于 2008 年 12 月 28 日当日,虽然时间较短,但此次垃圾邮件攻击更加凶猛,有接近 30 万封垃圾邮件扩散至 Facebook 用户。第三次垃圾邮件攻击在 2009 年 2 月 17 日再次上演,共发送 126 万封垃圾邮件。

遭受重创的 Facebook 向美国北加州地区法院起诉华莱士违反 2003 年《反垃圾邮件法案》(CAN-SPAM Act of 2003)、《计算机欺诈与滥用法》(Computer Fraud and Abuse Act)、《加州反钓鱼、计算机数据访问和欺诈法案》(California's Anti-Phishing and Computer Data Access and Fraud Acts)等法律。2009 年 3 月 2 日,法院发布临时禁令,禁止华莱士进行以上钓鱼和垃圾邮件攻击行为。2009 年 3 月 24 日,令生效。但事实上,2009 年 4 月 17 日,华莱士违反法院禁令,在从拉斯维加斯飞往纽约的途中登录了 Facebook 账号。随后,该登录行为被 Facebook 发现,法院旋即决定在 2009 年 6 月 12 日召开听证会。然而,2009 年 6 月 11 日,Facebook 发现华莱士通过申请破产的手段逃避法律惩罚。所幸在 Facebook 努力下,华莱士的破产申请于 2009 年 8 月 4 日被驳回。2009 年 9 月 18 日,法院继续判令华莱士不得以任何方式使用或试图使用与 Facebook 相关的计算机网络,或仍使用 Facebook 账号。

2011 年 7 月 6 日,华莱士因犯有电子邮件诈骗罪、非授权访问计算机罪和藐视法庭罪被提起诉讼。该诉讼持续了两年,随着 FBI 对该案件的深入调查,华莱士最终认罪,Facebook 和华莱士之间多年的拉锯战终于结束。在此案中,高达 50 万个 Facebook 账户受害,2700 万条垃圾邮件通过 Facebook 服务器被发送,造成 Facebook 服务器难以正常运转,用户信息遭盗取,损失惨重。

【相关法律条文】

营利性电子邮件诈骗罪(Other Protections for Users of Commercial Electronic Mail)

传输营利性电子邮件或交易性信息,且此信息标题中包含虚假或误导性信息,根据情节,处 5 年以下有期徒刑,单处或并处罚金。

藐视法庭罪(Criminal Contempt)

不遵守或抵抗法令与判决,根据情节,处罚金或监禁。

【裁判结果】

目前美国有多家法院指控华莱士犯邮件诈骗罪,有两家法院指控华莱士犯藐视法庭罪,还有其他法院指控其他罪名。在 Facebook 案件中,美国联邦北加州地区法院认为,被告人桑福德·华莱士犯营利性电子邮件诈骗罪和藐视法庭罪,判处他 30 个月有期徒刑,赔偿受害者 310628.55 美元。

【评议】美国《反垃圾邮件法案》的进步与局限

垃圾邮件(spam)既是当今重要的营销方式,也是不法分子犯罪的渠道。美国为了惩治非法行为以保护邮件的正当商业用途,于 2003 年由布什总统签署《反垃圾邮件法案》(CAN-SPAM Act of 2003)。该法案不仅从民事角度对垃圾邮件进行规范,还从刑事角度对垃圾邮件营销中涉嫌欺诈和非法攻击计算机的罪行进行打击。根据《反垃圾邮件法案》,联邦贸易委员会多次对华莱士进行处罚[1],MySpace 和 Facebook 援引《反垃圾邮件法案》向华莱士索赔,其中 MySpace 被判得受偿 2.34 亿美元[2],Facebook 受偿 7.1 亿美元[3]。除了民事上的处罚,华莱士最后还被判处有期徒刑 30 个月。

随着互联网的兴起,邮件成为一种高效且省钱的广告营销方式。营销人员可以匿名同时发送上万封垃圾邮件给目标客户,比起线下营销、网页营销和电话营销,这样的方式不仅节省时间而且营销成本小。然而,垃圾邮件却成了犯罪的温床。传销、投资骗局、假慈善等非法行为利用垃圾邮件诱导读者加入,抑或是垃圾邮件的文件中含有病毒和间谍软件。此外,还有利用垃圾邮件进行网络钓鱼,即利用虚假身份发送欺骗性垃圾邮件,意图引诱收信人给出敏感信息——这也是华莱士的一种欺诈手法,华莱士通过网络钓鱼诱取用户的邮箱密码。同时,许多垃圾邮件的非法发送者和华莱士一样,通过 DDoS 攻击,导致流量过载,服务器瘫痪。而且垃圾邮件的犯罪方式仍在快速更新。立法之初,2003 年全球邮

---

① F. T. C. v. Smart Bot. Net, Inc. , Not Reported in F. Supp. 2d (2006).

② MySpace, Inc. v. Wallace, Not Reported in F. Supp. 2d (2008).

③ Facebook, Inc. v. Wallace, Not Reported in F. Supp. 2d (2009).

件总量中 56% 是垃圾邮件,2004 年垃圾邮件总量所占比例已飙升至 65%[①],收件人对垃圾邮件更多的是不满,美国联邦贸易委员会平均每天会收到 5 万件关于垃圾邮件的投诉。

美国立法机关深知垃圾邮件的营销作用。若能良好引导广告邮件,可促进商业的快速发展。但只有通过立法明文规定允许与禁止的界限,才能避免由于法律规定不明,正当邮件也招来诉讼的混乱局面。因此,该法虽名为"反垃圾邮件",但事实上是通过禁止垃圾邮件,使某些形式的邮件合法,且政策更有利于网络运营商而非消费者。该法共有 16 章,包括禁止滥用垃圾邮件、保护正当商业邮件、执法要求、对其他邮件传输的限制等。总结而言,该法的突破点大致可分为以下三个方面。

首先,在诉讼主体方面,该法主要有三方诉讼主体,分别为美国联邦贸易委员会、检方和网络运营商,收件者等公民主体没有诉权。在华莱士垃圾邮件攻击案中,三方都提起诉讼,美国联邦贸易委员会要求进行整改,网络运营商 MySpace 和 Facebook 向华莱士索要赔偿,检方请求追究华莱士相应的刑事责任。

其次,在垃圾邮件营销规范和相应处罚方面,第一,《反垃圾邮件法案》要求垃圾邮件必须标明邮件为产品和服务的广告以及邮件的内容。第二,该法案还要求提供收件人拒收此类邮件的拒收机制(opt-out)。第三,该法案还要求垃圾邮件应以可回复的邮件地址发送,而非虚假的邮箱账号,并要求商家附上可邮寄的线下地址。第四,该法案禁止散播虚假或误导性内容,禁止为引诱用户打开邮件,使用误导性标题。第五,该法案要求美国联邦贸易委员会向国会递交建立拒绝广告邮件服务用户名单的时间表和计划。

再次,该法案禁止利用僵尸网络等自动系统发送垃圾邮件,在 24 小时内发送超过 2500 封垃圾邮件、30 天内发送 25000 封垃圾邮件、一年内发送 250000 封邮件即为犯罪。很明显,华莱士的行为违反了法案的前四条规定,标题并无表明广告,而以虚假的标题引诱收件者进入邮件阅读虚假内容,旨在将收件者诱入钓鱼网站,更无邮件的拒收机制。同时,该邮件是由僵尸网络发出的,收件人一旦打开邮件,文件内隐含的恶意程序立刻将收件人的计算机变为"肉鸡"。

---

① J. Trussell, Is the CAN-SPAM Act the Answer to the Growing Problem of Spam. Loyola Consumer Law Review,2003(16):176.

最后,在非法行为的刑事处罚上,《反垃圾邮件法案》通过 18 U. S. C. A. § 1037法条规定。该法条将以下行为列为刑事犯罪:利用僵尸网络发送电子邮件;使用误导性标题引诱收件人打开电子邮件;通过发送垃圾邮件增加他人网站访问量,从中获取利润;使用诈骗手段获取 IP 地址等。在华莱士垃圾邮件攻击案中,华莱士控制僵尸网络向 Facebook,MySpace 用户发送大量垃圾邮件。邮件以好友的名义发出,引诱用户点开邮件,一旦用户点开该邮件,页面立即跳转至华莱士事先设置好的营销网站和钓鱼网站,以增加访问量,获取利润,或诱取用户的个人信息。该法条也规定了相应的刑罚,像华莱士一样犯有欺诈等重罪罪行,可判至最高有期徒刑 5 年。①

虽然《反垃圾邮件法案》已迈出规范垃圾邮件的重要一步,但仍有许多局限之处。该法案颁布后,垃圾邮件的数量不减反增②,这不仅是技术发展使得单次垃圾邮件发送量陡增,也说明了《反垃圾邮件法案》不但不能管控好现今的垃圾邮件滥用情况,而且不能合理预测垃圾邮件滥用现象对法律的挑战。此外,虽然该法案颁布后的几个月内,法院受理上百起关于垃圾邮件的诉讼,但绝大部分案件仍处在搁置状态。这与诉讼主体受限、法律执行力低、各国各州法律不一致有关系,详述如下。

第一,在诉讼主体方面,《反垃圾邮件法案》对收件方保护不足。该法案将起诉权赋予美国联邦贸易委员会、检方和网络运营商,收件方也是一大受害者,大量垃圾邮件给他们带来极大的困扰,但他们却无法单独提起诉讼。三方中起诉最多的是网络运营商,然而他们的起诉往往是无疾而终。这与很难查找到垃圾邮件的制造者有关,许多诉讼以 John Does 作为被告人,即不明身份的人。另外两方具有诉权的主体,检方和联邦贸易委员会提交的诉讼更是远远少于网络服务商发起的诉讼。面对大量投诉,联邦贸易委员会精力和执行力严重不足,检方也同样执行力不足。③

---

① 18 U. S. C. A. § 1037(b)(1)(A).

② Dave Lorentz, The Effectiveness of Litigation Under the CAN-SPAM, The Review of Litigation, 2010(30): 575.

③ Technology Commentaries: The Federal CAN-SPAM Act——New Requirements for Commercial E-Mail, http://www.jonesday.com/files/Publication/0ea34eeb-8735-41f6-ad24-5bdedf7a3433/Presentation/PublicationAttachment/26f5b006-e312-4e0e-8aa7-cab46b2126c3/Federal%20CAN-SPAM.pdf,2018 年 2 月 13 日访问。See Lorentz, D. The Effectiveness of Litigation Under the CAN-SPAM Act Review Litigation, 2010(30): 574.

第二,部分条款的规制手段不够有力。例如,《反垃圾邮件法案》第9章专门规定建立拒绝广告邮件服务用户名单。此想法来源于《拒绝接听法》,该法同样设立不接听的垃圾电话的名单。由于名单人数众多,规定很难执行。[①] 且在订立该法时,立法者早已为无法执行此项制度留下了余地。《拒绝接听法》规定,若联邦贸易委员会无法向国会递交完整计划,可在之后进行弥补。[②] 除了建立拒绝广告邮件服务用户名单的规定外,《反垃圾邮件法案》设立的退出制度也饱受诟病。退出制度意味着,若有100家垃圾邮件商家发来的邮件,用户需要一家一家地选择退出,这样给收件者造成了很大负担。因此,许多学者[③]提议,应当以"选择进入"替代"选择退出",即发送者在发送之前应当先征得收件者的同意。"选择进入"系统仍然有弊端,比如涉嫌违反美国宪法第一修正案所保护的言论自由权。[④]

第三,各州立法和其他国家立法与《反垃圾邮件法案》存在冲突。首先是州立法与《反垃圾邮件法案》冲突。在联邦法律《反垃圾邮件法案》出台之前,美国各州早已各自出台反垃圾邮件的法案,但各州规定不一。总体而言,州立法较为严格,更有利于消费者,然而这令许多互联网服务商抱怨不断。但联邦法律《反垃圾邮件法案》的出台并不意味着结束各州法律林立的混乱局面,有时联邦的部分判例[⑤]优先于州立法而适用,有时州法院选择不适用《反垃圾邮件法案》,这进一步加剧了法律适用的混乱,也降低了《反垃圾邮件法案》的效力。其次,当邮件跨境传输时,《反垃圾邮件法案》与国外立法冲突。不同国家和地区立法各不相同,这使得网络服务商需要花费大量的人力物力应对不同国家和地区的规定,同一封电子邮件发往世界各地,网络服务商采取不同的标准,邮件营销不再高效、低成本。此外,发送者还趁机利用各国各地区法律不同,钻法律漏洞,从法律管制较松的地区发送邮件,这也使许多拒绝引渡的国家成为跨境犯罪的温床。

在对垃圾邮件的规范上,美国采取"疏"的方式,即通过颁布《反垃圾邮件法案》合理规范垃圾邮件,而不是采用"堵"的方式,即禁止垃圾邮件在商业领域的

---

① J. Trussell, Is the CAN-SPAM Act the Answer to the Growing Problem of Spam. Loyola Consumer Law Review. , 2017(16): 175.

② See 15 USC 7708(b).

③ D. Lorentz, The Effectiveness of Litigation Under the CAN-SPAM Act Review Litigation, 2010(30): 592.

④ J. E. McNealy, Spam and the First Amendment Redux: Free Speech Issues in State Regulation of Unsolicited Email. Communication Law and Policy, 2017,22(3): 351-373.

⑤ See 420 F.3d 366 (5th Cir. 2005), cert. denied, 546 U. S. 1091 (2006).

运用。此种方式帮助美国以积极主动的姿态应对新兴营销方式对现存法律秩序的冲击,进而大力发展互联网经济。但同时也应注意到,基于商业发展,对垃圾邮件规范较为宽松也导致《反垃圾邮件法案》对消费者保护不足,规范效果不佳。同时,互联网将全球连成一体,但各国各地区对垃圾邮件的规范各不相同,这不仅给商家带来很大的麻烦,也无法对收件人进行有效的保护。因此确立垃圾邮件的法律规范仍任重而道远,立法机关需探索出一条更合适的道路,既能促进商业发展,又守住应有的底线。

10."间谍之眼"木马病毒案(2013)

【关键词】木马病毒 电信诈骗 计算机诈骗

【基本案情】

"间谍之眼"(spy eye)是一款银行木马病毒。该病毒首次出现在 2009 年。在之后的 5 年内,该病毒感染了全球 140 万台计算机,窃取了世界各地 10 余万个银行账号,对金融机构及个人造成高达 5 亿美元的经济损失。无疑,"间谍之眼"木马病毒是迄今为止影响最广泛、性质最恶劣的恶意犯罪软件之一。

"间谍之眼"使黑客们得以从网上银行账户中窃取金钱,其主要手段为通过按键记录和表单抓取来窃取账户信息并加以恶意使用。按键记录器程序可以记录在键盘上的每一次按键,其收集的信息包括个人信息和密码。而表单抓取器可以在网页数据表单传输到安全服务器前从该表单中检索授权证书和登录凭证,并根据变量名(如电子邮箱、账户名和密码)对数据进行分类,同时它还记录数据来源网站的标题和 URL 地址。通过这两种手段,黑客可以在用户登录银行账户之时窃取其账户信息。"间谍之眼"也可以在网页上插入新的字段,提示用户输入用户名、密码或卡号。另外,"间谍之眼"能够调整网银账户的余额,因此当黑客窃取网银账户里的钱时,用户难以察觉。

阿勒科山德·安德列耶维奇·帕宁(Aleksander Andreevich Panin)生于1989 年,俄罗斯人,是"间谍之眼"木马病毒的主要开发者和施放者。哈姆扎·本德拉吉(Hamza Bendelladj)生于 1989 年,阿尔及利亚人,是帕宁的合伙人和"间谍之眼"的共同开发者。据称,Zeus 木马病毒的开发者叶夫根尼·博加乔夫

（Evgeniy Bogachev）将 Zeus 病毒的源代码和销售权卖给了他最大的竞争对手，而那个人就是帕宁。帕宁利用 Zeus 病毒的各种组件开发了一个全新的恶意软件，即"间谍之眼"。

帕宁和本德拉吉运用"间谍之眼"施行的犯罪行为主要分两类。一类是通过 C&C 服务器操纵僵尸网络，窃取银行账户信息。本德拉吉通过 C&C 服务器向美国境内的计算机散布了超过 100 万封包含"间谍之眼"和相关恶意软件的垃圾邮件，导致数十万台计算机遭感染并受操纵。另一类是将"间谍之眼"出售给网络犯罪分子。帕宁于 2009 年在俄罗斯正式发行"间谍之眼"，并以 500 多美元的价格在地下论坛出售。为了实现木马软件的收益最大化，帕宁和本德拉吉进行合作，从 2009 年到 2011 年，两人在地下论坛出售该木马软件，售价从 1000 美元到 8500 美元不等。该平台就是 Darkode.com，后来被关闭了。另外，本德拉吉建了一个网站 vcc. sc，通过该平台将窃取的信用卡信息出售给全球各地的网络犯罪分子。帕宁和本德拉吉将"间谍之眼"卖给了全球各地超过 150 名网络犯罪分子，黑客"Soldier"就是其中之一，他于 2011 年通过该木马病毒窃取了 320 万美元。

美国政府对"间谍之眼"的调查始于 2009 年。FBI 于 2009 年发现一个新的僵尸网络正在与 Zeus 僵尸网络竞相窃取银行账户。2010 年 9 月，FBI 调查发现，一个 C&C 服务器正通过"间谍之眼"对位于波兰的用户发起网络攻击。2011 年，一名嫌疑人在不知情的情况下以 8500 美元的价格将"间谍之眼"出售给了乔装成不法分子的联邦探员，自那以后，联邦机构就将该病毒正式列为重点调查对象。经过 2 年的调查，2013 年 1 月，嫌疑人在曼谷素万那普国际机场被泰国当局逮捕并引渡到美国，这名嫌疑人就是本德拉吉。而帕宁则在同年 7 月于亚特兰大国际机场被美国当局逮捕。2017 年，帕宁和本德拉吉的 4 名客户也已经被捕。

2013 年 7 月 26 日，美国检察机关起诉了帕宁和本德拉吉。2014 年 1 月 28 日，帕宁承认了电信和银行诈骗合谋罪。2015 年 6 月 26 日，本德拉吉也承认了所有 23 项指控。

【相关法律条文】

电信诈骗罪（Fraud by Wire, Radio or Television）

以虚假表示、描述或承诺等方式，在州际或国际无线、有线营利性活动中传播文字、符号、图像或声音，根据情节处 20 年以下有期徒刑，单处或并处罚金。

如果该行为对金融机构造成损失,处 30 年以下有期徒刑或 100 万美元以下罚金,或两者并罚。

计算机诈骗与滥用罪(Computer Fraud and Abuse)

以追求商业利益或个人经济利益为目的,未经授权访问 1 台计算机,从而获得受保护计算机的信息,根据情节,处罚金或 5 年以下有期徒刑,或两者并罚。

密谋侵害国家利益罪(Conspiracy to Commit Computer Fraud and Abuse)

两人或多人密谋共同损害美国国家利益,造成严重后果的,处罚金或 5 年以下有期徒刑,或两者并罚。

【裁判结果】

2016 年 4 月 20 日,美国佐治亚州北部地区法院的艾米·托滕伯格(Amy Totenberg)法官认为,阿勒科山德·安德列耶维奇·帕宁犯电信诈骗等罪,判处他有期徒刑 9 年 6 个月,哈姆扎·本德拉吉犯电信诈骗、计算机诈骗等罪,判处他有期徒刑 15 年。

第二部分
黑客攻击

11. 俄罗斯黑客攻击美国公司案 (2001)

【关键词】俄罗斯黑客攻击　网络敲诈　跨境诱捕

【基本案情】

被告人阿列克谢·弗拉基米罗维奇·伊万诺夫（Aleksey Vladimirovich Ivanov）是俄罗斯公民,居住在俄罗斯中部城市车里雅宾斯克。2000 年 11 月伊万诺夫因网络黑客敲诈而被 FBI 诱捕,时年 21 岁。

伊万诺夫从 1999 年末就开始凭借高超的黑客技术,对美国公司进行敲诈,收取"保护费"。他的作案对象基本上都是美国公司,曾经入侵至少 40 家公司的内部网络,并试图勒索钱财。他首先在互联网上通过搜索引擎确定合适的"猎物",随后进入这些公司的网站,试探公司内部网络是否存在漏洞,而后乘虚而入,盗取公司的信用卡号码或者其他机密信息。获得相关信息后,伊万诺夫就开始同"猎物"取得联系。他把自己伪装成"网络管理员",发送电子邮件告知对方,该公司的网络存在严重缺陷,而他已经通过网络漏洞获得了该公司的机密文件和数据。如果该公司想避免这些文件和数据泄露出去,就必须向他们支付一定数额的"保护费"。大多数公司为了避免麻烦,会按照伊万诺夫的要求将"保护费"汇往指定的银行账户。

互联网敲诈数次得手之后,伊万诺夫的胆子越来越大,下手也越来越狠,在很短的时间内积累了大量财富。

2000 年初,位于康涅狄格州的从事金融交易业务的网络公司发现了一起攻击并通知了康涅狄格州的 FBI 分局。正是这次作案使得伊万诺夫被远在数千公里之外的 FBI 盯上了。伊万诺夫获得了操作网络公司设备的最高权限,通过这个权限,伊万诺夫对储存在该公司计算机内的数据获得了有效控制。随后,伊万诺夫利用他的网络化名"塞布斯塔"联系了该公司并表示可以提供安全援助,但作为交换,对方需要支付 1 万美元的"保护费"。网络公司拒绝向伊万诺夫支付相应款项后,收到了最后通牒:"现在请想象一下有人黑进了你们的网络系统(当然并不会通知你),他下载了大量商业信息,转移资金后删除文件,然后你们的公司就彻底毁了。我也不想这样,所以我提前通知了对你们网络系统的可能入侵。只要你们愿意,可以雇佣我,我会经常检查你们网络系统的安全问题。你们怎么想?"

FBI 通过查询比对伊万诺夫的网络化名"塞布斯塔"以及他的在线简历后,识别了他的身份,随后精心设置了诱捕行动。FBI 在华盛顿州西雅图市虚构了一个名为"因维特"的计算机安全公司,并于 2000 年 11 月 10 日通过互联网邀请伊万诺夫赴美面试公司一个职位,谎称公司需要他这样的人才。在对伊万诺夫的面试中,伪装成安全公司雇员的 FBI 探员请他在装有跟踪软件的计算机中显示一下他的高超黑客技术。伊万诺夫在操作中敲击过的每一个键都被计算机自动记录作为潜在的证据,FBI 也因此获取了他在俄罗斯计算机上的账号和密码。此外,FBI 对面试过程进行了全程录音录像。当着 FBI 探员的面,伊万诺夫成功地接入 FBI 的跟踪软件。FBI 探员当即将伊万诺夫逮捕。之后,FBI 利用追踪软件记录的账号、密码接入了伊万诺夫在俄罗斯所用的计算机并下载犯罪证据。FBI 接入伊万诺夫的设备后,发现其中有文件夹专门保存他曾经远程攻击过的公司的相关数据,从伊万诺夫的设备中起获超过 2.3G 的数据。至此,这个涉案金额高达数千万美元的网络黑客敲诈案告破。

伊万诺夫被美国检察官指控通过互联网侵入许多大公司和知名银行的计算机系统,非法获取资金信息,利用虚假信息欺诈在线购物公司,同时还与盗取大约 30 万张信用卡资料的案件有牵连。

FBI 西雅图的官员评论说,这起案件是 FBI 历史上第一次运用高技术在特殊领土上(互联网)展开抓捕行动,这种手段应该成为执法人员今后工作的范例。但这种执法手段使美俄情报部门交恶。俄罗斯联邦安全局的官员指责美方在获取伊万诺夫的账号和密码时,并未经授权,属于非法搜查,并表示"如果黑客是基于美方通过黑客行为获得的证据被判刑,这意味着美国安全部门今后可能还会通过非法手段在俄罗斯或别的国家获取证据"。

【相关法律条文】

计算机诈骗及其他相关犯罪（Fraud and Related Activity in Connection with Computers）

通过散播恶意程序、信息、代码和命令，或故意非法进入被保护的计算机系统，造成计算机损坏，根据情节，处 1 年以上 20 年以下有期徒刑，并处罚金。

商业勒索罪（Interference with Commerce by Robbery）

以敲诈勒索或其他非法方式妨碍、拖延、影响商业活动或运输，对他人或他人的财产实施威胁，根据情节，处罚金或 20 年以下有期徒刑，或两者并罚。

与入侵设备有关的诈骗罪（Fraud and Related Activity in Connection with Access Devices）

任何人实施下列犯罪行为，根据情节，处罚金或 10 年以下有期徒刑，或两者并罚。

（1）意图使用伪造接入设备；

（2）在 1 年的时间内运输或使用多个未经授权的访问设备，并在此期间获利超过 1000 美元；

（3）明知并意图通过欺骗拥有 15 个或更多的伪造访问设备。

【裁判结果】

2001 年 6 月，美国康涅狄格州联邦地区法院汤普森（Thompson）法官认为，伊万诺夫非法侵入美国公司的计算机，窃取计算机中的数据，向美国公司发送勒索信并获取赎金的犯罪行为，构成计算机诈骗等罪，判处被告人伊万诺夫有期徒刑 48 个月，以及监外看管 3 个月。

12. 特洛特攻击救世军网络案(2007)

【关键词】网络攻击 州际通信 受保护的计算机

【基本案情】

被告人约翰·拉金·特洛特(John Larkin Trotter)是美国救世军米德兰分区的一名系统分析员。救世军米德兰分区是救世军(The Salvation Army)在美国密苏里州圣路易斯市的分支机构。救世军于1865年在英国伦敦成立,是一个以基督教为基础的国际宗教及慈善公益组织。它模仿军队的架构和行政方针,但以街头布道、慈善活动和社会服务著称,是一支倡导以爱心代替枪炮的"军队"。如今,救世军已经分布世界各地,成员多达200多万人。

2003年9月12日,由于与雇主发生矛盾,特洛特遭到了救世军米德兰分区的解雇。特洛特被解雇之后,为了报复救世军米德兰分区,利用网络对救世军米德兰分区的计算机进行攻击。2003年10月起,救世军米德兰分区的计算机网络开始遭遇种种问题。先是大量文件被删除,后来一个由计算机控制的电话系统也瘫痪了。2003年11月8日,特洛特通过个人计算机向救世军米德兰分区的计算机传送了一个信号,该信号致使救世军米德兰分区的众多计算机陷入"崩溃"状态。救世军米德兰分区为了修理这些"崩溃"的计算机,总共耗费了19506.64美元。

2003年11月22日,有人使用名为艾妮斯·特洛特(Arnice Trotter)的账号登录救世军米德兰分区的计算机网络,并在其中插入含有淫秽信息的文件。艾妮斯·特洛特是救世军的一名工作人员,同时,她还是特洛特的母亲。与此同时,文件仍然不断地被删除。又过了一段时间,一些救世军米德兰分区的员工在他们的计算机上收到"特洛特在这儿"的弹出消息。

后来,FBI 调查发现,对救世军米德兰分区计算机的网络攻击来自一个位于密苏里州圣路易斯市的 DSL① 账号,该账号的注册名为马琳达·拉姆齐(Malynda Ramsey),而马琳达·拉姆齐即特洛特的同居女友。账号附带的邮箱地址中包含了特洛特的名字、姓氏的首字母及其生日年份的信息,上述信息均将犯罪嫌疑人指向特洛特。2004 年 4 月,美国联邦政府以故意破坏受保护的计算机罪将特洛特起诉至美国密苏里州东区联邦地区法院。其中,"受保护的计算机"是指被用于或影响州际、国际贸易或通信的计算机。而救世军米德兰分区的计算机即连接并使用因特网,可被用于州际通信。救世军米德兰分区的计算机网络位于美国密苏里州圣路易斯市的汉普顿大道 1130 号。它除了被用于与密苏里州以外的救世军的其他计算机进行通信外,还可被用于与州外因特网上的其他计算机进行通信。

2004 年 11 月 4 日,在美国密苏里州东区联邦地区法院,联邦大陪审团正式以故意破坏受保护的计算机罪起诉了特洛特。而后特洛特向联邦地区法院提出申诉,希望法院驳回起诉。他主张,救世军的计算机不被用于州际贸易,不属于"受保护的计算机"。但 2005 年 8 月 23 日,联邦地区法院裁定对特洛特的申诉不予采纳。

2005 年 8 月 30 日,联邦地区法院召开了抗辩听证会。同日,特洛特与联邦政府达成辩诉协议,特洛特承认了故意破坏受保护的计算机的罪状,但他保留上诉的权利。在抗辩听证会和辩诉协议中,特洛特均承认,救世军的计算机被用于州际通信。最终,美国密苏里州东区联邦地区法院于该日判决特洛特犯故意破坏受保护的计算机罪。

2005 年 11 月 28 日,特洛特向美国第八巡回上诉法院提起上诉。特洛特主张,对其行为适用故意破坏受保护的计算机罪的做法是违宪的。救世军米德兰分区的计算机没有被用于州际贸易,因此不属于"受保护的计算机"。而他使用位于圣路易斯市的计算机连接同样位于该市的计算机,并不会对州际贸易造成影响,因此其行为并没有违反相关法律。

对此,检方认为,特洛特错误地以为受害计算机必须被用于州际贸易,但条文表述"贸易或通信"中的"或"字显然表明,无论是被用于州际贸易,还是被用于州际通信的计算机,均受法律保护。用于州际通信的无线电频率是由对国会负责的美国联邦通信委员会所分配的,国会有权保护用于州际通信的计算机。既

① DSL,数字用户线路,是以电话线为传输介质的传输技术组合。

然特洛特在辩诉协议和抗辩听证会中均承认救世军计算机被用于州际通信,那么救世军的计算机就属于"受保护的计算机"。而且,无论特洛特的网络攻击是否对州外的无线电系统造成影响,只要达到了影响"通信"的效果,即使特洛特连接的只是位于同一市内的计算机,其行为也构成违法行为。

另一方面,特洛特还主张,救世军是非营利性质的组织,据此其计算机也不应当属于"受保护的计算机"。在特洛特看来,救世军因其非营利性质而不受该条款的保护。他认为,"今天几乎所有的计算机都以某种方式通过互联网或私人网络被用于州际贸易",该条款不可能适用范围如此广泛,竟然包括了像救世军这样的非营利组织。

2007 年 2 月 16 日,美国联邦第八巡回上诉法院作出判决。法院认为,一方面,特洛特在辩诉协议和抗辩听证会中承认救世军的计算机被用于州际通信时,救世军的计算机即属于"受保护的计算机"。该条文只关乎计算机或计算机网络的特性,而无关实体组织的性质。另一方面,特洛特承认救世军的计算机连接了因特网,而"因特网就好比一个提供商品和服务的庞大购物中心",它是"州际贸易的一种手段和渠道"。正如国会立法以规范州际贸易的其他手段和渠道一样,国会同样对因特网进行立法规范。连接了因特网,救世军的计算机就成为"与州际贸易不可避免地交织在一起的系统(因特网)"中的一部分,因此对特洛特攻击救世军计算机的行为适用故意破坏受保护的计算机罪条款的做法并无不妥。

【相关法律条文】

计算机诈骗及其他相关犯罪（Fraud and Related Activity in Connection with Computers）

通过散播恶意程序、信息、代码和命令,或故意非法进入被保护的计算机系统,造成计算机损坏,根据情节,处 1 年以上 20 年以下有期徒刑,并处罚金。

【裁判结果】

2005 年 8 月 30 日,美国密苏里州东区联邦地区法院法官罗德尼·西佩尔(Rodney W. Sippel)认为,特洛特犯计算机诈骗等罪,判处他有期徒刑 18 个月,并支付 19000 美元的赔款。特洛特保留上诉的权利。2005 年 11 月 28 日,特洛特向美国第八巡回上诉法院提起上诉。2007 年 2 月 16 日,美国第八巡回上诉法院作出裁定,驳回特洛特的上诉,维持原判。

13. 奥恩海默泄露个人信息案(2010)

【关键词】黑客 网络安全 盗窃个人信息密码

【基本案情】

被告人安德鲁·奥恩海默(Andrew Auernheimer)出生于 1985 年,居住在美国阿肯色州费耶特维尔。奥恩海默身世复杂且充满矛盾,他的母亲说他是犹太人的后裔,因为他父母都有犹太血统,但他本人却曾为当代反犹太组织工作,甚至还发表过"犹太孩子该死"这样的新纳粹主义言论。奥恩海默公开宣称,发表反犹言论是他的自由。奥恩海默的网名为"Weev",他是互联网组织"Goatse Security"的成员。"Goatse Security"是由 9 名成员组成的松散黑客组织。这个组织并非严格意义上的黑客犯罪团伙,它的成员虽然违法侵入他人计算机,但通常不是为了恶意谋取钱财,而是为了炫耀自身技术实力,或表达政治诉求。如奥恩海默声称自己为了表达反对同性恋的立场,在 2009 年曾经侵入亚马逊购物网站,修改了大量涉及同性恋情色的文学作品的分级,导致这些同性恋相关作品无法在亚马逊上架。《纽约时报》对他进行过采访,在题为《我们身边的黑客》的报道中,《纽约时报》评价道:"(这些黑客)爱捉弄人,哗众取宠,但是有道德底线。"

2010 年 1 月,奥恩海默与黑客组织另一名成员丹尼尔·斯皮特勒(Daniel Spitler)发现 AT&T(美国通信运营商)的网站存在严重安全漏洞,当用户将 iPad 第一次连接 3G 网络的时候,该设备会自动收到用户的电子邮箱地址。这是由于在 AT&T 数据库内,ICC-ID 与用户的邮箱是相互关联的。ICC-ID 全称集成电路卡识别码,即 SIM 卡卡号,相当于手机号码的身份证。通过这种自动关联自动发送,用户可以省去输入电子邮箱这一步骤。AT&T 公司的本意是简化用户的注册程序,但是奥恩海默和斯皮特勒发现,他们只需要向 AT&T 服务器发送虚拟的 ICC-ID,就能获得与之相对应的电子邮件地址,于是他们编写了一个自动发送 ICC-ID,并收集电子邮件地址的程序,通过运行该程序,收集了大量 iPad 用户的邮箱信息。关于如何使用这些个人信息,"Goatse Security"的成员们进行了激烈的争论。有人提出要把这些邮箱地址高价出售给广告邮件商,而奥恩海默主张向互联网媒体爆料,目的是"让 AT&T 公司难堪"。

于是,奥恩海默在没有通知 AT&T 公司的情况下,以 Weev 的名义向高克网(Gawker Media)提供了 114000 名 iPad 用户的信息,其中包括许多世界 500 强企业 CEO 的电子邮件地址、政府和军方机构的数据信息等。收到信息后,高克网在互联网上公开了包括纽约市市长迈克尔·布隆博格(Michael Bloomberg)、白宫参谋长拉姆·伊曼纽尔(Rahm Emanuel)的邮件地址在内的大量个人信息。

2010 年 6 月,FBI 对奥恩海默案展开调查。为了逃避诉讼,奥恩海默删除了他保存的 AT&T 公司的用户信息。然而由于高克网方面保留了充足的信息作为证据,奥恩海默销毁信息的行为并没有起到作用。2010 年 6 月 17 日,警察以寻找黑客行为证据为由获得搜查令,并以此搜查了奥恩海默位于阿肯色州的家,发现了包括可卡因、狂喜药、LSD 迷幻药等各种毒品,奥恩海默因此被拘留。但是奥恩海默辩称,警察所持搜查令目标是黑客行为,与毒品无关,因此警方搜查他家的毒品属于程序违法。他还控诉说,警方在拘留期间不允许他与律师接触,侵犯了他的公民权利。2011 年 1 月,联邦当局正式逮捕奥恩海默,同时撤销了与毒品相关的指控。

2011 年 1 月 13 日,检察机构在美国新泽西州地区法院对奥恩海默的黑客行为提起刑事诉讼。检察机关认为奥恩海默的行为符合 18 U.S.C. §1030 诈骗以及计算机相关犯罪的构成要件,即"故意擅自访问计算机,超过授权访问计算机,或者从任何受保护的计算机获得信息"。奥恩海默的黑客行为引发了公众对黑客行为界限的讨论。奥恩海默的律师辩称,因为 AT&T 网站内部储存的用户信息与互联网使用者之间本来就没有"密码门",所以奥恩海默没有实施任何入侵服务器或窃取密码的行动,只是发现了 AT&T 的主要网络安全漏洞后进行了利用,这并不是盗窃信息身份的犯罪行为。奥恩海默在推特上为自己辩解,他们采取的是黑客业内标准做法:"我们试图做好人。"国际非营利性互联网权利保护组织，电子前沿基金会的律师詹妮弗·格兰尼克（Jennifer Granick）公开表达了对奥恩海默的支持。

【相关法律条文】

计算机诈骗及其他相关犯罪（Fraud and Related Activity in Connection with Computers）

通过散播恶意程序、信息、代码和命令，或故意非法进入被保护的计算机系统，造成计算机损坏，根据情节，处 1 年以上 20 年以下有期徒刑，并处罚金。

身份盗窃罪（Fraud and Related Activity in Connection with Identification Documents，Authentication Features，and Information）

制作或传输识别身份的文件、身份认证特征或虚假身份信息，根据情节，处罚金或 15 年以下有期徒刑，或两者并罚。

【裁判结果】

2012 年 10 月 26 日，新泽西州地区法院认定奥恩海默犯身份盗窃罪和计算机诈骗等罪，判处其有期徒刑 41 个月，并处罚金 73000 美元。

奥恩海默不服一审判决，向第三巡回法庭提起上诉。2014 年 4 月 11 日美国第三巡回法庭认定一审的判决理由缺乏实质性证据支持，奥恩海默没有造成密码泄露。基于上述理由，第三巡回法庭推翻了一审法院对奥恩海默的定罪，判决奥恩海默无罪，奥恩海默得以当庭释放。

【评议】介于灰色与白色之间的黑客行为

奥恩海默泄露个人信息案是灰帽黑客史上的重要一案。该案审理过程曲折，新泽西州地区法院，判处奥恩海默犯《计算机欺诈与滥用法》中的未授权访问美国政府部门的非公共计算机罪①，以及《反身份盗窃及假冒法》中的非法获取和传播个人身份信息罪②。然而，第三巡回上诉法庭的判决，推翻原审，判决奥恩海默无罪。值得注意的是，第三巡回上诉法庭以新泽西州地区法院无管辖权为由推翻一审，而非对"授权""身份盗窃"等关键概念作出清晰解释。因此，该案遗留

---

① 18 U.S.C.A. §§ 1030(a)(2)(C).
② 18 U.S.C.A. §§ 1028(a)(7).

众多争议:第一,奥恩海默是否"未授权"进入计算机;第二,奥恩海默是否"未授权"窃取和传播个人信息;第三,灰帽黑客是否应当受《计算机欺诈与滥用法》的规制。这些争议将"授权"概念的模糊性、灰帽黑客的合法性和平台责任引入公众视野,引起立法者的注意。

根据入侵计算机的主观意图和行为,黑客可分为灰帽黑客、白帽黑客和黑帽黑客。灰帽黑客指在未经计算机系统或电子产品所有者授权的情况下,进入系统挖掘其中安全漏洞的黑客。若发现漏洞,他们通过论坛、报纸等其他公开方式,将此安全漏洞公之于众。此做法并非出于恶意侵犯,而是为了引起计算机系统或电子产品所有者的注意,以敦促他们尽快完善该安全漏洞。① 白帽黑客是公司、政府等聘用的计算机安全专家,他们专门负责检测该公司或政府计算机系统安全漏洞。他们的检测和评估行为获得公司或政府授权,且有高薪报酬,也被称为"道德黑客"。在美国,白帽黑客是明确合法的,不违反《计算机欺诈与滥用法》。黑帽黑客指,为个人非法所得或窃取国家机密,非法进入他人公司或政府计算机,窃取机密数据或破坏数据和计算机系统。黑帽黑客的行为明显违反《计算机欺诈与滥用法》。综上而言,从动机分类,灰帽黑客和白帽黑客均无恶意造成计算机系统损坏或损失的主观故意,仅为了查明计算机漏洞,以更好地完善计算机系统,但灰帽黑客具有明知未授权仍进入的主观意图。从行为上分类,灰帽黑客和黑帽黑客相同,均是未授权进入计算机系统。但不同的是,灰帽黑客仅查出漏洞,没有造成系统损坏。综上而言,灰帽黑客虽然主观意图并非恶意,但其明知未获得授权,仍非法访问他人计算机,并获取安全漏洞信息,违反了《计算机欺诈与滥用法》。

然而,在奥恩海默泄露个人信息案中,奥恩海默查明 AT&T 公司安全漏洞的行为与灰帽黑客有很大不同。该安全漏洞是 AT&T 公司自行暴露出来的,即 AT&T 公司为方便用户,使 ICC-ID 附着用户的 email 地址,输入 ICC-ID,登录即可显示与其对应的 email 地址。而奥恩海默只是编写了一个自动发送 ICC-ID 的程序,以及收集 email 地址的程序。email 地址是自动附着在 ICC-ID 上的。因此,在 AT&T 公司对用户信息泄露负有责任的情况下,奥恩海默的行为是否为

---

① See What is the Difference Between Black, White and Grey Hat Hackers? (Apr. 14th, 2018), https://us. norton. com/internetsecurity-emerging-threats-what-is-the-difference-between-black-and-grey-hat-hackers. html.

"未授权"进入计算机,此问题的答案将帮助解决奥恩海默是否"未授权"窃取和传播个人信息,以及其是否为灰帽黑客。

《计算机欺诈与滥用法》1030(a)(2)(C)中的"未授权"仍是一个模糊且宽泛的概念,该案法院也未对"未授权"进入计算机做明确解释。二审法院认为,若要构成《计算机欺诈与滥用法》中的 1030(a)(2)(C)罪名,应构成以下四个要素:(1)主观故意;(2)未授权进入;(3)进行州际或国际通信的计算机;(4)获取信息。但法院提出此四要素的意图并非对此进行解释,而是认为,未授权进入和获取信息都没有发生在新泽西州,不符合管辖,以回应非实质问题的方式绕过对"未授权"关键要素的解释。笔者认为,本案中奥恩海默的主观故意、计算机定义和获取信息行为符合定义的要素,但"未授权"不符合。首先,奥恩海默的意图为发现安全漏洞并获取相关证据,再将证据公之于众。因此,其行为具有"故意"的主观要素。其次,奥恩海默未经授权进入 AT & T 公司位于得克萨斯州和佐治亚州的服务器,其同伙斯皮特勒则未经授权进入 AT & T 公司位于加州的服务器,两人分别利用公司的服务器进行通信。因此,已构成"进行州际或国际通信的计算机"要件。最后,奥恩海默获取其他用户 email 地址的行为确为"获取信息"的行为。

然而,从《计算机欺诈与滥用法》规定看,奥恩海默的行为并未构成"未授权"。虽然国会对"授权"采取狭义解释,即"超出授权目的"也为超授权[①],但该案有很大不同,奥恩海默并未攻击AT&T公司服务器,也未破解任何程序和密码,email 地址是自动显示的。反观 AT&T 公司,该公司并未设置任何障碍阻止用户获得其他用户的 email 地址。尤其在 URL(统一资源定位符)中改变 ICC-ID,除普通用户也有此行为外,AT&T 公司未设置任何验证程序,例如姓名、密码或证件号码。AT&T 公司也没有提醒用户,此行为在"授权目的"之外。但 AT&T公司却无须负任何责任,反而将责任推向奥恩海默。正是由于 AT&T 公司的漏洞,奥恩海默可以轻而易举地在 URL 中不断修改 ICC-ID,以获取对应的 email 地址,将 AT&T 公司所造成的安全漏洞曝光出来。因此,奥恩海默的行为不构成"未授权",非授权故意获取和传播个人身份信息的罪名不成立。

"未授权"不仅关乎非授权故意获取和传播个人身份信息的罪名,还关乎奥恩海默的另一个罪名——盗窃身份信息。笔者认为,该罪名成立需以下要素:

---

① Congressional Research Service, Cybercrime: An Overview of the Federal Computer Fraud and Statute and Related Federal Criminal Laws, 2010: 43, http://www.fas.org/sgp/crs/misc/97-1025.pdf.

(1)主观故意;(2)未授权;(3)传播、占有、使用个人身份信息。根据以上分析,虽然奥恩海默行为构成主观故意和传播个人身份信息,但奥恩海默的行为不构成"未授权"。因此,盗窃身份信息罪亦无法成立。

按照以上奥恩海默为"授权"获取信息的逻辑,奥恩海默并非标准的灰帽黑客,但奥恩海默的出发点与灰帽黑客相同,揭露 AT&T 公司的安全漏洞,以引起AT&T 公司的警示。因此,该案再次掀起社会对灰帽黑客合法性的讨论。灰帽黑客一词最早出现于 1996 年的黑帽黑客情况通报会议上,黑客组织 L0pht 的主要成员马奇(Mudge)提出灰帽黑客概念。1997 年 9 月,微软服务器部门总监迈克·纳什(Mike Nash)表示,灰帽黑客就像独立的软件技术人员一样,为微软提供反馈,帮助微软完善产品。[①] 但对灰帽黑客持友好态度的公司仅为少数,大多数认为灰帽黑客的行为将扰乱公司秩序,造成公司损失。从《计算机欺诈与滥用法》至今对灰帽黑客行为持打击态度可见一斑。但事实上,灰帽黑客是用户利益的守护神,也是促进公司不断完善计算机系统的重要力量。灰帽黑客介于黑帽黑客与白帽黑客之间。灰帽黑客的出现能够弥补平台失误造成的技术漏洞,更能从用户的角度出发,保护用户的利益。灰帽黑客能够弥补白帽黑客和技术人员的不足,充分发挥其作用,抵制黑帽黑客以营利为目的的非法入侵行为。

但灰帽黑客将安全漏洞完全暴露在互联网上的行为,也有所不妥。该行为不仅暴露用户隐私,还泄露了公司的机密。因此,应当尽快建立相应机制,规范灰帽黑客的行为。笔者认为,可建立一个平台对接机制,该机制既保护用户隐私,如将个人信息去身份化,也要确保公司能切实修复该系统漏洞,如建立一条完整的责任追溯链,确保公司落实对用户的保护。同时,在规范灰帽黑客行为后,应在立法上合理规制和保护灰帽黑客的合法利益。此外,该案也暴露出平台的责任。该案根本原因在于 AT&T 公司的安全漏洞,因此对平台的追责也应跟上。

较为遗憾的是,法院没有对原本模糊的"授权"概念作出明确的解释,未来"授权"概念、灰帽黑客和平台责任应当引起立法者的关注。

---

① Lange Larry, "The Rise of the Underground Engineer", 22 September 1997, http://www.blackhat.com,访问日期:2018 年 4 月 15 日。

14.马修·奇斯泄露前雇主信息案（2010）

【关键词】黑客攻击 账号泄露个人信息

【基本案情】

被告人马修·奇斯（Matthew Keys）出生于1987年，长期居住在美国加利福尼亚的萨克拉门托。他毕业于美国河流学院。在校期间，奇斯就开始进行网页制作，毕业后进入FOX40公司（加利福尼亚当地一家新闻传媒公司），成为一名网络管理员。在FOX40公司，他获得了美国论坛公司（Tribune Company）内容管理系统CMS的高级用户使用权限。CMS系统是论坛公司旗下各大媒体通用的发布网络信息的平台。2010年10月28日，奇斯与公司主管发生了争吵，主管随即收回了奇斯的CMS高级用户账户，奇斯一怒之下摔门而去，从此再没有回到FOX40工作。但奇斯通过技术手段偷偷保留了自己的CMS高级权限账户。

很快，奇斯找到了新的工作，成为路透社的一名网络媒体编辑。但是他对前雇主的报复心却没有因此而熄灭。根据奇斯的描述，2010年11月3日和11月22日，由于极度愤懑，奇斯利用自己的CMS账号，下载了大量FOX40用户的个人信息。12月1日，他向这些用户的邮箱发送匿名邮件，诋毁FOX40公司，暗示美国论坛公司的内容管理系统的安全性能有问题。他还向自己的前上司发送匿名邮件，用嘲讽的语气威胁说："在一个人要耍无赖的时候，CMS的安全保障一点用处也没有。"与此同时，他利用私自保留的高级账号，不断骚扰他原来岗位的继任者，导致后者的账号多次失效。

2010 年 12 月 8 日,奇斯用网名"AESCracked"进入黑客组织"匿名者" (Anonymous)的聊天室。"匿名者"组织是维基解密(朱利安·阿桑奇领导的国际性非营利媒体组织,专门公开匿名来源和网络泄露的文档)的忠实拥护者。奇斯接触他们的时候,他们正在对维基解密的反对者们展开报复性的攻击行动(参见"匿名者"复仇行动案)。奇斯决定借刀杀人,他把自己的 CMS 高级账户发布在了"匿名者"的聊天室里,并把未经授权就能建立高级账户的方法教给了"匿名者"组织的成员们。他在聊天室中发布了大量攻击性语言,怂恿"匿名者"组织成员对 CMS 系统上的媒体信息进行攻击。起初,"匿名者"组织的成员们并没有立刻利用他的账号展开攻击,一名成员说:"我在用你的账号查一些资料。"奇斯立即愤怒地表示:"我给你账号不是为了让你查资料的,我让你把他们搞乱!"

2010 年 12 月 9 日,奇斯把《洛杉矶时报》攻击维基解密的文章发布到聊天室,进一步煽动"匿名者"组织的成员对该媒体展开攻击。2010 年 12 月 14 日,"匿名者"组织中化名为"Sharpie"的成员利用奇斯提供的系统后门,擅自改动了《洛杉矶时报》的一篇文章。《洛杉矶时报》编辑立刻发现了这个情况,在 40 分钟内把文章还原。12 月 15 日,奇斯协助"匿名者"组织成员,试图更改美国论坛公司的多个媒体的网络首页,经过多次尝试,仍然以失败告终。

奇斯泄露高级账户的行为导致了美国论坛公司 5 名高级技术专家连夜修改了网站的全部密码,并进行了一场长达 1 个月的安全大排查。美国论坛公司报警,FBI 介入调查。调查持续了 2 年之久,直到 2012 年"匿名者"组织成员"Sharpie"被英国警方逮捕,"Sharpie"选择和警方合作,把奇斯提供账号、密码的消息告知警方,最终,英国检方决定对"Sharpie"不予起诉。2012 年 10 月,FBI 终于确认奇斯就是泄露密码的罪魁祸首。路透社在得知这个消息之后将奇斯开除。奇斯向警方承认了自己提供论坛公司账号、密码的行为,但是他声称自己并未直接进行黑客攻击,因此是无辜的。奇斯在推特上发表自白说:"我是无辜的,这场战斗不是我要求的。但我希望我们的共同努力,让这些管理我们的在线行为的规则和条例产生积极的改变。"

2015 年 10 月,在美国加利福尼亚东区法院,检察机关以三项违反《计算机欺诈与滥用法》的重罪起诉奇斯:(1)故意对受保护的计算机造成损害;(2)传输未经授权的计算机代码导致损害(既遂);(3)未经授权传播恶意代码(未遂)。检方认为奇斯面临最高可达 25 年有期徒刑的处罚。关于损失的计算,检方认为奇斯离开了 FOX40 之后,向他的前同事发送骚扰的匿名电子邮件,并向站内的用户发送垃圾邮件。《洛杉矶时报》和 FOX40 的员工不得不加班加点向客户们发邮件进行解释,对密码进行重置,处理客户的投诉。按照员工们的小时工资计算,奇斯造成的损失额达到 929977.00 美元。

　　奇斯案件的量刑引起公众的广泛关注,包括 Weird 网和电子前沿基金会在内的媒体都发表文章称:奇斯的行为不应当被认定为重罪。奇斯的律师对 Weird 网的记者说,他认为这种量刑是荒谬的,原因有二:(1)针对奇斯发出的大量诋毁前雇主邮件的行为,警方并未提供足够的证据证明是奇斯发送这些电子邮件,但检察官在对损害赔偿的评估中,却把这一行为造成的损失包括进去;(2)损失额的计算存在严重的错误。奇斯的律师说:"人们普遍认为,损失意味着金钱的丧失。根据《计算机欺诈与滥用法》,损失本应指损害计算机系统,但是本案中计算机系统没有遭受损害——只是多了一些垃圾邮件罢了。"他还声称,奇斯并没有直接实施黑客行为,在本案中,检方欺骗性地使用与奇斯的行为不相关的损失来评估奇斯对受害人的损害,计算出了 929977.00 美元这个损失额过高的结果。

【相关法律条文】

计算机诈骗及其他相关犯罪（Fraud and Related Activity in Connection with Computers）

　　通过散播恶意程序、信息、代码和命令,或故意非法进入被保护的计算机系统,造成计算机损坏,根据情节,处 1 年以上 20 年以下有期徒刑,并处罚金。

【裁判结果】

　　经过 8 天的庭审,2016 年 4 月 13 日,美国第九巡回法院法官金伯利·J. 穆勒(Kimberly J. Mueller)认为马修·奇斯不仅保存了密码,还修改创建了新的账号,他有意损害美国论坛公司的利益。因此穆勒法官认定奇斯犯计算机诈骗等罪,判处其有期徒刑 2 年。

【评议】浅议互联网时代下美国公民的个人信息安全

一、个人信息安全概述

个人信息及其安全,实质上是在确保国家利益和公共利益的大原则下,赋予公民对个人相关信息传播的参与权和控制权。从公私权利划分标准来看,公民对自身信息的控制权属于私权。私权,即个人所有的权利。再进一步划分,依据民事权利客体所体现的意义来看,公民的自有信息控制权既有人身权的性质,也具有财产权的性质,属于财产权和人身权"两权一体"。

马修·奇斯泄露前雇主信息案并未涉及过多经济利益,主要体现出来的权利偏向人身性质,因此我们不对财产权方面做深入的探讨。而个人信息安全在人身权利方面的体现,则更多地表现为隐私权,也是本案中主要涉及的权利。

美国是全世界发生个人信息泄露最严重的国家。2017 年就出现过轰动全世界的 Equifax 泄露 1.43 亿用户的个人数据情况,2018 年 Facebook 个人信息泄露并涉嫌操纵选举的丑闻再次牵动着全世界的神经。据路透社民意调查,Facebook 事件后全美已有 60% 以上的公民担心个人信息泄露的安全问题。由此看出,美国个人信息安全情况,尤其是个人信息泄露情况相当严重。

与此同时,美国又是全世界最为重视私权利保护的国家,并多采用行业自律模式。1974 年 12 月 31 日,美国参众两院通过了《隐私权法》,奠定个人信息保护的基础。《隐私权法》对于个人信息安全的原则做如下规定:为某一目的而采集的公民个人信息,未经本人许可,不得用于其他目的,对任何采集、保有、使用或传播个人信息的机构,必须保证该信息可靠地用于既定目的,合理地预防该信息的滥用。对比我国 1986 年《民法通则》对人格尊严权的规定,以及 2000 年《侵权责任法》对隐私权的规定,美国立法比中国早了几十年。以此为基础,美国采用联邦、州政府各类法律形式来防止个人信息泄露。如 1986 年《电子通信隐私法》、1988 年《儿童网络隐私保护法》等。美国也成为个人信息安全保护立法单行法最多的国家之一。

二、个人信息的利益博弈与法律争议

焦点一：对奇斯泄露个人信息并干扰用户行为的定罪量刑。纵观本案，奇斯的行为无疑是有罪的——律师也未在法庭上做无罪辩护。而此案的焦点在于法庭辩论上关于定罪量刑的辩护词。奇斯的律师表示，根据《计算机欺诈与滥用法》，计算机系统并未遭到损失，只是多了一些垃圾邮件。换句话说，被告律师认为：利用非法手段获取用户个人信息（此处为电子邮件账户）并发送干扰信息的行为，根据《计算机欺诈与滥用法》不算是犯罪，更不应将其列入量刑条件之中。我们重新回顾《计算机欺诈与滥用法》，根据法案中第 1030 条"与计算机有关的欺诈及相关活动"第 4 款"为了欺诈而非法或超出合法权限进入被保护的计算机，并获取有价之物……"以及第 5 款"故意引起程序、信息、代码和命令的传送，因此引起被保护的计算机的未经授权的损坏"，得出本案共有两个争议点。

一是"个人信息"是否属于第 4 款规定的"有价之物"。由于本案例中奇斯并未通过"匿名者"组织直接获取其他经济价值，使得个人信息的价值成为焦点。显然辩方律师所持的观点是：未用于商业用途的单纯个人信息不具备价值。即使奇斯通过非法技术复制用户的个人信息为己私有，其所得的个人信息无法转为具体金额。

二是第 5 款的"破坏/损坏"。奇斯的行为毫无疑问符合"故意非法进入被保护的计算机系统"，但是否造成了损坏？检方对此持肯定态度，认为奇斯故意对受保护的计算机造成损害既遂，传输未经授权的计算机代码既遂。辩方认为垃圾邮件无损害，检方对损害认定严重失真。

根据《计算机欺诈与滥用法》第 1030 条与计算机有关的欺诈及其相关活动(e)(8)中规定，"破坏"一词指损坏数据、程序、系统或信息的完整性或可获取性，以至于威胁到公共或个人安全的行为，可以得出结论如下。

奇斯下载大量用户的个人信息并向其发送匿名邮件的行为，以及明知"匿名者"组织具有社会攻击性质的条件下，将账户、密码赠予该组织并怂恿其攻击的做法，在不考虑财产损失总数的情况下，大量用户收到恐吓性的邮件，其实已反映出奇斯的行为威胁到了公共安全，符合《计算机欺诈与滥用法》第 1030 条(e)(8)D 款。奇斯虽未直接参与黑客攻击，但其帮助及教唆他人实施个人信息侵害的行为，至少也构成美国法中的教唆罪，即使最后未遂，也不影响其定罪的事实。

法院最终采纳了部分检方意见,认为奇斯有意造成美国论坛公司的损害并持续实施了行为(实质上是帮助、教唆行为),对此作出有期徒刑两年的判决。

焦点二:雇主美国论坛公司对个人信息泄露是否负有未尽职保护的责任。奇斯毫无疑问应对此次个人信息泄露引起的后果负法律责任。但反观美国论坛公司的行为,其在奇斯离开公司之后的安全防护措施也并未完全到位。主管在明知奇斯可能掌握公司个人信息、商业秘密途径的前提下,仅仅是"关闭奇斯的CMS 账号",并未采取有力的切断措施。最终使得奇斯有机可乘,保留原账户。法院最后是否真正认为美国论坛公司也负有一定的责任(过失/放任),我们尚未可知,但从仅有的信息判断,美国论坛公司并未对用户信息安全采取合理的防护保障措施。根据《隐私权法》的规定:行政体系(在美国法里包括部分企业)必须建立行政的、技术的、物质的安全保障措施,以保障个人记录的安全、完整、不被泄露,并防止其他可能对记录者产生损害的危险。综上所述雇主单位理应承担部分责任。

总的来说,全球个人信息安全问题,实质上是一场信息权属方和获取方的利益博弈。利益不仅仅体现在物质层面,也表现在人身层面。而利益博弈的中间,是各国政府、行业团体通过法律、行业自律准则建立起的一道道壁垒,以维持博弈双方的平衡性。

三、从马修·奇斯泄露前雇主信息案涉及的立法要素看美国个人信息泄露问题

美国可以说是对个人信息私权立法最多的国家,然而现今美国的个人信息安全状况堪忧:Equifax 事件震惊世界,雅虎(Yahoo)泄露 10 亿用户信息创下世界之最,Facebook 公司已经失去大多数网民的信任。那为何世界上最重视个人信息保护的大国反倒个人信息泄露得最严重呢? 其有以下几个方面的原因。

1.用行业自律模式代替法律监管。美国个人信息保护采取政府引导下的行业自律模式,是基于其宽松的政府管理手段和较高的个人信息保护意识。行业自律有一定的优势,其不同于凯恩斯经济理论的"政府监管模式",它发挥行业自主创新的价值,促进了科技的发展,从而带动市场经济的繁荣。久而久之行业自律方式成为美国社会对于个人信息安全问题的态度。

其具体分为两种模式。模式一是建议性的行业指引,一般是行业组织、公司

或产业实体制定该行业的行为指引或隐私标准,为行业内的隐私保护提供示范,例如在线隐私联盟、直销协会和互动服务协会等,当然,这些指引并不具备强制执行的效力。

模式二是网络隐私认证计划,是一种私人行业实体致力于实现网络隐私保护的自律形式。该计划要求那些被许可在其网站上张贴隐私认证标志的网站必须遵守在线隐私资料收集的行为规则,并且服从多种形式的监督管理。

可以看出,美国在大规模爆发个人信息安全问题前,主要以不同的行业自律准则为规范。而其行业准则相对于法律有以下缺陷。

(1)标准不统一。不同行业自律准则对个人信息保护的程度不一样,造成各方诉求不一致,一定程度上为壁垒外人员的非法行为提供漏洞。

(2)缺乏强制性。行业自律缺乏有效的强制力度,不同的企业会因为自身利益,考虑遵守行业自律的信息安全标准所带来的成本,选择加入不同的行业标准或不参与行业自律,从而造成壁垒失衡,大量贩售信息或放任信息流失。奇斯案的雇主或许就是因为技术上约束奇斯的成本过高而放弃技术保护,从而带来个人信息大规模泄露的后果。

(3)对法律结果执行不强或无法执行。行业自律准则缺乏执行机构,对造成的法律后果无法有效执行,造成威慑力降低。

(4)法律后果缺乏有效救济性。当出现相应的错误需要引发救济性行为时,遵从行业自律准则的申诉方只能通过提请联邦贸易委员会审议作为救济途径。然而法律并未赋予美国联邦贸易委员会充分的处罚权,其只能通过协调及其他非强制途径对公民个人信息安全进行救济,这样的救济缺乏力度。

2.美国信用制度立法问题引发个人信用体系缺陷。

对征信公司过于宽松的立法使得个人信息过度集中化,一旦信息发生小规模的泄露,将马上扩大范围,最后像风暴一般引发一个地区个人信息的大范围泄露。美国是一个市场经济社会。市场经济需要投资、消费、出口来支撑。而国民经济在美国有一个区别于其他国家的特别支柱——个人信用体系。

美国于1971年实施《公平信用信息披露法》,目的是保护个人信息数据内容的准确性。随后为了进一步规范个人信用制度,又在1975年实施《平等信用机会法》,保护拥有各信息的单位与个人消费者之间的利益,还有众所周知的1974年的《隐私权法》。随后在几十年内,美国又出台若干有关个人征信的法律,如《诚实信贷法》《个人信用修复法》,形成了以《隐私权法》《公平信用信息披露法》

为核心的个人征信法律体系,可以说法律相对完善,但这些法律未对企业对个人信息的汇集做出具体限制。

然而随着美国法律对市场监管日渐宽松,渐渐掌握了个人信息主导权的三大征信巨头公司——美国标准普尔公司、穆迪投资服务公司、惠誉国际信用评级有限公司浮出市场。三家公司产生的个人信息集中化问题日益严重。2015年,另一家征信公司Experian发生1500条个人信息小范围泄露事件;同年,美国健康保险公司Anthem也发生了1880万条个人信息泄露事件。这都反映了个人信息的过度集中化问题。

四、总结

归根结底,从立法角度上看美国个人信息的泄露问题,本质是美国资本主义立法对于市场经济保护的倾向性。具体来说有以下几个方面。

1. 以行业自律监管模式代替法律约束,导致公权力介入不足,从而引起的私权泛滥。行业自律监管对市场经济的宽松政策必然导致监管不足的情形,引发个人信息利益的商业化,出现大量包括信息泄露在内的法律问题。而行业监管在美国法律体系中体现的前置性原则,在此过程中使公共部门的立法起到的是事后监督作用而非预防作用。

2. 美国征信体系立法与当代美国信息产业发展速度协调性问题。当代美国信息产业发展速度过快,而立法尤其是征信体系立法已无法满足更新速度,导致美国个人信息控制权过度集中化,从而引发信息泄露可能性增加,信息泄露的规模增大,个人信息泄露由于信息的集中性而一触即发。

15. "匿名者"组织复仇行动黑客案 (2010)

【关键词】黑客攻击 无政府主义 分布式拒绝服务攻击

【基本案情】

"匿名者"是一个以网络自由主义、网络无政府主义为宗旨的互联网黑客组织。该组织没有领导核心,也没有固定的组织成员,任何认同其理念的人都可以加入。2003 年,在一个名叫"4chan"的美国贴图讨论网站里,一些信息技术爱好者们建立了松散的"匿名者"组织,在最初 5 年内,这个组织主要进行一些互联网恶作剧。随着世界各地黑客的加入,"匿名者"逐渐确立了自身的政治纲领,即"无名无分""平等地位""网络自由"。

"匿名者"黑客组织的"复仇行动"是 2010 年互联网规模最大的国际性黑客活动。"复仇行动"分为两个阶段。第一阶段是"匿名者"内部成员发动的反对版权保护,争取享受盗版音像制品的运动。2010 年 11 月,专门匿名发布泄露信息的非营利性组织维基解密遭受了经济封锁,同情维基解密的"匿名者"改变了最初的行动目标,对参与经济封锁的各国企业展开攻击。"复仇行动"两个阶段使用的技术手段相同,但是在第二阶段,世界各地维基解密的支持者纷纷加入,使得该阶段导致的负面效果远远超过第一阶段。以下对这两个阶段进行详述。

阶段一:反对版权保护的黑客攻击行动(2010.9—2010.11)

2010 年 9 月,宝莱坞(Bollywood,印度电影基地)几家公司雇用了爱普(Aiplex)软件公司,对盗版网站进行了反黑客攻击。支持盗版的"匿名者"为了报复,展开了"复仇行动"。他们的原计划是直接攻击爱普公司,但是在攻击开始前,一名独立黑客已经成功用 DDoS 袭击了爱普公司,"匿名者"转而对保护版权的美国电影协会(MPAA)和国际唱片业联合会的网站发起攻击,导致这两个网站的"停机"时间共计 30 小时。9 月 21 日,"匿名者"组织攻击了澳大利亚版权组织、英国的 ACS 律所等机构的网站,受到攻击的网站普遍在 24 小时内得到恢复。这些零散的黑客攻击一直持续到 11 月。

阶段二:支持维基解密的黑客攻击(2010.12)

2010 年 11 月 28 日,专门发布匿名泄露信息的非营利性组织维基解密开始陆续公布 251287 封美国外交电报,拉开了举世震惊的"电报门"泄密事件的序幕。这些电报是各国政府官员通过 274 个美国大使馆、领事馆,世界各地的外交使团发送给美国国务院的机密信息。这些信息透露了美国政府内部对核裁军、中东问题的分歧,美国一些对外间谍活动和反间谍活动的信息等。泄露的电报揭示了美国政府的外交丑闻,包括在 2003 年美国领导的入侵伊拉克之前的几个星期,美英外交官对联合国秘书长科菲·安南进行了电话窃听,这是对禁止在联合国进行窃听监视活动的国际条约的公然违反。除此之外,这些电报还泄露了土耳其、沙特阿拉伯等国家政要行贿受贿的丑闻。"电报门"让包括美国在内的多国政府受到了极大的舆论压力。美国政府对始作俑者维基解密展开了报复。

2010 年 12 月初,在美国政府的压力下,亚马逊、贝宝(Paypal)、画面桌面软件(Tableau Software)等企业停止了对维基解密组织的服务。维基解密长期以来依靠世界各地支持者的捐助来维持运作,美国政府的举措,使其收入下降了95%,面临被迫关停的危机。同时,瑞士邮政银行(PostFinance,瑞士邮政旗下的金融服务机构)发布声明,宣布冻结维基解密创始人朱利安·阿桑奇(Julian Assange)名下的 31000 欧元财产。

"匿名者"出于对维基解密遭遇的同情和对其宗旨的认同,改变了"复仇行动"的本来目标,以"你们称之为隐私的,正是我们的自由!""不遗忘,不原谅!"为口号,展开了为朱利安·阿桑奇报仇的黑客攻击行动。"复仇行动"从原先的职业黑客内部行动演变为一场世界范围的、大规模的、大量普通人参与的,以攻击计算机系统为手段的社会运动。来自世界各地的职业黑客,以及大量懂黑客技术的普通人参加了这次行动,总参与人数超过 4000 人。

"匿名者"通过技术手段,降低了黑客攻击的参与门槛。维基解密的支持者,无论是否精通计算机技术,只需要下载一个叫作"低轨道离子炮"(Low Orbit Ion Cannon)的软件工具,即可参与黑客攻击。

"低轨道离子炮"是一款用 C 语言编写的开源的网络测试工具,可被用作拒绝服务攻击。"低轨道离子炮"通过数据包淹没服务器来破坏某个特定主机的服务,从而在目标站点上执行 DoS 攻击,多人同时使用这种攻击方式时,则演变为 DDoS。《国际新闻》(*The News International*)批评说:"这就像一群强盗围在银行门口,不让人进也不让人出。"早在 2010 年 9 月,"匿名者"就将一种叫作"集体意识"(Hive Mind)的程序引入"低轨道离子炮"中。这个程序让很多加入者的计算机成为"僵尸"计算机,被有经验的黑客远程操作。"集体意识"这个词来自科幻电影中对于虫族的设定。

简单地说,加入攻击行动的普通人的计算机就像是被虫族领导人控制的普通虫子一样,没有自己的意识,完全被主意识控制。所以,即使是对信息技术了解非常少的普通人也可以很轻易地参加黑客攻击,大大提高了参与者的广泛性,许多在校学生都加入了攻击。就在 2010 年 12 月,两名荷兰青少年因涉嫌参与黑客攻击被捕。

2010 年 12 月 4 日早晨,"匿名者"攻击了贝宝公司的服务博客,导致该博客关停 8 小时 15 分钟,75 个服务请求受到影响。先前,贝宝公司用这个博客发布停止对维基解密服务的声明。12 月 6 日,"匿名者"攻击了贝宝公司主网站,同时,"匿名者"自身的网站遭到反击,无法使用。2010 年 12 月 9 日,由于"匿名者"的持续攻击降低了贝宝网站的服务速度,贝宝做出一定妥协,恢复瓦乌霍兰德基金会(Wau Holland Foundation)的账号,该账号是维基解密长期的资金提供账号之一。

2010 年 12 月 6 日,"匿名者"攻击了瑞士邮政银行网站,导致网站关停。同日,"匿名者"在其推特上宣布要"向一切试图审查维基解密的人开火"。该组织发布在"油管"(Youtube)视频网上的视频中说:"在现代,上网的权利正在迅速成为一项基本人权。我们认为侵犯它,就像侵犯其他基本人权一样是非正义的。因为自身的偏见对互联网内容进行审查,是可笑而不可能的。施加在我们身上的不公正限制将会遇到灾难性的报复,它只会加强我们反抗暴政的决心。"

2010 年 12 月 7 日,由于瑞士检察机关以强奸罪起诉阿桑奇,"匿名者"攻击了瑞士检察机关的官方网站,导致其关停 11 个小时。2010 年 12 月 8 日 9 时 30 分,万事达信用卡的网站遭到"匿名者"攻击,部分功能瘫痪。尽管万事达公司声称自己经验丰富,足以应付攻击,但 BBC 报道说,大量用户反映自己完全无法使用万事达的服务。

美国政治人物萨拉·巴林(Sarah Palin)12 月 8 日声称,由于自己公开发表攻击朱利安·阿桑奇的言论,自己的网站主页遭到"匿名者"攻击。但是"匿名者"组织拒绝承认这次攻击,他们说:"我们不知道她(声称自己被攻击)是为了什么,我们其实不在乎她。"对于这些攻击,维基解密的发言人说:"我们既不鼓励也不反对这些行动,我们认为,这是公众对于攻击对象表达意见的方式。"

"低轨道离子炮"并没有隐藏用户 IP 地址的功能,受到攻击的网站可以将其服务器日志交给有关部门,通过 IP 地址记录来追踪用户。2011 年 7 月 9 日,美国 FBI 逮捕了 14 名参与"复仇行动"的"匿名者"组织成员。这些人来自美国的各个州,最年长的 42 岁,最年幼的还未成年。

"复仇行动"的参与者数以千计,大部分参与者都没有遭到起诉。欧美主要国家起诉了其中的一些人。这些参与者大部分都是青年,其中年龄最大的超过了 60 岁。"匿名者"组织的无中心、无领导的特质,也决定了没有任何一个黑客主导了整个行动。行动中影响力较强的几位黑客,如杰米·哈蒙德、赫克多·蒙瑟甘尔的判决结果已经在其他案例中详述,本文仅叙述上文所列举的 14 名普通参与者的情况。

【相关法律条文】

计算机诈骗及其他相关犯罪（Fraud and Related Activity in Connection with Computers）

通过散播恶意程序、信息、代码和命令,或故意非法进入被保护的计算机系统,造成计算机损坏,根据情节,处 1 年以上 20 年以下有期徒刑,并处罚金。

身份盗窃罪（Fraud and Related Activity in Connection with Identification Documents, Authentication Features, and Information）

制作或传输识别身份的文件、身份认证特征或虚假身份信息,根据情节,处罚金或 15 年以下有期徒刑,或两者并罚。

【裁判结果】

上述 14 名参与者分别来自美国亚拉巴马州、亚利桑那州等 10 个州。2011 年 7 月他们在各自地区的法院接受审判。其中 10 人与检方达成辩诉交易,他们承认违反美国《刑法》第 1030 条的规定。按照该法条的规定,计算机诈骗罪及相关犯罪的刑期可达 20 年,罚金最高 25 万美元。根据辩诉交易的约定,如果这 10 人在判决前没有任何违约行为,即可在第二年将罪名从重罪改判为轻罪(即一年以下有期徒刑,罚金不超过 10 万美元)。另外 4 人已经承认犯计算机诈骗罪。

16. 阿尔道夫黑客攻击邻居网络案 (2010)

【关键词】黑客攻击 收藏儿童色情作品 威胁总统

【基本案情】

被告人巴里·文森特·阿尔道夫(Barry Vincent Ardolf)是明尼苏达州布莱恩市居民,在美敦力(Medtronic)从事技术员的工作,阿尔道夫家中藏有大量关于黑客攻击技术和网络工具类书籍,闲时阿尔道夫就钻研计算机技术。在他人眼中,阿尔道夫为人傲慢,不善倾听,行为古怪。阿尔道夫的妻子在 38 岁时突然去世,这使得阿尔道夫的行为日益古怪。

受害人马特·科斯托尼克(Matt Kostolnik)是阿尔道夫的邻居,育有一子,就职于明尼阿波利斯市的一家大型律所,其律所聘有安全顾问。阿尔道夫入侵科斯托尼克家路由器,盗用其家庭域名地址,以科斯托尼克名义向其同事发送儿童淫秽照片、性骚扰邮件等,目的是将科斯托尼克污名为恋童癖者和骚扰女同事的性骚扰者。除了败坏科斯托尼克名声,阿尔道夫还想将科斯托尼克送入监狱,所以他以科斯托尼克名义向副总统、州长等政府官员发送威胁邮件。

在阿尔道夫被审判后,科斯托尼克告诉法官,在阿尔道夫入侵家中路由器胡作非为的 707 天里,他和家人度日如年,每天都生活在恐惧当中。他们在明处,犯罪嫌疑人在暗处,他们就如棋子般被任意摆布。科斯托尼克只是阿尔道夫的新邻居,基于什么样的原因,竟要如此折磨这一家人?事实上,阿尔道夫曾猥亵科斯托尼克的儿子,科斯托尼克发现后,向警方报案,这让阿尔道夫怀恨在心。

2008 年,科斯托尼克成为阿尔道夫邻居。然而就在搬家的第一天,阿尔道夫将科斯托尼克的 4 岁儿子带入家中,亲吻其儿子。科斯托尼克的妻子发现后,告诉丈夫:"我们竟然成为一个恋童癖者的邻居!"2008 年 8 月 3 日,科斯托尼克向当地警察部门控告被告人对儿子有过分抚摸和亲吻的行为,双方因此结怨。阿尔道夫暗下决心,他要像以往攻击其他邻居一样,以网络攻击的无形方式,将这家人折磨得痛不欲生。2009 年 2 月 22 日,阿尔道夫解码有线等效保密协议①。解码后,他侵入受害人的无线网络,以受害人及其妻子的名字命名、创建多个雅虎邮箱,同时以受害人的名义建立个人主页,旨在警方追踪邮件来源时,能将受害人视为嫌疑人。

2009 年 2 月 22 日,被告人以受害人命名的邮箱,向受害人的一名女同事发送了一封骚扰邮件。邮件内容暧昧,涉及性骚扰,如"我在情人节这天疯狂思念你,请给我深吻"等。同日,阿尔道夫发送第二封邮件给受害人的另一名同事,随信附了两张儿童裸体照片,并标明这是受害人的新家庭照,其中一张照片涉及儿童色情内容。

2009 年 3 月 8 日,阿尔道夫以虚构的某女性的名义向科斯托尼克的两名同事发送邮件,邮件中叙述该女性在工作过程中遭到受害人性骚扰,然而受害人和两名同事都不认识该女性。

2009 年 5 月 6 日,阿尔道夫以受害人及其妻子命名的另一个雅虎邮箱,向多位政府官员的邮箱发送刺杀副总统、恐怖威胁等信息,其中包含副总统邮箱、当地警察部门邮箱等。在给副总统的邮件中,阿尔道夫写道:"这是来自恐怖分子的威胁,认真一点! 我厌恶你们挥霍赃款的方式,这些钱不是你们的! 因为你们挥霍了本不属于你们的东西,该是让你们付出无限代价的时候了! 等你们都死了,新官员就能上了! 我发誓一定要杀了你。"在发给明尼苏达州州长和明尼苏达州参议员的信中,他同样以威胁的语气写道:"别费劲追查邮件的发送者是谁,我是一名大型律所律师,你们对我无计可施,我发誓要将你们通通杀掉,6 月 1 日将是你们中一人的死期。"2009 年 3 月 6 日,明尼苏达州阿诺卡郡办公室检查受害人住处的无线网络是否被解码。2009 年 3 月 9 日受害人主动联系执法部门,反映相关情况,但还是抓不住幕后黑手。直到 2009 年 3 月 14 日,受害人所在律

---

① 有线等效保密协议是对在两台设备间无线传输的数据进行加密的方式,用以防止非法用户窃听或侵入无线网络。

所的安全顾问安装了数据抓包器①,安装该装置后显示,部分数据来自阿尔道夫的网络服务器。之后,FBI获得对阿尔道夫家及其计算机的搜查令,搜查的证据将矛头指向阿尔道夫,分别体现作案数据记录、作案辅助工具和可直接认证身份的手稿。在作案数据记录上,检方从阿尔道夫的计算机中搜查到数据副本,一个藏在阿尔道夫床头的高速缓冲存储器(cache),该存储器存有受害人电子邮箱的所有内容。显然,这些邮件内容是阿尔道夫入侵受害人邮箱后盗取而来的。在作案辅助工具上,检方发现多本解码有线等效保密协议的指导书,如《回溯破解有线等效保密协议:初学者指南》《破解有线等效保密协议的简单方法》等。在可直接认证身份的手稿上,检方发现阿尔道夫的手稿除了记录复仇计划,还记录攻入受害人家中路由器的身份认证 ID;此外,检方还发现性骚扰邮件中的儿童淫秽照等其他物证。

以上证据显示阿尔道夫精通黑客技术,具备解码有线等效保密协议的能力,这意味着他可任意侵入受害人的无线网络,盗取受害人个人信息,并以受害人名义向受害人同事发送骚扰邮件、向副总统和州长发送威胁邮件。在调查过程中,嫌疑人制造伪证,妨碍司法。2010 年 6 月 23 日,美国检察部门起诉嫌疑人,嫌疑人不断地为自己开脱罪责。经过长时间的庭审,阿尔道夫终于承认相关罪行。但不得不说,阿尔道夫的低头认罪是基于强大的证据,而非真心忏悔。阿尔道夫在法庭上毫无道歉忏悔之意,只是不停地抱怨监狱里的生活质量极差,饭菜不可口,床睡得不舒服,对膝下的一对残疾双胞胎孩子也无愧疚之意。

值得一提的是,该案的主调查人员来自明尼苏达州网络犯罪特别工作组,该工作组由 FBI 和美国特勤局资助建立,拥有 FBI 和特勤局的侦查精英和情报资源。工作组协助 FBI 和特勤局,在州级层面打击网络犯罪。工作组与布莱恩市、诺卡县警方和私人力量联动协作,一同破获此案。同时,明尼苏达网络犯罪工作组和明尼苏达州检察官办公室希望借此案提醒公民,应安装较权威的和信誉较好的杀毒软件,并及时更新。另外,应以最高的加密等级对无线路由器进行加密,以防无线路由器被入侵。

---

①　数据抓包器能对网络传输发送与接收的数据包进行截获、重发、编辑、转存等,也可用来检查网络安全或进行数据截取等。

【相关法律条文】

计算机诈骗及其他相关犯罪（Fraud and Related Activity in Connection with Computers）

通过散播恶意程序、信息、代码和命令，或故意非法进入被保护的计算机系统，造成计算机损坏，根据情节，处 1 年以上 20 年以下有期徒刑，并处罚金。

传播、占有、贩卖与性侵未成年人有关的信息罪（Certain Activities Relating to Material Involving the Sexual Exploitation of Minors）

故意在州际或国际网络中传播涉及未成年人的淫秽音像制品，根据情节，处 5 年以上 20 年以下有期徒刑，并处罚金。

故意储存或传播涉及未成年人色情内容的图书、杂志、电影、录像带等，处罚金或 10 年以下有期徒刑，或两者并罚；若涉案儿童未满 12 周岁，处罚金并处 20 年以下有期徒刑。

【裁判结果】

美国联邦明尼苏达州地方法院认为，被告人巴里·文森特·阿尔道夫非法解码侵入受害人无线网络，收藏及传播儿童色情照片，犯计算机诈骗等罪以及传播、占有、售卖和性侵未成年人有关的信息罪等罪名。据此，法院判处阿尔道夫有期徒刑 18 年。

17. 艾伯特黑客攻击计算机、盗窃信用卡信息案(2010)

【关键词】黑客攻击 盗窃信用卡 信息网络支付安全

【基本案情】

被告人艾伯特·冈萨雷斯(Albert Gonzalez)出生于 1981 年。他的父母在 20 世纪 70 年代从古巴移民到美国,在他 8 岁的时候,父母买了一台计算机给他作为礼物。他从小就表现出出众的计算机天赋。艾伯特在佛罗里达州迈阿密市的南迈阿密高中上学时,就被称作是一群计算机奇才中的"不安分"的领袖。艾伯特成为一名计算机黑客和计算机罪犯,他领导一个黑客团体建立了线上失窃信用卡交易网站"shadow crew",这个网站有 4000 余名注册用户。用户可以在这个网站上参加竞拍,购买失窃的信用卡、伪造的文件等。这个团体内的一位专攻身份信息窃取的黑客甚至出售了 1800 万个关联了个人身份信息的邮箱账号和密码。2004 年,艾伯特和他的黑客团伙成员受到检方的起诉,19 名成员被判刑,艾伯特因为向警方提供了团伙成员的犯罪证据而免于牢狱之灾。但是,艾伯特并未就此收手,他在 2005 年至 2007 年期间盗窃超过 1.7 亿条信用卡和银行卡信息并转售这些信息,堪称历史上同类型犯罪之最。

艾伯特靠盗窃信用卡过着奢侈的生活,他的一次生日会就花掉了 75 万美元,他曾公开抱怨,因为自己的点钞机坏掉了,他不得不手动数 34 万美元的纸钞。

以下是艾伯特受到的三项联邦起诉。

1. 2008 年 5 月,在纽约因"戴夫 & 巴斯特"案件被诉

戴夫 & 巴斯特(Dave & Buster's)是一家总部位于美国达拉斯的公司,专门从事饭店和娱乐业服务,每一家分公司都有设施齐备的饭店和游戏厅。2008 年 5 月 7 日,艾伯特因涉嫌在纽约艾伦迪亚的一家饭店内,通过戴夫 & 巴斯特公司的一个销售点攻击该公司的网络系统而被逮捕。这次黑客攻击事件发生于 2007 年 9 月,大约有 5000 张银行卡信息被盗,其中 675 张银行卡发生了欺诈交易,总金额达 60 万美元。

由于公司计算机关机之后无法重启,艾伯特的同伙多次返回饭店入侵计算机,这才引起了官方的怀疑。2008 年 5 月,艾伯特在佛罗里达州迈阿密海滩的国家大饭店被抓获。经过多次搜查,官方查获现金 160 万美元(包括埋在艾伯特父母家后院的 110 万美元)、1 台笔记本计算机以及 1 把格洛克 18 型全自动手枪。

2.2008 年 5 月,在马萨诸塞州因"麦克斯折扣店"案件被诉

麦克斯折扣店(TJ Maxx)成立于 1976 年,是美国的一家连锁百货商店,以低于同类商店的价格销售商品著称,有超过 1000 家分店,是美国最大的衣帽服饰零售商之一。

截至 2007 年,艾伯特组织领导一个 10 人的黑客团伙,窃取了 4.56 亿张信用卡和借记卡的信息,以及 45.1 万名用户的个人信息。在长达 18 个月的时间里,艾伯特和团伙成员在迈阿密美国 1 号铁路沿线竞争寻找无线网络的漏洞,非法获取了沿线包括麦克斯折扣店在内众多公司的信用卡信息。值得一提的是,艾伯特团伙所使用的程序是他的好友史蒂芬·华特(Stephen Watt)制作的,华特供职于摩根士丹利公司,他制作这个黑客程序的时候并不知道其用途,事后也并未分得犯罪所得。即便如此,华特还是被判处了 5 年有期徒刑。

2006 年 12 月,麦克斯折扣店才发现其客户信息保障系统的漏洞,本次黑客攻击事件使该公司处于被动的地位。在公众的催促之下,他们不得不对外表示:"考虑到事件的规模和受影响计算机系统覆盖的面积之广阔,我们的调查需要比较长的时间。"最开始,该公司认为非法入侵应该是在 2006 年 5 月开始的,但随着进一步调查发现早在 2005 年 7 月漏洞就已经出现了。

3.2009 年 8 月,在新泽西州因涉嫌"哈特兰德支付"案件被诉

哈特兰德支付系统公司(Heartland Payment Systems Inc.)于 1997 年 3 月成立,主要为美国商家提供银行卡支付处理服务。其业务涉及促进商家及财务机构持卡人资讯及资金交流、设备建立、培训服务、交易授权、清算及结算等。

2009 年 8 月,艾伯特因涉嫌黑客攻击哈特兰德支付系统公司、7-11 便利店和

哈纳福兄弟(Hannaford Brothers)连锁超市的计算机系统,而在新泽西州纽瓦克市被起诉。哈特兰德支付系统公司是本次黑客攻击的主要受害者,有1.3亿张银行卡信息被盗。哈纳福兄弟连锁超市有460万张银行卡信息被盗。起诉书并未披露另外两家零售商的相关情况,但据艾伯特的律师称,另外两家零售商分别是杰西潘尼百货连锁(J.C. Penney)和塔吉特公司(Target Corporation)。

哈特兰德支付系统公司声称:在本次黑客攻击事件中,包括律师费在内共计损失1260万美元。艾伯特认为该公司所称损失是"狮子大开口"。

起诉书称,艾伯特、两名身份不明的黑客和一名未被起诉的同犯于2007年12月针对哈特兰德支付系统公司发起攻击。2007年8月对7-11便利店发起攻击,2007年11月对哈纳福兄弟连锁超市以及另外两家零售商发起黑客攻击。艾伯特和他的同伙通过研究大型公司的收银终端,攻击了这些公司在美国新泽西州、伊利诺伊州,拉脱维亚,荷兰和乌克兰的联网系统。

目前艾伯特在密西西比州亚祖城的联邦惩教所服刑,预计2025年刑满释放。此外,他的个人财产均被没收,包括165万美元、位于迈阿密的公寓1套、蓝色宝马车1辆、2台笔记本计算机、格洛克18型全自动手枪1支、诺基亚手机1台、蒂凡尼钻戒1枚和劳力士手表3只。

【相关罪名及法律】

计算机诈骗及其他相关犯罪 (Fraud and Related Activity in Connection with Computers)

通过散播恶意程序、信息、代码和命令,或故意非法进入被保护的计算机系统,造成计算机损坏,根据情节,处1年以上20年以下有期徒刑,并处罚金。

身份盗窃罪 (Fraud and Related Activity in Connection with Identification Documents, Authentication Features, and Information)

制作或传输识别身份的文件、身份认证特征或虚假身份信息,根据情节,处罚金或15年以下有期徒刑,或两者并罚。

信用卡欺诈罪 (Fraudulent Use of Credit Cards)

实施以下犯罪行为者,根据情节,处1万美元以下罚金或10年以下有期徒刑,或两者并罚:

(1)在州际或国际交易中使用失窃信用卡,价值累计1000美元以上;

(2)运输明知为伪造、虚构、变造或他人丢失的信用卡。

【判决结果】

2010 年 3 月 25 日，美国地方法院法官帕蒂·沙利丝（Patti Saris）以计算机诈骗罪和身份盗窃罪等罪名判处艾伯特 20 年有期徒刑。

18. 蒙瑟甘尔黑客入侵案(2011)

【关键词】黑客 FBI 线人 从轻处罚 窃取身份信息罪

【基本案情】

被告人赫克多·蒙瑟甘尔(Hector Monsegur)1982 年出生于波多黎各。他的父母生下他时均未成年,两人在他出生后很快就分开。于是,时年 16 岁的父亲将他送到纽约,交给祖母抚养。他的祖母和姑姑一边照顾他,一边贩卖海洛因。蒙瑟甘尔在她们的唆使下,从小就开始为客户运送毒品。蒙瑟甘尔 13 岁那年,他的祖母、父亲、姑姑均因贩毒被捕。

蒙瑟甘尔自学成才,从 14 岁开始编写计算机程序,很快成为一名技术高超的黑客。蒙瑟甘尔曾在华盛顿欧文高中就读,他的成绩非常出色,他在业余时间还为学校维修计算机。然而,就因为维修计算机这份兼职,他把螺丝刀带到学校,并因此与保安发生冲突,18 岁的蒙瑟甘尔一怒之下选择退学。尽管计算机技术高超,蒙瑟甘尔却从未尝试过求职。直到 26 岁那年,他的姑姑因为贩毒再次入狱,他成为两个表妹的监护人,他才不得不走上职场。他尝试打零工,但很快被解雇,三个人只好一起靠救济金生活。直到他 28 岁被捕,他一直在纽约市祖母的公寓里带着妹妹们过着窘迫的生活。蒙瑟甘尔的邻居证实,他是一名非常用心的监护人,尽管生活窘迫,他还是尽力照顾两个表妹。他多次向邻居们表示,自己绝对不会把两个表妹交给社会福利机构。出于生计压力,他曾利用黑客技术赚钱。他曾侵入一家网络汽车零部件商店,盗用该店前员工的信用卡,购买价值 3450 美元的汽车零部件,寄给自己,然后再倒卖零部件换取生活费。

蒙瑟甘尔的黑客生涯开始于 1999 年,当时,一位波多黎各裔居民在美国被杀,因为不满当局的处理,蒙瑟甘尔攻击了一些网站,在主页上留下表达政治诉求的话语。蒙瑟甘尔是互联网黑客组织 LulzSec 的 6 名核心创始成员之一,他在黑客圈内有着很强的影响力。《经济学人》将他誉为"他们中最专业的黑客"。作为技术人员,蒙瑟甘尔负责寻找网站的安全漏洞,作为组织的领导人,由他决定 LulzSec 下一步攻击哪些目标,派哪些黑客实施这些攻击。

LulzSec 是一个不以获得经济利益为目的的黑客组织,他们声称自己的主要动机是通过引发混乱来获得乐趣。由于福克斯新闻网发布了嘲讽 LulzSec 成员们欣赏的说唱歌手的评论文章,LulzSec 将它选作第一个攻击对象。2011 年 5 月,他们向公众发布了窃取的福克斯网用户密码,领英网个人资料,以及 7.3 万名 XFactor 参赛者的名字。2011 年 5 月 30 日,蒙瑟甘尔发现了美国公共电视网络的程序后门,并组织 LulzSec 成员入侵美国公共电视网络的系统,在网站主界面上留下文字:"现在本站已被 LulzSec 占领。"

2011 年 6 月,LulzSec 使用了注入攻击(SQL)对索尼影业进行攻击,窃取 3.75 万条用户信息,包括账户、密码、电子邮件地址、家庭地址和生日在内的信息。注入攻击,是结构化查询语言注入的简称,这是一种代码注入技术,用于攻击数据驱动的应用程序。简而言之,是在输入的字符串之中注入恶意的结构化查询语言指令。如果数据库程序存在忽略检查的设计缺陷,这些注入进去的指令就会被数据库服务器当作正常的指令而运行。结构化查询语言命令可以达到查询、插入、更新、删除等命令的串接等效果。黑客常常用这种方式窃取资料,破坏数据库。

除了领导上述攻击之外,蒙瑟甘尔还是著名黑客组织"匿名者"的核心成员,"匿名者"是一个没有领导的组织,但是蒙瑟甘尔有着强烈个性色彩的发言赢得很多年轻黑客的追随。2010 年 12 月 8 日,蒙瑟甘尔参与了"匿名者"针对贝宝公司的攻击。共有 4500 名来自世界各地的黑客对贝宝公司进行攻击,造成了贝宝公司约 350 万美元的损失(详情见杰米·哈蒙德案)。这次行动大大鼓舞了蒙瑟甘尔。2011 年 1 月,他在黑客圈的名望达到巅峰。他远程控制了土耳其当地计算机,入侵土耳其总统的网站并把"匿名者"的标志贴在了网站的主界面。

2011 年 2 月,蒙瑟甘尔领导了"匿名者"对 HBGary 安保公司的攻击。正是这次攻击,蒙瑟甘尔的真实身份被揭露。詹妮弗·艾米克(Jennifer Emick)是"匿名者"最早的支持者之一,她创立了一家名叫 Backtrace Security 的安全咨询公司。自 2008 年开始,她就和组织的核心成员,包括蒙瑟甘尔有过线上接触。由于理念冲突,"匿名者"组织分裂,对攻击 HBGary 安保公司持反对意见的艾米克受到排挤。艾米克在组织中的朋友劳雷莱·贝利(Lauelai Bailey)告诉她,"匿名者"掌权派决定对她的公司进行黑客攻击。贝利向艾米克泄露了"匿名者"在互联网中继聊天室(IRC)的聊天记录。聊天记录显示,当时,沉浸在成功攻击HBGary 安保公司喜悦中的"匿名者"们放松了警惕,包括蒙瑟甘尔在内的黑客们互相交换了自己的私有域名。在 2011 年 2 月 11 日的聊天中,蒙瑟甘尔和另一名黑客杰克 • 戴维斯(Jake Davis)打算再次利用他们留在 HBGary 公司邮箱服务器内的后门。在商议技术细节的时候,蒙瑟甘尔不慎透露了自己另一个私有域名。通过技术手段,艾米克发现了蒙瑟甘尔的照片。并通过谷歌图像检索,她找到了蒙瑟甘尔 Facebook 主页上的照片原图。于是,艾米克将发现的信息告知了FBI。2011 年 3 月,FBI 展开了对蒙瑟甘尔的调查。

2011 年 6 月 7 日,FBI 逮捕了蒙瑟甘尔。次日,蒙瑟甘尔同意成为 FBI 的"线人",继续以 Sabu 的身份活跃在网络上。蒙瑟甘尔为 FBI 提供了 5 名"匿名者"黑客的线索,帮助美国警方找到了 2 名英国籍的黑客:詹姆斯 • 杰弗里(James Jeffery)和瑞安 • 克里瑞(Ryan Cleary)。美国助理律师詹姆斯 • 帕斯托尔(James Pastore)在 2011 年 8 月 5 日的秘密保释听证会上透露:"自从被捕以来,被告与政府进行积极的合作,他夜以继日地与'匿名者'组织的黑客们进行网上对话,为 FBI 收集证据。"在该保释听证会后几天,蒙瑟甘尔对 12 项刑事指控表示认罪,其中包括计算机黑客攻击诈骗罪、合谋诈骗罪、身份盗用罪,如果罪名都成立,他将面临 124 年有期徒刑。

检察机关在 2014 年 5 月底提交的法庭陈述显示,自 2011 年以来,蒙瑟甘尔已经阻止了 300 次网络攻击,其中包括对美国国家航空航天局、美国军方和几大媒体的袭击计划。

【相关法律条文】

计算机诈骗及其他相关犯罪 (Fraud and Related Activity in Connection with Computers)

通过散播恶意程序、信息、代码和命令,或故意非法进入被保护的计算机系统,造成计算机损坏,根据情节,处 1 年以上 20 年以下有期徒刑,并处罚金。

与入侵设备有关的诈骗罪(Fraud and Related Activity in Connection with Access Devices)

任何人实施下列犯罪行为,根据情节,处罚金或 10 年以下有期徒刑,或两者并罚。

（1）意图使用伪造接入设备；

（2）在 1 年的时间内运输或使用多个未经授权的访问设备，并在此期间获利超过 1000 美元；

（3）明知并意图通过欺骗拥有 15 个或更多的伪造访问设备。

【裁判结果】

2014 年 5 月 27 日，虽然根据检察部门的指控，蒙瑟甘尔将有可能被判处最高 124 年的有期徒刑，但是美国纽约南区法院法官洛瑞塔·普莱斯卡（Loretta Preska）考虑到蒙瑟甘尔积极地与警方合作并卓有成效，因此以计算机诈骗及设备侵入等罪名，判处蒙瑟甘尔 7 个月有期徒刑和 1 年缓刑。由于蒙瑟甘尔在 2011 年被逮捕后已经服刑 7 个月，所以他在宣判后立即获释。法官普莱斯卡表示，除了蒙瑟甘尔对 FBI 破案的贡献外，蒙瑟甘尔的两位未成年表妹需要照顾，也是构成对其减轻处罚的原因之一。

19. 黑客入侵斯特拉福全球情报公司案(2012)

【关键词】黑客"匿名者"网络犯罪侦查

【基本案情】

被告人杰里米·哈蒙德(Jeremy Hammond)1985年出生于美国芝加哥。2004年,哈蒙德从芝加哥伊利诺伊大学肄业,成为苹果公司的一名技术员。哈蒙德拒绝谈论他的童年,而他的父亲杰克是一个独立电影制作人、音乐制作人和吉他老师,很愿意与人交流。杰克总是不吝于向人们炫耀他儿子的计算机天赋,例如:"和我一起在创意工坊里工作的伙伴时常做一些计算机业务,他向杰里米展示了他的工作,杰里米居然发现了其中的错误。"当哈蒙德还是孩子的时候,他已经开始为一个小游戏作坊创建玩家排序和评分的程序。13岁那年,他已经可以独立对数据库进行编程了。在学校,他是优等生,还获得过地区科技竞赛编程分赛场的第一名。

在工作之余,哈蒙德是一名技术高超且影响力广泛的黑客。2003年,年仅18岁的哈蒙德创办了黑客培训网站HTS。该网站创设了一个安全的平台,让用户在其中练习侵入他人计算机系统和防范他人入侵的技巧。据估计,HTS有超过180万名用户,最高峰时共计有1995名用户同时在线。一位网站用户赞美哈蒙德说:"杰里米是我见过的最棒的最能帮助他人的家伙。"

杰里米·哈蒙德说自己是一个互联网"罗宾汉",他曾多次利用计算机技术攻击保守组织的网站。他声称这是一种"公民不服从行为",他认为入侵公司或者网站,使其瘫痪,或者涂改网页,就像公民在街道上静坐示威或者在墙上画抗议涂鸦一样,都是公民的权利。生活中的哈蒙德是一个有趣的人,他在《芝加哥报》的记者面前表演纸牌魔术,并吹嘘自己可以复制公交卡:"这个东西,我可以随意'克隆'它。"同时,哈蒙德使用"Anarchaos""Pow""Yohoho"等网名,秘密参与黑客组织"匿名者"的攻击行动。后来FBI将他视作"世界上最精通黑客技术的罪犯之一"。

2012年2月27日至2014年7月18日,维基解密网站连续公布斯特拉福全球情报公司5543061封内部邮件。斯特拉福全球情报公司是一家提供"非意识形态的、独立的国际事务分析"的智囊机构,其顾客包括美国政府部门和全球跨国企业。邮件的部分内容涉及本·拉登之死等敏感政治问题。对于这次泄密,美国公众评论褒贬不一。路透社的报道在标题中把斯特拉福称作"美国的影子CIA"。前国家安全局局长鲍比·茵曼(Bobby Inman)表示,邮件泄露会对斯特拉福造成灾难性的损失。然而,《大西洋》杂志的副主编麦克斯·菲舍(Max Fisher)撰文指出:"维基解密高估了斯特拉福的重要性,归根结底,它的情报只是提前10天、价格高昂的《经济学人》报道罢了。阿桑奇太急于重现过往的辉煌了。"

2012年3月5日,FBI在芝加哥,以参与斯特拉福全球情报公司邮件泄密为由,逮捕了哈蒙德。据FBI透露,由于黑客普遍匿名,确定黑客身份是非常困难的。确定哈蒙德身份的关键证据来自一名自称Sabu的知情人士。Sabu多年为"匿名者"组织存储非法获取的数据信息,是"匿名者"附属组织LulzSec的领袖,深受"匿名者"成员们信任。尽管素未谋面,哈蒙德还是将自己大部分的网名透露给Sabu,这在黑客业内是十分危险的行为。

2011年1月Sabu被警方逮捕后,他就成了警方的"线人"。在长达数月的时间里,他使用美国政府提供的笔记本计算机,参与并记录了"匿名者"组织策划攻击斯特拉福计算机系统的全过程。在这段记录中,哈蒙德的多个网名非常活跃。这些网名分别透露了哈蒙德的部分个人信息,例如:他来自美国的中西部地区,曾经在纽约生活过,并且已经离开,曾经在监狱服刑等。根据这些信息,FBI把哈蒙德列为嫌疑人。2012年2月29日,警方开始监视哈蒙德在芝加哥南部的公寓。3月1日,美国警方截获了哈蒙德的无线路由器信号,并追踪到哈蒙德正在访问的"匿名者"网站。3月4日,警方将这些证据提交给法官罗纳德·埃里斯(Ronald Ellis),后者随即签发了对哈蒙德的逮捕令。

被捕后,哈蒙德承认了以下犯罪事实:他和其他6名来自英国和爱尔兰的黑客,自2011年12月起至2012年3月,实施了对斯特拉福网络系统的攻击,窃取了 6 万个信用卡账号,并未经授权用这些账号捐款 70 万美元以上。但是,他认为自己遭到了钓鱼执法。他认为自己正是受了 Sabu 的教唆,才对斯特拉福进行攻击的。"如果没有 Sabu 和另一名黑客刻意提起斯特拉福,并提供斯特拉福的信息,我根本不会去攻击它。"哈蒙德拥有一项被称为 PLEST 的技术,这项技术可以破解许多国家政府的网络防护。他认为,政府很可能对这项技术感兴趣,因为"线人"Sabu 多次故意引导他攻击外国政府网站。

在认罪书中,哈蒙德承认他参与了多项其他的黑客行动,包括:2011 年 6 月对 FBI 网络学院计算机系统的攻击;2011 年 6 月,针对亚利桑那公共安全部的攻击;2011 年 10 月,针对亚拉巴马州警长办公室计算机系统的黑客攻击等。

【相关法律条文】

计算机诈骗及其他相关犯罪（Fraud and Related Activity in Connection with Computers）

通过散播恶意程序、信息、代码和命令,或故意非法进入被保护的计算机系统,造成计算机损坏,根据情节,处 1 年以上 20 年以下有期徒刑,并处罚金。

身份盗窃罪（Fraud and Related Activity in Connection with Identification Documents, Authentication Features, and Information）

制作或传输识别身份的文件、身份认证特征或虚假身份信息,根据情节,处罚金或 15 年以下有期徒刑,或两者并罚。

与入侵设备有关的诈骗罪（Fraud and Related Activity in Connection with Access Devices）

任何人实施下列犯罪行为,根据情节,处罚金或 10 年以下有期徒刑,或两者并罚。

(1)意图使用伪造接入设备;

(2)在 1 年的时间内运输或使用多个未经授权的访问设备,并在此期间获利超过 1000 美元;

(3)明知并意图通过欺骗拥有 15 个或更多的伪造访问设备。

【裁判结果】

2012 年 5 月,哈蒙德签署了辩诉交易协议,对自己违反了《计算机诈骗与滥用法》实施窃取数据的犯罪行为表示认罪。按照辩诉交易协议,他面临不超过 10 年的有期徒刑。2013 年 11 月 15 日,纽约南区法院法官洛瑞塔·普雷斯卡根据辩诉交易协议,判处他有期徒刑 10 年。目前哈蒙德正在肯塔基州监狱服刑。

20. 亚伦·斯沃茨下载海量学术资源案（2013）

【关键词】非法侵入 海量下载 数据开放 自杀

【基本案情】

被告人亚伦·斯沃茨（Aaron Swartz）是年少成名的计算机天才，他是著名社交网站 Reddit 的联合创始人，是著名编辑辅助软件 web.py 的设计者，也是网络消息格式规范 RSS 的合作创造者。他倡导网络信息开放，被喻为"数字时代的罗宾汉"，却因涉嫌非法侵入美国麻省理工学院和 JSTOR 数字图书馆（知名学术期刊的在线平台）而受到美国检察部门的指控。2013 年，当该案进入庭审阶段时，承受巨大非议的亚伦·斯沃茨在其纽约布鲁克林的寓所内用一根皮带上吊自杀，年仅 26 岁。

JSTOR 数字图书馆建于 1995 年，馆内藏有 2000 多种期刊、近 5000 万页学术论文。该图书馆对过期核心学术期刊进行数字化存档，以节省传统图书馆的物理空间，同时提供资料检索的功能。该图书馆的绝大多数资料仅向付费的大学、图书馆及科研机构开放，个人用户须付费阅读。斯沃茨作为哈佛大学的研究员，拥有 JSTOR 数字图书馆的账号。而麻省理工学院的校园网络是一个开放的系统，访客无需密码即可登录。任何使用这一 IP 地址的人，均可自由进出 JSTOR 数字图书馆。

2010 年 9 月 25 日，JSTOR 数字图书馆工作人员发现，该图书馆的下载流量在毫无征兆的情况下剧增，服务器顿时不堪重负。监测显示，有人正通过麻省理工学院的校园网络，利用特制的程序批量下载储存在服务器上的期刊论文。随后的半个月内,JSTOR 数字图书馆又多次监测到来自麻省理工学院的异常下载,且下载速度越来越快。截至 10 月中旬,这位身份不明的访客已下载 45 万篇学术论文。JSTOR 数字图书馆随即封闭了来自麻省理工学院的所有访问请求,并联系校方,要求后者协助调查。2010 年 12 月底,JSTOR 发现这位神秘访客仍在下载论文,只不过采用了一种更为隐秘的方式。至 2011 年 1 月初,其下载的论文数量已达 480 万篇,相当于整个数据库 80% 的馆藏。2011 年 1 月 4 日,麻省理工学院 16 号楼机房的监控摄像拍下了疑似神秘访客的身影,同时"作案"所用的笔记本计算机被发现放在 16 号楼一间狭小的地下机房内。16 号楼是一幢不起眼的长方形建筑,楼内的教室、实验室、机房等设施从不上锁。麻省理工学院随即请求警方介入此事。

2011 年 1 月 6 日,麻省理工学院的两名校警和一名美国特勤局探员在哈佛大学校园附近发现斯沃茨,并将其逮捕。检察部门声称,斯沃茨在 2010 年末到 2011 年初之间,通过麻省理工学院的校园网络登录 JSTOR 数字图书馆,在短短几周内下载了海量的学术期刊论文。他们称,斯沃茨通过自己编写的脚本程序,使超过 1300 份期刊的每一期内容都一页一页地自动跳转到他的计算机硬盘中。案件中的检察官认为斯沃茨有意通过 P2P 网络散布这些学术资源。

在支付 10 万美元保释金后,斯沃茨获得释放。他把装有下载数据的硬盘交还给 JSTOR 数字图书馆,并拟通过律师做无罪辩护。在他被捕后,JSTOR 数字图书馆发表了一份声明表示,尽管他们认为斯沃茨的接入是"重大失误"从而导致了"未授权方式"的下载,但在确保这些论文不会被公开传播后,他们不打算追究他的法律责任。

麻省理工学院对该事件没有发表任何看法。然而,美国联邦政府却执意介入。斯沃茨因涉嫌犯下非法侵入计算机系统等罪名受到检察部门的指控。2011 年 7 月 11 日,联邦地方检察官最终以计算机诈骗罪、非法获取计算机内的保护信息罪、破坏计算机系统罪等 4 项重罪罪名对其提起控告。2012 年 12 月,检察官将指控的罪名增加到 13 项,如果这些罪名成立,斯沃茨将面临最高 35 年的有期徒刑和 100 万美元罚金。

斯沃茨的辩护律师埃利奥特·皮特斯称,在被起诉前,检察官曾经提供了一份认罪协议,根据协议,斯沃茨只要承认对他的指控,就可以得到有期徒刑 4 个月的从轻处罚。检察官同时警告斯沃茨,如果他拒绝接受协议,之后的形势就没这么乐观了。斯沃茨拒绝了检方的辩诉交易。在斯沃茨自杀的前 2 天,麻省检察官通知他的律师,斯沃茨必须承认 13 项重罪罪名,才有可能将刑期减至 6 个月,否则案件将于 4 月正式在波士顿开庭。

2013 年 1 月 11 日,饱受抑郁症和巨大非议困扰的斯沃茨在其纽约布鲁克林的寓所内用一根皮带上吊自杀,年仅 26 岁,并未留下任何遗言。

【相关法律条文】

计算机诈骗及其他相关犯罪（Fraud and Related Activity in Connection with Computers）

通过散播恶意程序、信息、代码和命令,或故意非法进入被保护的计算机系统,造成计算机损坏,根据情节,处 1 年以上 20 年以下有期徒刑,并处罚金。

非法获取计算机信息罪（Unlawfully Obtaining Information from a Protected Computer）和破坏受保护的计算机罪（Recklessly Damaging a Protected Computer）。

有下列情形者,处 10 年以下有期徒刑或并处罚金:

(1)故意向受保护的计算机传输程序、信息、代码或命令,造成损害;

(2)未经授权访问受保护的计算机,并因此类行为而鲁莽地造成损害。

【裁判结果】

亚伦·斯沃茨自杀后的第三天,美国联邦地区法院宣布,因被告人死亡,撤销对他的所有指控。

21.巴拉托夫等黑客入侵雅虎案
（2017）

【关键词】钓鱼邮件 黑客入侵雅虎

【基本案情】

一、国际黑客"雇佣兵"——巴拉托夫

被告人卡里姆·巴拉托夫（Karim Baratov）出生于 1995 年，别称为"Kay"。巴拉托夫出生于哈萨克斯坦的一个知识分子家庭，家境优渥。2007 年，为了让巴拉托夫和妹妹获得更好的教育和成长环境，巴拉托夫一家移民至加拿大，定居在安卡斯特市某富人聚居的小镇上。该镇离多伦多一小时车程，镇上各色豪车极为常见，这成了巴拉托夫追求奢靡生活的重要原因。

自 2010 年起，15 岁的巴拉托夫通过自建网站，接收顾客的指示攻击目标邮箱，从中收取佣金而获利。据统计，在 2010 年至 2017 年间，巴拉托夫入侵总计 11000 个邮箱账号。巴拉托夫通过在自建的网站上发布广告，宣传自己可入侵邮箱，且无须预付。其中，在一个名为"web hacker"的俄罗斯网站上，他声称他可入侵谷歌以及 Mail.ru 和 Yandex 等俄罗斯邮箱。此外，他还可改变登录的验证问题，以确保他的顾客们获得进入邮箱的权限。为方便他的顾客"下单"，巴拉托夫制作"下单"引导图，告知通过他的网站填表"下单"，以及告知增加新的服务请求和支付佣金的方法。

巴拉托夫以钓鱼邮件的方式引诱受害者提供邮箱密码。在顾客给出目标电

子邮箱后，巴拉托夫以虚假的邮箱账号向该邮箱发送电子邮件，该邮件模仿邮件服务商的客户支持界面，引导受害者点击网页链接。随后，受害者被要求填写邮箱账户的密码。巴拉托夫早在该网页中嵌入自动发送密码的脚本。一旦用户输入密码，此密码将发送至巴拉托夫的邮箱。在盗取邮箱密码后，巴拉托夫进入受害者的邮箱，截图邮箱内容，以此证明入侵成功，向顾客索要付款。在收到付款后，巴拉托夫将盗窃的密码发送给顾客。除客户下单的指令外，巴拉托夫在可畅通无阻地进入邮箱后，还删除过受害者的邮箱内容，或改变账户密码，甚至使用该邮箱账号引诱其他邮箱上钩，以此隐藏他的身份。

由于巴拉托夫保留下所有顾客和受害者记录，因而检方可从中获得巴拉托夫从事非法活动的具体次数和内容。值得注意的是，巴拉托夫不考虑顾客的身份、动机甚至顾客的下一步计划，他来者不拒，付款即可黑入指定账户。从记录中得知，2010 年 7 月，某顾客以伤害和杀人为目的，雇佣巴拉托夫攻击指定电子邮箱，巴拉托夫也照样欣然接单。

二、幕后三位主谋

巴拉托夫的记录证实了他参与俄罗斯联邦安全局主导的雅虎邮箱攻击案。然而，该案中还有三位被告。

第一位被告人是德米特里·多库恰耶夫（Dmitry Dokuchaev），生于 1984 年，案发时 33 岁，俄罗斯公民。多库恰耶夫的真实身份是俄罗斯情报官员，秘密就职于联邦安全局（Federal Security Bureau，FSB）信息安全中心，即著名的 18 号中心（Center 18）。俄罗斯联邦安全局成立于苏联解体后，前身是著名的国家反间谍与情报侦察机构克格勃。俄罗斯联邦安全局负责保障俄罗斯安全，并配合俄罗斯其他机构开展反间谍活动。

第二位被告人是多库恰耶夫的同伙伊戈尔·阿纳托利耶维奇·索思琴（Igor Anatolyevich Sushchin），案发时 43 岁，俄罗斯公民。在日常生活中，索思琴将自己伪装成俄罗斯投资银行信息安全部的主管，但实际上与多库恰耶夫一样，是联邦安全局信息安全中心的情报官员，且为多库恰耶夫上司。

与前两位被告人不同，第三位被告人埃里克西·埃里克西维奇·比兰（Alexsey Alexseyevich Belan）是雇佣黑客。比兰代号"Magg"，案发时 29 岁，出生于拉脱维亚，现为俄罗斯公民。比兰涉及多起计算机欺诈、访问设备欺诈和身份信息盗窃案件,这些案件主要针对三家美国电子商务公司,美国联邦大陪审团已两次起诉比兰。同时,2012 年 9 月和 2013 年 6 月,比兰两次被 FBI 列入"最想抓捕归案的犯罪嫌疑人"名单,也是"红色通缉令"中重要的被通缉人员。该红色通缉令颁布于 2013 年 7 月 26 日,要求国际刑警组织成员国,包括俄罗斯在内的国家,引渡比兰至受害国。比兰的"殊荣"不限于此。2016 年 12 月 29 日,美国总统奥巴马签署第 13694 号行政命令,特地指明两名黑客犯罪嫌疑人应接受制裁,比兰为其中之一。2013 年 6 月,在美国的请求下,比兰在欧盟境内被逮捕。然而,比兰上演逃狱好戏。他被引渡至美国之前,成功逃回俄罗斯。比兰逃回俄罗斯后,美国政府请求俄罗斯政府逮捕比兰,并将之引渡至美国。但是俄罗斯政府拒绝了该请求,转而利用比兰高超的黑客技术,将其吸纳为雅虎黑客攻击团队的一员。

三、黑客雇佣兵们的罪行

2014 至 2016 年间,多库恰耶夫要求巴拉托夫至少入侵 80 个电子邮箱,其中50 个是谷歌邮箱。与以往一样,巴拉托夫不问多库恰耶夫的身份、目的和下一步计划。其受害者有俄罗斯高级政府官员、俄罗斯商界巨鳄,以及俄罗斯邻国的重要政商界人士。巴拉托夫明知许多受害者的身份,也不过问这些政商界人士与俄罗斯联邦安全局的关系,以及攻击他们的原因和后果。最后,巴拉托夫成功入侵 18 个电子邮箱。

巴拉托夫使用多国在线支付方式,如 PayPal,Web Money,Yandex 等。入侵成功一次,大约可获得 100 美元酬劳。在 2010 年至 2017 年间,巴拉托夫共成功入侵 11000 个邮箱账户。这笔赃款被巴拉托夫大肆挥霍,他花费 65 万美元购买房产和多辆豪车,如兰博基尼、保时捷、阿斯顿·马丁、奔驰和宝马等。

在入侵雅虎案中,相较于巴拉托夫负责获取邮箱密码,比兰负责的工作更多。2014 年 11 月至 12 月,比兰盗取雅虎用户数据库(Yahoo's User Database,UDB)中的部分内容副本。该副本含有雅虎的商业机密,如用户名、取回账号的邮件地址、用户电话号码、出生日期、加密密码,以及某些情况下的安全问题与答案。该次黑客入侵盗取的海量商业信息,共涉及 5 亿雅虎账户。除获取雅虎用户信息,比兰也协助俄罗斯联邦安全局非法接入雅虎网络,获取雅虎账号管理工具。通过该工具可以变更雅虎邮箱的用户使用设置,这是雅虎独有的工具。一且有了雅虎用户数据库和雅虎账号管理工具，多库恰耶夫、索思琴和比兰便可定位雅虎邮箱。随后，比兰等人再根据从雅虎用户数据库中获取的用户个人信息，伪造用户邮箱的 cookie①。伪造的 cookie 可以欺骗雅虎邮件服务器，让服务器误认为是真实用户登录。如此一来，比兰等人在不知用户密码的情况下，即可自动登录邮箱，悄然攻入雅虎邮箱账户获取邮箱内的机密信件。据统计，多库恰耶夫等人共侵入过至少 6500 个账户。

四、商业获利羊皮下的政治阴谋

与以往出于纯粹商业目的的黑客攻击不同，这次针对雅虎邮件系统的黑客攻击虽然也有盗取商业信息、商业欺诈的目的，但其具有显著的政治目的——目标邮箱的用户是俄罗斯联邦安全局的重点监控对象。受害者有外国情报机构、政界、新闻界和网络安全领域的重要人物，如俄罗斯记者、俄罗斯反对党党员和美国政府官员、著名俄罗斯网络安全公司的员工。除政界外，还有商业领域工作者的个人账号遭到攻击，如俄罗斯投资银行的员工、法国运输公司的员工、美国金融服务和私募股权公司的员工、瑞士比特币银行的相关员工以及美国航空公司的员工等等。据有关新闻报道揭露，此次黑客攻击被认为是俄罗斯涉嫌干预美国大选的重要行动，与希拉里邮件门事件不无关系。

此次黑客攻击雅虎邮件系统事件的特点在于其外表为商业目的的黑客攻击，实际上是为政治目的服务。比兰在此次雅虎邮箱攻击中大发横财。他攻击受害者雅虎邮箱后，盗取账户内大量礼品卡和信用卡信息。此外，通过发送垃圾邮件的方法，将 3000 万雅虎邮箱账户引流至目标网站，为目标网站增加访问量，比兰也由此获利。但有报道称，这是混淆侦查人员视线的做法。以商业获利为目的的黑客攻击做掩护，调查人员难以察觉到这是国与国之间的较量。在很长一段时间里，负责雅虎黑客事件的调查人员认为，他们所调查的是一起企业间谍案件。但随着他们调查的深入，发现了更大规模的信息泄露情况，这些研究员开始怀疑，这是俄罗斯针对重要政治人物的间谍行动。

事实上，这种方法有着一石二鸟的效果，既掠取大量钱财，给他国经济实体

---

① 当用户访问网站时，浏览网页的用户信息会以 cookie 文件的形式保留在用户电脑中，储存期通常为 30 天。若网站检测到储存于该电脑的 cookie 文件，且未过期，则可自动登录。

带来难以弥补的损失，又达到了不可告人的政治目的。据统计，雅虎在此次黑客攻击事件中，共遭受了 3.5 亿美元的损失。受该事件影响，许多雅虎用户出于对自身信息安全的担忧，纷纷弃用雅虎邮箱，使用其他品牌邮箱。在此事件之前，雅虎本计划出售核心资产给美国电信巨擘威瑞森（Verizon），但由于该事件造成的影响，雅虎不得不两次在售价上做出了巨大让步，以保住这起交易。这两次黑客攻击事件重创了雅虎，给无辜的 5 亿用户带来难以估量的损失，然而黑客攻击的初衷不过是想获取几位重要政治、经济人物的邮件内容。

该案件的另一绝妙之处在于，黑客攻击的行为并非俄罗斯联邦安全局的情报官员亲自上阵，而是集结精通此领域的黑客。据称，由于比兰和加拿大籍黑客巴拉托夫之前就多次进行过垃圾邮件攻击，所以被俄罗斯召集过来。这样的人员组成，大大增强了黑客攻击实力。

五、刑罚的衡量

2017 年 3 月 7 日，美国司法部向加拿大执法当局递交了一份临时逮捕令，要求逮捕巴拉托夫。2017 年 3 月 14 日，巴拉托夫在加拿大被捕。由于俄罗斯和美国之间没有引渡条款，比兰、多库恰耶夫和索思琴尚无法归案。检方向 11000 个遭巴拉托夫入侵的电子邮件账户发送邮件，告知受害者相关情况，并请受害者撰写《受害影响声明》，4000 多封告知书无法送达，而检方只收到 3 名受害者的反馈。

在量刑上，检方认为应当从重判罚，共有三个理由。其一，危害后果重。一旦密码被盗取，邮箱中的机密文件即可被盗取，包含极为私密的聊天记录、图片和视频，且巴拉托夫和顾客可永久掌控该账户。其二，应通过从重判罚以示法律的威慑力。该案吸引众多媒体聚焦，且该案若不从重量刑，将导致国际黑客雇佣军的有恃无恐。他们不论年纪，不论地域，以最小的代价，即可入侵任何账号，导致严重损失。其三，不知顾客身份不能成为从轻判罚的理由，反而应当加重判罚。巴拉托夫不论顾客身份、动机和计划，正是他漠然对待入侵受害者账号的表现。

在听证会上，查布里亚法官同意强化法律威慑的重要性，但他拒绝了检察官从重处罚的要求，没有判处巴拉托夫 10 年有期徒刑。因为查布里亚法官认为巴拉托夫在实施黑客攻击的非法行为时年纪尚小，且被捕前没有犯罪记录。

【相关法律条文】

计算机诈骗及其他相关犯罪（Fraud and Related Activity in Connection with Computers）

通过散播恶意程序、信息、代码和命令，或故意非法进入被保护的计算机系统，造成计算机损坏，根据情节，处 1 年以上 20 年以下有期徒刑，并处罚金。

身份盗窃罪（Fraud and Related Activity in Connection with Identification Documents, Authentication Features, and Information）

制作或传输识别身份的文件、身份认证特征或虚假身份信息，根据情节，处罚金或 15 年以下有期徒刑，或两者并罚。

盗窃商业秘密罪（Theft of Trade Secrets）

盗窃或通过欺诈的方式获得商业秘密，根据情节，处 10 年以下有期徒刑，法人犯罪的，处相当于被盗商业秘密价值 3 倍或者 5 万美元以上罚金。

【裁判结果】

2018 年 5 月 30 日，美国旧金山地区法院判处巴拉托夫有期徒刑 5 年，并处 25 万美元的罚金。

针对另外 3 位犯罪嫌疑人的指控如下：

第一，多库恰耶夫、索思琴、比兰均被指控犯计算机诈骗罪；多库恰耶夫、索思琴和比兰非法访问雅虎服务器，窃取雅虎用户的机密信息。多库恰耶夫和索思琴命令巴拉托夫非法访问谷歌账户，盗取账户密码。多库恰耶夫、索思琴和比兰通过伪造 cookie，入侵雅虎邮箱账户，面临最高 10 年有期徒刑。

第二，多库恰耶夫、索思琴和比兰窃取雅虎商业机密，犯盗窃商业秘密罪，面临最高 15 年有期徒刑。

第三，多库恰耶夫、索思琴和比兰以伪造 cookie 的方式获取雅虎用户个人信息，犯电信诈骗罪，面临最高 20 年有期徒刑。

第三部分
利用网络实施诈骗和其他犯罪活动

22. 钱祖斯基非授权访问报税信息案(1997)

【关键词】非授权访问 报税信息 无罪

【基本案情】

被告人理查德·钱祖斯基(Richard W. Czubinski)案发时任美国联邦税务局(Internal Revenue Service,IRS)纳税人服务部驻波士顿办公室的联系代表,也是当时美国总统候选人大卫·杜克的竞选团队成员。钱祖斯基高中辍学,费尽周折终于在美国联邦税务局找到一份稳定的工作,主要负责接听纳税人电话,回答关于其个人账户、税法、支付程序等的问题。钱祖斯基最受争议的是其极端政治理念除了曾参加市议员选举外,他还是 3K 党①成员。他曾参加 3K 党多项活动,白人至上民族主义运动领导人称其为"坚定的追随者"。

由于钱祖斯基职责之一是回答纳税人纳税申报单的相关问题,在日常工作中,他常常需要访问美国联邦税务局的网上数据检索系统(Integrated Data Retrieval System,IDRS)访问信息,因此他拥有系统的密码。通过密码、关键检索代码和纳税人的社会安全码,钱祖斯基能够获取纳税人的个人信息,并有权将储存于西弗吉尼亚州马丁斯堡市系统主文件的纳税人信息转移到位于波士顿的办公计算机上。值得一提的是,该数据库储存着美国纳税人的纳税记录。在当时,共有 2 亿多条信息。

---

① 3K 党是美国至今仍奉行白人至上和歧视有色族裔主义运动的民间排外团体,也是美国种族主义的代表性组织。3K 党是美国历史最悠久、最庞大的种族主义组织,又称"白色联盟"。

美国联邦税务局明文规定,掌握密码和检索代码的联系代表禁止将密码和检索代码用于非公用途。然而,钱祖斯基目无法纪,在1992年的一年时间里,多次超越职权,利用系统进行非法检索。据不完全统计,钱祖斯基非授权访问记录包括如下。

(1)作为竞选团队的一员,非法访问当时总统竞选团内另两位竞选助手的税收记录。

(2)非法访问正在指控钱祖斯基父亲的一名公诉人及其妻子的联合报税单。1992年11月3日,钱祖斯基父亲收到刑事指控。第二天早晨,钱祖斯基立刻找出指控父亲罪行的非裔公诉人罗伯特·贝勒(Robert Baylor)的社会安全码和地址。此外,钱祖斯基打印出贝勒约8页的税务信息记录单,其中包含贝勒的多项收入来源、孩子的护理费用。贝勒表示,他对此感到愤怒且后怕,钱祖斯基怎么能获得这些信息!

(3)非法访问波士顿市议员吉姆·凯利(Jim Kelly)的报税信息。一年前,吉姆·凯利在地区参议员选举中打败钱祖斯基。

(4)非法访问波士顿房管局一名警察及其妻子的联合报税信息,该警察介入钱祖斯基哥哥的社区改造项目。

(5)访问钱祖斯基婚外情人的报税信息,该情人是其在红十字会献血时所认识的工作人员,交往数月后分手。

(6)作为3K党成员,他怀疑3K党里有FBI的卧底,于是访问3K党成员的报税信息来加以判断。

1993年,参议院听证会明确禁止未授权查询纳税人信息,钱祖斯基闻风不再擅自查询信息。钱祖斯基的行为很长时间未被发现,直到他的上司在新闻上看到他的种种极端政治行为,上司怀疑钱祖斯基利用职务便利获取私利。因此,他调出中心数据库中钱祖斯基的计算机记录,再与纳税人比对,发现他们并未申请查询纳税记录。检方在钱祖斯基家中搜查时,发现大量相关证据。1995年,钱祖斯基被法院起诉。

一审中,检方向法院提出以下控告:钱祖斯基获取机密信息用于非公用途,是诈骗税务信息所有者财产的行为。检方认为,机密信息为无形资产,钱祖斯基超越职权,非法将该税收信息散播、挪作他用,侵犯了税务信息所有者的财产权。除此之外,检方还认为,钱祖斯基的行为不仅构成对税收信息主体的诈骗,还构成对美国联邦税务局的诈骗。但遗憾的是,政府并未提出证据证明税务信息遭到泄露和挪作他用。

　　钱祖斯基的法庭指定律师奥利弗·米歇尔(Oliver C. Mitchell)抓住没有证据证明钱祖斯基的恶意行为这一点,对其主观意图、非法行为的指控进行辩驳。第一,他认为,钱祖斯基只是出于好奇而访问税务信息。好奇之心人皆有之,是基本人性。也正是好奇之心推动技术进步,通过高技术阻拦非法访问行为。第二,没有证据证明钱祖斯基将信息加以整理和利用,也没有证据和记录显示钱祖斯基曾将其获取的其他机密信息揭露给第三方。此外,该好奇行为也没有对纳税人造成任何损害。因此,钱祖斯基不应构成计算机诈骗罪。同时,这种未授权访问纳税人税务信息的行为在联邦税务局非常普遍,上级也是睁一只眼闭一只眼。有趣的是,钱祖斯基是著名的白人至上主义者,奥利弗·米歇尔却是波士顿最著名的黑人律师之一。他称,尽管钱祖斯基极其敌视黑人,但在该案中,钱祖斯基只是政治迫害的对象,他的同事都有相同的行为,却只有他受到刑事指控。

　　该案除了削弱美国联邦税务局的公信力外,判决结果也引起广泛热议。最核心的问题是税务记录访问权应如何归属?事实上,在20世纪90年代,内部人员查看公民税务记录的行为多有发生。自1994年末开始,共有700多名美国联邦税务局雇员因未授权访问税务信息,从中牟利,而受到美国联邦税务局的处罚,其中20多人面临刑事指控。例如,临时考官沃尔特·希金斯(Walter C. Higgins),因涉嫌向私人侦探泄露国会议员参选者的税收记录,而于1995年被起诉。该记录显示该参选者逃税多年。此行为被曝光至当地新闻媒体,该参选者因而落选。1995年末,芝加哥税务局职员德尔波特·普赖尔(Delbert R. Pryor)被起诉,他涉嫌与外方会计勾结,非法向其提供芝加哥Bear橄榄球队队员的交易信息,而此会计被该队员前妻聘请处理离婚事宜。但也存在某些美国联邦税务局的职员出于好奇心而访问纳税人纳税信息的情况。1996年,波士顿联邦税务局里的会计分析师乔弗里·科格林,被起诉未授权访问150封税务文件,其中包括政治家、体育明星,科格林的朋友、亲戚和前女友的记录等。科格林并非恶意访问,也未散播税务信息,只因好奇心驱使。科格林后被判犯电信诈骗罪,被处罚金3000美元。

　　经历钱祖斯基案后,联邦税务局加强了对员工职业保守秘密的培训。同时,员工进出系统防护,会被警告若未授权访问将遭到刑事起诉。联邦税务局也加强了计算机系统防护,若员工重复访问特定账户,将会被列入可疑名单。

【相关法律条文】

计算机诈骗及其他相关犯罪（Fraud and Related Activity in Connection with Computers）

通过散播恶意程序、信息、代码和命令，或故意非法进入被保护的计算机系统，造成计算机损坏，根据情节，处 1 年以上 20 年以下有期徒刑，并处罚金。

电信诈骗罪（Fraud by Wire, Radio or Television）

以虚假表示、描述或承诺等方式，在州际或国际无线、有线营利性活动中传播文字、符号、图像或声音，根据情节，处 20 年以下有期徒刑，单处或并处罚金。如果该行为对金融机构造成损失，处 30 年以下有期徒刑或 100 万美元以下罚金，或两者并罚。

【裁判结果】

美国联邦纽约州地区法院认为钱祖斯基犯计算机诈骗罪和电信诈骗罪。二审法院推翻一审判决，认为钱祖斯基只是超越授权范围访问了机密信息，但并没有使用或泄露机密信息，未以此获取利益，不属于诈骗，因此宣判他无罪。

23. 美国公民窃取高盛高频交易代码案(2009)

【关键词】窃取公司代码 高频交易 一罪两诉 无罪释放

【基本案情】

被告人谢尔盖·阿列尼科夫(Sergey Aleynikov)是一名程序员,20 世纪 90 年代初从苏联移民到美国新泽西州。1998 年到 2007 年,他供职于美国一家通信技术公司,负责编写程序来处理大量的电话呼叫。阿列尼科夫在程序设计上展现出了非凡的能力,因而受到高盛集团的青睐。在 2007 年 5 月至 2009 年 6 月期间他以 40 万美元的年薪受聘于高盛集团,负责撰写计算机源代码,以提升该集团高频交易系统的速度。他所在的 25 人团队里,阿列尼科夫的年薪是最高的。

2009 年 4 月,芝加哥 Teza 高频交易投资公司以高于高盛 3 倍的年薪,成功将阿列尼科夫挖走。这家创业公司和高盛存在竞争关系。阿列尼科夫在 Teza 高频交易投资公司担任副总裁,负责开发 Teza 公司的高频交易系统。

高频交易系统(High Frequency Trading,HFT)指从那些极为短暂的市场变化中寻求获利的计算机化交易,高频交易很大程度上取决于信息的运行速度,以抓住转瞬即逝的市场机遇。高频交易平台是高盛在股票和大宗商品快速交易方面拥有的竞争优势之一。该平台能迅速处理市场中的快速变化并使用数学公式使得高盛能够进行高利润的自动化交易。高盛集团对其高频交易系统的任何部分都实施严格的保密制度,该公司的保密政策要求阿列尼科夫对所有涉及公司的专利信息,甚至包括阿列尼科夫个人拥有的专利进行严格保密。即使雇佣关系结束,他也被禁止带走或使用他所拥有的专利。

离职前,阿列尼科夫从高盛的高频交易系统上分 4 次向一个位于德国的服务器加密上传了共计 32MB 的源代码,其中夹杂了开放源代码以及高盛集团认为所有权属于该集团的计算机编码文档。在上传源代码后,阿列尼科夫删除了加密程序以及计算机操作痕迹。当他回到位于新泽西州的家中后,他通过这个位于德国的服务器将源代码下载到他家用的计算机上,并复制了部分文档到他个人的其他计算机上。

2009 年 6 月 2 日,阿列尼科夫从新泽西州飞往芝加哥参加 Teza 公司的会议,他随身携带了一个闪存盘和一台笔记本计算机,里面装有部分高盛源代码。次日当他返回新泽西州时,在纽瓦克自由国际机场被 FBI 的探员逮捕。原来阿列尼科夫离职后,高盛集团向曼哈顿地区的检察院告发了他,认为他在离职前设法窃取了高盛股票与大宗商品自动化交易业务的"秘方"。高盛集团认为"能够运用这些程序的人有可能会采取不公平的手段操纵市场"。而阿列尼科夫承认下载了部分源代码,但他坚称并没有打算卖掉信息或利用它们从事违背高盛雇佣协议的活动,他只是想收集源代码,这对于程序员来说是一种很常见的事情。

2010 年 2 月 10 日,曼哈顿地区的联邦大陪审团控告阿列尼科夫涉嫌非法使用秘密的科学资料以及计算机相关资料的副本,这两项罪行都是重罪。同时他还被指控在未授权的情况下访问计算机。2010 年 7 月 16 日,阿列尼科夫就关于他的定罪和判决进行了申辩,认为从法院所引用的 3 个法条来看,他的行为均不构成任何侵害。2010 年 9 月 3 日,联邦地方法院法官丹尼斯·科特认为前两项指控成立,但对第三项指控进行了否决,认为阿列尼科夫有权进入高盛的计算机系统而且没有越权操作。由于阿列尼科夫是一名美国和俄罗斯双重国籍的居民,存在潜逃的风险,应政府要求,法院驳回了他保释的请求。

2011 年 3 月,阿列尼科夫上诉至第二巡回法院,要求驳回联邦地方法院一审判决。2012 年 2 月 16 日,美国第二巡回上诉法院听取了阿列尼科夫就其诉求进行的口头申诉,当天晚些时候,一致同意撤销对阿列尼科夫的判决,决定无罪释放。次日上午,在新泽西州迪克斯堡的一座联邦监狱中坐了一年牢的阿列尼科夫重获自由。这一年里,阿列尼科夫离婚了,花光了积蓄,据他的律师称"他的生活被彻底毁了"。

2012 年 8 月 9 日,阿列尼科夫再次被捕,纽约州检察院基于同一行为再次指控其涉嫌非法使用秘密的科学资料以及计算机相关资料的副本。基于同一名 FBI 探员签署的诉状,州检察院再次对其进行指控。

2012年9月27日,阿列尼科夫提出无罪请求,并拒绝了检察官提出的承认一项罪名从而免除监狱服刑的有条件认罪协议。纽约州最高法院法官罗纳德·兹维贝尔认为,联邦法院对阿列尼科夫作出的无罪判决只能排除联邦政府重审他的权利。而纽约州拥有独立的主权,可以继续就此事对他进行控告。

阿列尼科夫的代表律师凯文·马里诺承认,阿列尼科夫在触犯高盛集团保密规定的问题上的确曾犯错,但仍坚持声称他并未犯有任何罪行,且高盛集团在民事法庭上已经获得了合理的补偿。马里诺称,阿列尼科夫是无罪的,请求法官允许他取保候审。阿列尼科夫在交出护照,并交纳3.5万美元的保释金后被暂时释放。

2014年7月20日,经过对证据的重新审查后,法官罗纳德·兹维贝尔认为对阿列尼科夫的逮捕缺乏必要的理由支撑,因此法院排除了大部分FBI提交给检察官的证据,最终阿列尼科夫被无罪释放。

阿列尼科夫及其律师凯文·马里诺与联邦法庭、州法庭展开了长达数年的控辩拉锯战。虽然最终被无罪释放,但阿列尼科夫的生活已经被彻底改变。由于受到了阿列尼科夫案件的启发,金融畅销书作家迈克尔·路易斯在《名利场》发文《在刑事起诉其前程序员一事上,高盛是否做过了头?》,还以此为背景写出了畅销书《快闪小子》。

【相关法律条文】

运输盗窃物品罪(Transportation of Stolen Goods)

明知货物、证券或货币是通过盗窃、欺诈等非法手段占有,仍然进行运输,若被运输物品价值超过5000美元,则处罚金或10年以下有期徒刑,或两者并罚。

盗窃商业秘密罪(Theft of Trade Secrets)

盗窃或通过欺诈的方式获得商业秘密,根据情节,处10年以下有期徒刑,法人犯罪的,处相当于被盗商业秘密价值3倍或者5万美元以上罚金。

【裁判结果】

2010年12月10日,美国联邦地区法院判处阿列尼科夫97个月有期徒刑、3年监视居住,并处罚金12500美元。2012年2月16日,美国联邦第二巡回法院推翻了一审判决,阿列尼科夫被无罪释放。2014年7月20日,阿列尼科夫就同一行为受到第二次指控,最终纽约地区法院再次宣布其无罪,阿列尼科夫被当庭释放。

24. 诺萨尔使用共享密码访问原雇主数据案(2009)

【关键词】共享密码 未经授权访问数据 扩大解释

【基本案情】

1996 年 4 月至 2004 年 10 月,大卫·诺萨尔(David Nosal)担任科恩费里国际猎头公司的一名高级管理人员。科恩费里国际猎头公司是企业高管招聘领域的知名公司。该公司致力于为美国企业寻求高级行政人员、董事会成员以及其他类似的高管职位人才。诺萨尔在 2004 年 10 月辞去了科恩费里国际猎头公司的职务。辞职后,他计划成立一家新的猎头公司。新公司与原公司之间存在一定的竞争关系。

在他离开公司时,诺萨尔受一个竞业协议的约束。根据该协议,他在 2004 年 11 月 1 日至 2005 年 10 月 15 日期间充当科恩费里公司的独立合同人。根据竞业和让渡书以及独立合同的规定(诺萨尔和科恩费里公司之间的协议),诺萨尔应当在寻访人才方面与科恩费里公司进行合作。在诺萨尔和科恩费里公司之间的协议生效期间,他不能从事任何与科恩费里公司有竞争关系的活动,如高级人才寻访、高级人才配置、管理评估以及经营审计服务等。作为对他的回报和补偿,诺萨尔在 2005 年 7 月 31 日和 10 月 15 日收到两笔汇款,共计 30 万美元。

离开公司几个月后,诺萨尔说服了一些科恩费里公司的雇员来帮助他成立新的猎头公司,这包括贝基·克里斯蒂安。克里斯蒂安在结束与科恩费里公司的雇佣关系前后,都对诺萨尔成立的新猎头公司提供了帮助,并且通过使用他们所拥有的用户共享密码,协助诺萨尔从科恩费里公司的计算机系统中获取商业秘密以及其他有价值的信息。在最后的诉讼中，克里斯蒂安被控协助诺萨尔从科恩费里公司的"搜索者"数据库里获取资源列表和其他客户姓名、联系方式等信息。这个数据库对于管理人员和公司来说都是高度保密的私有信息。

2008年4月10日，诺萨尔和共同被告人贝基·克里斯蒂安因涉嫌成立自己的猎头公司而盗窃使用科恩费里公司商业机密的行为，被指控违反了有关联邦法律法规。2008年6月16日，法院同意了被告克里斯蒂安分案处理的请求。

2008年6月26日，根据《计算机欺诈与滥用法》，联邦政府对诺萨尔以及共谋的科恩费里公司的雇员提出了20项罪名的指控。政府声称，诺萨尔协助并教唆他的前同事"越权访问"科恩费里公司的计算机以达到欺诈的目的。

诺萨尔就指控提出了异议，认为《计算机欺诈与滥用法》"主要旨在制裁计算机黑客行为，而并不包括公司雇员不当使用信息或者违反保密协议"。诺萨尔还辩称，原则上来说，公司雇员在职期间是被允许接触信息的，因此并不存在《计算机欺诈与滥用法》第1030条(a)(4)部分所表述的"未经授权行为"或者"越权访问行为"。

地方法院一开始拒绝了诺萨尔的请求，坚持认为诺萨尔的行为是"知情且有目的地实施欺诈……这种访问是未经授权或者是越权的"，因此法院认为《计算机欺诈与滥用法》的规定很明确，拒绝对此案进行宽大处理。然而，鉴于第九巡回法院在LVRC控股公司诉布利卡案中对"未经授权"和"越权访问"作出了狭义解释，地方法院重新考虑了诺萨尔的请求，认定公司雇员"越权访问"的情形只存在于该雇员在任何情况下都不允许接触这些信息时，因此最终认同诺萨尔并撤销了起诉书提出的5项指控。

检方对法院的裁决提出了异议，认为诺萨尔和他的同谋确实存在越权行为，因为他们违反了公司关于进入计算机系统的政策，即关于限制"除了因科恩费里公司的商业行为，对公司数据库信息的使用和披露"的政策。

第九巡回法院经过审理认定，如果公司雇员接入计算机传输保密信息的行为只是违反了公司的计算机使用政策，只要他们是被授权进入的且并没有刻意规避任何保护机制，就不能算是《计算机欺诈与滥用法》概念下的"越权"。法院对于"越权接入"的解释只是约束对信息的接触，而不约束对信息的使用。

【相关法条及罪名】

盗窃商业秘密罪（Theft of Trade Secrets）

盗窃或通过欺诈的方式获得商业秘密，根据情节，处10年以下有期徒刑，法人犯罪的,处相当于被盗商业秘密价值3倍或者5万美元以上罚金。

计算机诈骗及其他相关犯罪(Fraud and Related Activity in Connection with Computers)

通过散播恶意程序、信息、代码和命令,或故意非法进入被保护的计算机系统,造成计算机损坏,根据情节,处1年以上20年以下有期徒刑,并处罚金。

邮件诈骗罪(Mail Fraud)

以欺诈手段出售、交换或帮助伪造货币、证券等物品,或以此为意图邮寄此类物品,根据情节,处罚金或20年以下有期徒刑,或两者并罚。

【裁判结果】

2013年4月24日,旧金山地区法院判决诺萨尔违反了《计算机欺诈与滥用法》的相关规定,判处其有期徒刑1年。诺萨尔对判决表示不服,并上诉至第九巡回法院。2016年7月5日第九巡回上诉法院判决维持原判。

25. 尼日利亚公民网络诈骗案(2011)

【关键词】金融诈骗 网络诈骗 跨境运输

【基本案情】

2011 年至 2014 年间,被告人奥拉迪美吉·阿耶楼坦(Oladimeji Ayelota)、拉萨克·拉和姆(Rasaq Raheem)等 19 名尼日利亚公民伙同两名美国公民共同实施了一系列网络金融诈骗。这个犯罪团伙的行为特点在于:他们的犯罪行为大部分不是自己完成的,而是指示受他们欺骗、控制的被害人完成的。他们通过发布虚假招工广告和虚假征婚广告等形式接触被害人,对被害人实施情感上的控制来达到自己的犯罪目的。他们主要的犯罪事实有:伪造支票、窃取他人信用卡、储蓄卡和其他金融账户的资金,购买手机等电子产品并倒卖到南美,利用电汇、邮件转移犯罪所得。该犯罪团伙的犯罪行为持续时间长,涉案人员众多,案情复杂,本文主要叙述阿耶楼坦和拉和姆两名主犯的犯罪事实。

一、利用他人失窃信用卡购买智能手机并倒卖

2011 年 9 月,该犯罪团伙通过黑市个人信息贩售网络,获得受害人 A① 的个人身份信息,并注册了一个假 AT&T 账号,用来购买通信工具。团伙以该假账号,使用受害人 B 的失窃信用卡购买了两台黑莓智能手机,这两个手机随后被邮寄到比洛克希受拉和姆控制的受害人 C 家中。拉和姆要求受害人 C 把手机寄到南非的茨瓦内。2011 年 9 月 29 日,受害人 C 向执法部门举报。

---

① 为了保护受害人隐私,美国检方未公布受害人姓名,因此本文以字母 A,B,C,D 等代称。

二、伪造支票

2011 年 12 月 11 日,犯罪团伙成员奥卢费米·奥巴罗·奥莫拉卡(Olufemi Obaro Omoraka)和苏珊·安·维勒纽维(Susan Anne Villeneuve)伪造了支付给受害人 C 的支票,并将其寄给受害人 C。2011 年 12 月 14 日,拉和姆通过邮件向受害人 C 提供快递跟踪码,要求受害人接收支票,指导她把金额为 3000 美元的假支票存入银行,并使用西联汇款转移犯罪所得。

三、骗取信用卡代偿支票套现并转移犯罪所得

2012 年 10 月 16 日,犯罪团伙成员泰司立木·奥拉瑞瓦朱·齐瑞吉(Teslim Olarewaju Kiriji)向美国第一资本投资银行(Capital One)拨打多个电话,骗取金额为 5400 美元的信用卡余额代偿支票(一种用于短期套现的支票)。2012 年 10 月 26 日,拉和姆用邮件将信用卡余额代偿支票发给受其控制的受害人 C,并要求她用打字机在支票的正面打上团伙成员拉丹(Ladden)的姓名和地址,并把支票邮寄给拉丹。受害人 C 按照拉和姆的指示完成了他的要求。

在团伙成员斯蒂芬(Steven)的指示之下,2012 年 11 月 2 日和 11 月 3 日,另一成员拉丹分别取款 2180 美元和 3100 美元,存入受拉和姆控制的受害人 D 的美国银行的账户和另一个来源尚未查实的账户。2012 年 11 月 3 日,拉和姆通过网络邮件通知受害人 D 有 2180 美元已经存入她的账户,并指示受害人 D 取出其中的 1853 美元,用速汇金转到贝宁,并通过速汇金将 277 美元转给身在南非茨瓦内的犯罪团伙成员伦瓜恩(Hlungwane)。

四、利用他人失窃信用卡套现并转移犯罪所得

2013 年 1 月,阿耶楼坦通过账号为 dbienstock@gmail.com 的邮箱,将从个人信息黑市获得的多位公民的个人身份信息、信用卡信息发送给同伙,其中包括受害人 E 当天失窃的发现卡(Discover Card,美国常见信用卡)。接下来,犯罪团伙通过一系列复杂的转账操作试图躲避侦查部门的追踪:2013 年 1 月 15 日至 2 月 6 日,犯罪团伙将这张信用卡与美国运通预付借记卡相关联,通过这种方式划

款大约 500 美元。2013 年 1 月 16 日,阿耶楼坦犯罪团伙将 500 美元通过点对点转账,最终转到 leslie. duncan49@yahoo. com 名下的服务账号。2013 年 1 月 17 日,阿耶楼坦犯罪团伙在北卡罗来纳州的谢尔比的一台 ATM 机上取款 500 美元。同日,该团伙于当地西联办事处电汇 420 美元给团伙成员伦瓜恩。

五、利用他人失窃信用卡购买电子产品并倒卖

2013 年 9 月,阿耶楼坦等人获得了美国公民 F 的个人身份信息。随后他们以 F 的名义注册了 AT&T 账号,用来购买手机等通信工具。同月,阿耶楼坦等人获取了美国公民 G 的被盗信用卡,用这张信用卡购买了三部手机(一部黑莓手机,一部诺基亚手机,一部三星智能手机),并将三部手机寄至位于宾夕法尼亚州路易斯堡的受其控制的受害人 H 家中。同月,阿耶楼坦等人指使受害人 H 将购买的黑莓手机寄给身在南非茨瓦内的犯罪团伙成员伦瓜恩。2013 年 10 月,南非执法部门查获转运中的手机。以类似的犯罪方法,阿耶楼坦等人还利用其他四名美国公民的被盗金融账户,购买了数量众多的电子产品,并将其转运至其他国家。

【相关法律条文】

邮件诈骗罪(Mail Fraud)

以欺诈手段出售、交换或帮助伪造货币、证券等物品,或以此为意图邮寄此类物品,根据情节,处罚金或 20 年以下有期徒刑,或两者并罚。

银行诈骗罪(Bank Fraud)

以虚假表示、虚假描述或虚假承诺的方式获取资金、贷款、债券或其他由金融机构保管或控制的财产,根据情节,处 30 年以下有期徒刑或 100 万美元以下罚金,或两者并罚。

与入侵设备有关的诈骗罪(Fraud and Related Activity in Connection with Access Devices)

任何人实施下列犯罪行为,根据情节,处罚金或 10 年以下有期徒刑,或两者并罚。

(1)意图使用伪造接入设备;

(2)在 1 年的时间内运输或使用多个未经授权的访问设备,并在此期间获利

超过 1000 美元；

（3）明知并意图通过欺骗拥有 15 个或更多的伪造访问设备。

【裁判结果】

2016 年 12 月，美国联邦密西西比州南区地方法院判决：被告人阿耶楼坦犯邮件诈骗罪、银行诈骗罪等罪，判处有期徒刑 95 年。被告人拉和姆犯邮件诈骗罪、电信诈骗罪、银行诈骗罪等罪，判处有期徒刑 115 年。

26. 金·德康创立盗版网站案(2012)

【关键词】盗版网站 希拉里"邮件门" 网络安全

【基本案情】

被告人金·德康(Kim Dotcom,原名 Kim Schmitz),1974 年出生于德国基尔,拥有德国和芬兰双重国籍,父亲是德国人,母亲是芬兰人。德康 6 岁时,他的母亲带着他离开了父亲,因为他的父亲是个施虐狂和酒鬼。德康后来成为一名成功的商人,为了向使他致富成名的互联网致敬,2005 年德康将自己的姓改成了 Dotcom(.com 的谐音)。

德康从小就显现出高超的计算机天赋。青少年时期,他就能熟练破解花旗银行(Citibank)、美国国家航空航天局和五角大楼等美国重要部门设置的防火墙。1994 年,年仅 20 岁的德康为了赚零花钱,以黑客手段侵入德国长途电话运营商的网络,获取电话卡号和密码并转手卖掉,净赚 20 万美元。警察以兜售电话数据的罪名逮捕了德康,当时德康尚未成年。德国《未成年法》规定,针对 18～21 岁的年轻人,除非法律规定的个别案件,他们受未成年人再教育制度而非受成人刑罚制度的规制。因此,法院只判了德康两年缓刑。在缓刑期间,德康发明了"两步验证法"并申请了专利,成为数据保护行业第一人。如今网银验证和各大网站流行的手机验证,都属于两步验证法。

2001 年,德康收购了一家濒临破产的电商平台 Letsbuyit.com,然后凭借自己的名气向外界宣布后期要继续投资 5000 万欧元。消息一出,Letsbuyit.com 的股价急剧上涨。但是,德康随后就把股票全卖掉,这使他赚得 150 万欧元。钱到手后,德康就跑到泰国躲避追查,后来被泰国驱逐回国了。德康本应入狱,但由于在德国,内幕交易迟至 1995 年才被承认是犯罪行为,且由于当时检察官调查时举证困难,德康只被判了 20 个月的缓刑。2003 年底,还在缓刑期的德康逃到了香港。

2005 年,德康创立了网络云平台的鼻祖——MegaUpload 网站。该网站是个网盘供应平台,允许用户上传并分享各种资源,类似今天的百度网盘。MegaUpload 的盈利模式分为会员下载和免费下载资源两种。会员下载可免看广告,会员费 9.9 美元/月,而免费下载要求用户浏览广告。因为会员用户占比小,所以 MegaUpload 的收益主要是广告收入。因为人们浏览广告主要发生在下载文件的时候,所以该商业模式的营销点在于将下载次数最大化。用户上传文件的存续取决于文件下载频率。在大多数情况下,不被下载的文件很快就会被移除,但经常被下载的文件会被保留。同时,为了能获得更多用户,MegaUpload 鼓励已有用户上传分享"受欢迎的东西"以吸引新的用户,而受欢迎的无非就是盗版资源。另外,德康还推出了"收入分成"模式,将广告收入的一部分分给上传文件的人。

如此一来,MegaUpload 很快成为世界最大的盗版软件和影音作品集散地。MegaUpload 拥有超过 10 亿的网站访问量,超过 1.5 亿的注册用户,在鼎盛时期,每日访问量高达 5000 万,占整个互联网近 4% 的流量,每年广告收入达 2500 万美元,同时还有会员费,MegaUpload 最终给德康带来了超过 1.75 亿美元的利润。

2008 年 12 月,在新西兰旅游了 10 天的德康决定移民新西兰。当时在新西兰境内传播有版权限制的物品是不违法的。德康申请了"新西兰投资移民"(Investor Plus),向新西兰投资 1000 万新西兰币。而他的永久居留权申请在各种势力的协助下,仅仅用了两个月便得到了批准。

与此同时,MegaUpload 导致盗版横行,使美国的娱乐产业损失惨重,以好莱坞为代表的影音集团遭受了超过 5 亿美元的损失。2010 年 3 月,以美国电影协会 CEO 陶德(Chris Dodd)为首的好莱坞巨头不断向政府施加压力,迫使 FBI 对此展开调查。2012 年 1 月 5 日,美国大陪审团对德康提出了初步起诉,法院发出了逮捕令并对德康在全世界的资产发出了限制令。2012 年 1 月 19 日,美国司法部以 MegaUpload 涉嫌敲诈勒索、侵犯版权、洗钱和电信诈骗为由,彻底查封了该网站,时任国务卿希拉里签署了引渡申请。

2012 年 1 月 20 日,应美国司法部门的要求,新西兰警方采取国际行动,突袭了德康的别墅。美国政府从德康的银行账号中没收了上千万美元,并没收了他的水上摩托、汽车等财产。德康锒铛入狱,面临被引渡到美国受审的可能。不过在德康强大的律师团队的努力下,2月22日德康获得了保释。

2015年12月23日,新西兰地区法院裁定德康符合被引渡的资格。德康的律师团队向新西兰高等法院提起上诉。德康的律师坚称,MegaUpload网站不是盗版者,而只是一个给用户提供运输服务的平台,它不应该为用户的行为承担责任。2017年2月20日,新西兰高等法院维持地区法院裁定可以引渡德康的决定,但这并非因为侵犯版权,而是因为洗钱和敲诈勒索。德康的律师团队已经对引渡令提出上诉,他们认为这是一个"政治上被控制和误解的案件"。在提起正式上诉之前,德康仍将处于保释状态,住在其位于新西兰的海滨公寓里。

2016年保释期间,德康还为美国总统大选的"邮件门"添了浓墨重彩的一笔。2015年3月,"邮件门"第一次爆发,希拉里删除了33000多封"私人邮件"。2016年10月11日,德康在推特上公开向希拉里宣战,称"希拉里·克林顿(Hillary Clinton)签署了我的国际引渡令,那就别怪我为她写下政治生涯的最后一章"!德康远程恢复了希拉里删掉的3万多封邮件,并于2016年10月26日希拉里生日当天发推特,明确指出被希拉里删除的3万多封邮件在犹他州的美国国家安全局(NSA)的网络上。他还告诉了人们合法获取这些邮件的步骤。此前,虽然美国政府不否认维基解密掌握了这类邮件,但是他们可以置之不理,因为这些邮件不是通过合法途径得到的,不足以成为证据。而现在,国会可以通过合法渠道从美国政府自己的网络上拿到最关键的证据,致使美国政府重启对希拉里的调查,希拉里的支持率下降,直接影响了整个美国总统大选的结果。

【相关法律条文】

串谋洗钱罪(Conspiracy to Commit Money Laundering)

行为人明知金融交易中涉及的资产是非法活动的收益,仍然进行或试图进行涉及特定非法活动收益的金融交易,或试图促进该非法活动的进行,处50万美元以下罚款或最大额交易中所涉资产价值2倍的罚款,处20年以下有期徒刑,或两者并罚。

电信诈骗罪(Fraud by Wire, Radio or Television)

以虚假表示、描述或承诺等方式,在州际或国际无线、有线营利性活动中传播文字、符号、图像或声音,根据情节,处20年以下有期徒刑,单处或并处罚金。如果该行为对金融机构造成损失,处30年以下有期徒刑或100万美元以下罚金,或两者并罚。

【裁判结果】

2012 年 2 月 16 日,美国司法机构向美国联邦弗吉尼亚州东区地区法院提起诉讼,认为包括金·德康在内的 9 名 MegaUpload 网站主要成员犯串谋洗钱罪和电信诈骗罪等 13 项罪名。如果这些罪名属实,主犯最高可被判处 50 年有期徒刑。

2012 年 2 月 22 日,新西兰法院准予金·德康保释。2015 年 12 月 23 日,新西兰奥克兰高等法院否决了金·德康提出的居留请求,并同意了美国的引渡申请。经过上诉,2017 年 2 月 20 日,新西兰高等法院维持地区法院裁定。

27. 乌布赖特网络黑市案(2015)

【关键词】暗网 黑市 交易毒品

【基本案情】

被告人罗斯·威廉·乌布赖特(Ross William Ulbricht),1984 年出生于美国得克萨斯州的奥斯汀。2006 年,他从得克萨斯大学获得物理学学士学位,然后进入宾夕法尼亚大学攻读材料学与工程学硕士学位。2009 年硕士毕业之后,他回到奥斯汀开始创业。他发布了一款网络视频游戏,和朋友唐尼·帕默特里(Donny Palmertree)一起开了一家名叫"好马车"(Good Wagon Books)的网络二手书店。他的两次创业尝试都不算成功。2010 年,帕默特里离开了"好马车",乌布赖特开始独立运营这个网络书店。

早在 2009 年,乌布赖特就产生了利用洋葱路由(The Onion Router)和比特币(Bitcoin)建立一个政府难以监管的互联网黑市的想法。洋葱路由是通过中间服务器加密数的互联网协议,它在达到最终目的地之前对 IP 地址进行匿名化。比特币是一种数字货币,只要用户不把网络"钱包"和他们的真实身份关联起来,他们就可以进行匿名交易。2010 年,乌布赖特开始搭建他的黑市平台。起初,这个叫作"丝绸之路"(Silk Road)的平台仅仅是网络书店的附属产品,2011 年 2 月,"丝绸之路"正式运营。乌布赖特使用"恐怖海盗罗伯茨"(Dread Pirate Roberts)这个账号,与网名为 Variety Jones 和 Smedley 的两名同伙一起,不断完善这个平台。这两名同伙的身份信息并不明确,根据 FBI 透露的信息,Variety Jones 是一名贩卖大麻种子的商人,Smedley 是一名生活在泰国的程序员。

为了提高平台的可信度,乌布赖特采用了自动化托管支付系统和自动审查系统。在"丝绸之路"的主页上,乌布赖特声称自己的目的是"用经济原理禁绝人类社会的胁迫和侵略",并表示"我正在创造一个模拟经济体,让人们能够体验没有任何强制力系统的生活"。根据乌布赖特的网络日志,他不仅清楚参与这个黑市的是哪些人,还对黑客们使用"丝绸之路"感到非常兴奋和自豪。

买家在"丝绸之路"可免费注册,然而卖家必须付费才能注册。截至 2012 年,"丝绸之路"的月销售额超过 120 万美元,且贩售物品多为毒品,包括海洛因、致幻药和大麻等。虽然乌布赖特宣称"丝绸之路"禁止出售诸如假币、失窃信用卡、枪械、个人信息、大规模杀伤性武器、暗杀委托以及儿童色情制品等可能对第三人造成伤害的商品和服务,但是"丝绸之路"没有采取任何实质性措施进行监管。除了毒品外,"丝绸之路"还提供合法的商品,例如艺术品、服装、书籍和珠宝等。一名自称为马克的买家说:"在'丝绸之路'上,买家可以查看毒品卖家的客户反馈,和卖家一对一聊天,只需要填写地址和支付比特币,就能在一周内收到来自加拿大的毒品。"马克总结说:"就像来到了未来!"

2011 年 6 月,高克网(Gawker)曝光了"丝绸之路",将它描述为"可以买到任何你想要的毒品的暗网",网站的流量大幅度增加,同时也引起了美国政府的关注。参议院议员查尔斯·舒默(Charles Schumer)呼吁毒品管制局(DEA)和司法部对"丝绸之路"展开调查。

2013 年 2 月,澳大利亚警方逮捕了一名利用"丝绸之路"买卖可卡因和狂喜药(MDMA)的贩毒分子。澳大利亚警方和美国毒品管理局开始调查"丝绸之路"上的毒品交易。2013 年 12 月,一名新西兰男子因通过"丝绸之路"购买 15 克冰毒被判处有期徒刑 2 年零 4 个月。2013 年 10 月 2 日,FBI 在旧金山逮捕了乌布赖特,并关闭了"丝绸之路",但是仅仅一个月后,"丝绸之路"的其他运营者们就建立了"丝绸之路 2.0"。

最初,FBI 从"丝绸之路"的账户中查获了 2.6 万个比特币,当时价值约为 360 万美元。FBI 声称他们将保管这些比特币,直到乌布赖特的审判结束。之后,FBI 又从乌布赖特的个人账户中查获 14.4 万个比特币,价值 2850 万美元。

2015 年 1 月 13 日,针对乌布赖特的审判在曼哈顿联邦法庭开庭。美国检察机关以洗钱罪、计算机诈骗罪、运输毒品罪以及故意杀人罪起诉乌布赖特。据调查,乌布赖特曾计划以 73 万美元的价格买凶谋杀 6 人,该计划并未付诸实施,检方最终撤销了这条罪名。在庭审中,乌布赖特承认自己是"丝绸之路"的创始人,但是他声称自己只是马克·卡尔佩莱斯(Mark Karpelès)的代理人和替罪羊,卡尔佩莱斯是前比特币交易所的首席执行官,是法国政府通缉的在逃犯罪嫌疑人。

但乌布赖特并未提供有效证据证明卡尔佩莱斯与本案有关。因此,法官凯瑟琳·福林斯特(Katherine B. Forrest)裁定任何关于卡尔佩莱斯在"丝绸之路"中发挥作用的言论都不能作为乌布赖特的辩护理由。

2013年3月下旬,两名前政府工作人员因在调查"丝绸之路"期间,收受乌布赖特贿赂,向乌布赖特方面提供政府调查信息而在美国加利福尼亚州法庭被起诉。2015年1月13日,美国检方在曼哈顿联邦法院以四项罪名起诉乌布赖特:毒品贩运罪、运营犯罪集团罪、协助及教唆非法入侵他人计算机罪和洗钱罪。

【相关法律条文】

网络贩卖毒品罪(Distribution of Narcotics by Means of the Internet)

种植、生产、制造、分销、出售或运输麻醉药品,或协助、怂恿、串谋及与他人勾结等方式实施此类行为,根据情节,处罚金和10年以下有期徒刑。

计算机诈骗及其他相关犯罪(Fraud and Related Activity in Connection with Computers)

通过散播恶意程序、信息、代码和命令,或故意非法进入被保护的计算机系统,造成计算机损坏,根据情节,处1年以上20年以下有期徒刑,并处罚金。

身份盗窃罪(Fraud and Related Activity in Connection with Identification Documents, Authentication Features, and Information)

制作或传输识别身份的文件、身份认证特征或虚假身份信息,根据情节,处罚金或15年以下有期徒刑,或两者并罚。

洗钱罪(Laundering of monetary instruments)

明知财务交易涉及的财产是非法活动的收益,仍进行或企图进行该交易,从美国境内向境外,或者境外向境内运输、转移资金,按照情节,处10万美元以下的罚款。

【裁判结果】

2015年5月29日,美国联邦曼哈顿区地区法院法官凯瑟琳·福林斯特认定乌布赖特犯网络贩卖毒品罪等多项罪名,判处其无期徒刑且禁止假释,并处罚金1.8亿美元。这意味着乌布赖特将在监狱里度过余生。这个严厉的判决引起了公众的议论,对此法庭进行了说明:"对于严格控制毒品交易,甚至以刑罚禁止毒品的销售和使用的社会效用,理性人可能会持否定态度,未来,我们可能会认为这些政策是悲剧性的错误,能够采取更少的惩罚措施和更有效的方法来降低毒品使用的发生率和成本。然而,在现在这一时刻,人民的代表选择了严格禁止的政策和严厉的惩罚。"

28.互联网搞笑视频引发知识产权纠纷案(2016)

【关键词】"油管"视频 知识产权 恶搞诽谤

【基本案情】

被告人伊桑·克莱因(Ethan Klein)和西拉·克莱因(Hira Klein)是一对夫妻,共同经营一个叫 H3H3 的"油管"网络搞笑视频频道。他们的视频以回应他人的视频,进行恶搞式的二次创作,讽刺美国网络文化为主要内容,深受美国网民喜爱。由于二人恶搞马特·侯赛因扎德(Matt Hosseinzadeh)的网络视频,他们被侯赛因扎德告上法庭。

伊桑·克莱因,1985 年出生在加利福尼亚州一个犹太人的家庭,于 2004 年至 2009 年在加利福尼亚大学圣克鲁兹分校攻读英国文学,获得文学学士学位。他的外祖父是电影电视制片人莱昂纳德·卡兹曼(Leonard Katzman)。家学渊源让他对制作视频非常感兴趣。他有轻微的图雷特综合征,这种疾病导致他的眉毛时常不受控制地抽搐。他生性幽默,经常拿自己的缺陷开玩笑。

西拉·克莱因,1987 年出生在以色列,毕业于以色列的申卡尔工程与设计学院,曾在以色列国防军中服役两年。在服兵役期间,她遇到了正在访问耶路撒冷的伊桑·克莱因。他们在以色列的大屠杀纪念馆初见后开始交往,并于 2012 年完婚。

2013 年 11 月,伊桑和西拉上传了他们的第一个视频《读书女孩》。他们早期的视频拍摄的主角都是当时还在大学读书的西拉。由于他们视频的观众越来越多,伊桑和西拉从以色列搬到纽约,再从纽约搬到洛杉矶,专门从事视频制作。伊桑和西拉的视频主要以恶搞其他视频播主的作品为主,穿插他们的评论和搞笑简笔画。他们经常讽刺互联网文化,讽刺"油管"的视频管理规范。比如说,Facebook 有个管理漏洞:一个用户上传的视频可以被所有人免费下载并再次上传。于是很多知名博主窃取他人的视频,由于知名博主有更好的粉丝基础,所以他们窃取的有趣视频可以轻易上头条。伊桑和西拉就专门做过视频节目讽刺这个现象。伊桑和西拉的创作根据是网络上的新闻事件,评价的作品也是网络上普通网友制作的视频。但是他们的视频非常火爆,在"油管"上有 500 多万粉丝。

马特·侯赛因扎德也是一个很受欢迎的视频播主。在"油管"视频网站上他发布了一系列以"大胆男子"为主题的视频,并亲自饰演片中的主角,在这些视频中,"大胆男子"幽默、强壮,充满男性魅力,总是受到女性的青睐。2013 年 8 月 13 日,侯赛因扎德上传了自编自导自演的短片《大胆男子大战跑酷女孩》。这部片子的内容是:"大胆男子"在车库前搭讪"跑酷女孩","跑酷女孩"邀请"大胆男子"比试跑酷技巧,两人在城市里飞檐走壁,翻墙跨栏,上演追逐大戏,最终"大胆男子"通过卓越的跑酷技巧获得"跑酷女孩"的芳心。尽管没有限制级的镜头,这个短片仍有不少性暗示言语。

这个视频成为伊桑和西拉的恶搞原材料。侯赛因扎德的视频时长 5 分 24 秒,伊桑和西拉使用其中的 3 分 15 秒为素材,经过剪辑和加入自己的新内容,创作了 14 分钟长的视频,作为对《大胆男子大战跑酷女孩》的回应。在回应视频中,伊桑和西拉对片中的每一个细节进行了评论和嘲讽,视频开头,男女主角发生口角,伊桑评价他们的对白说:"在色情片里面这话倒是挺好的。"对于侯赛因扎德在视频里表现出来的人生观和有关两性关系的观点,伊桑和西拉进行了抨击。在侯赛因扎德的视频里,"跑酷女孩"对性态度随意,伊桑和西拉觉得这是作者侯赛因扎德的想象。西拉对着镜头嘲讽地说:"你也这么上街泡一个女孩试试看吧。"他们还对侯赛因扎德视频千万级别的点击量表示惊讶和不屑。在笔者看来,伊桑和西拉尽管在自己的视频中对侯赛因扎德和他的粉丝并不友善,但是批评内容还算是言之有物,态度也比较克制。视频制作完成之后,他们把它发布在自己的网络频道,没有附上侯赛因扎德的原视频链接。

2016 年 4 月初,侯赛因扎德依据《数字千年版权法案》(DMCA)要求伊桑和西拉把恶搞他的视频从主页上删除。《数字千年版权法案》是一部根据 1996 年世界知识产权组织(WIPO)的两项条约制定和实施的美国版权法。这部法案将意图规避数字版权的生产和传播活动定为犯罪行为。

伊桑和西拉拒绝了他的要求,并要求侯赛因扎德联系他们的律师。侯赛因扎德又向"油管"网站发出视频下架请求,"油管"网站按照他的请求删除了视频。2016年4月27日,侯赛因扎德提起诉讼,他诉称伊桑和西拉对他的视频的使用不属于知识产权法允许的合理使用(Fair Use)的范畴。关于"合理使用"互联网视频内容,近年内争议频发。2015年,一名女士让两个孩子表演他人原创的舞蹈《让我们疯了》,并上传视频,被联邦法院判决为合理的使用。2016年3月,法院尤金传媒(Jukin Media)以他人视频为素材进行剪辑然后发布的行为不属于合理使用范畴。

"这件事的实质是侯赛因扎德不喜欢我们取笑他,所以他起诉我们。"伊桑在反击视频中对观众说。他们预想这个案件的审理可能耗时接近2年,预期费用超过10万美元。他们因此发起了一场募捐,不少观众,还有很多和伊桑、西拉夫妇互动过的互联网名人纷纷出钱捐款。支持者们为伊桑和西拉筹集了14.5万美元。与此同时,侯赛因扎德却遭到了大量伊桑和西拉的支持者们的谩骂。

侯赛因扎德回应说:"如果人人都这么做,谁来保护原创者的权益呢?"他还声称伊桑和西拉对他的视频内容进行了歪曲,将他的作品扣上"准色情"的帽子,并涉嫌诽谤他本人。

在侯赛因扎德诉克莱因夫妇一案中,法官综合考虑了涉嫌侵权作品的属性、作品的原创性、涉嫌侵权部分所占比例,以及对市场的潜在影响四个方面,认为虽然侯赛因扎德的作品是原创作品,但是克莱因夫妇的使用是合理的。

【相关法律条文】

专用权利之限制:合理使用(Limitations on Exclusive Rights:Fair Use)
在确定某作品是否属于合理使用时,要考虑的因素应包括:
(1)使用的目的和性质,这种使用是出于商业目的,还是非营利性教育目的;
(2)版权作品的性质;
(3)与版权作品有关的数量和实质内容;
(4)使用该作品对版权作品的潜在市场或价值的影响。

【裁判结果】

美国联邦第二巡回法庭法官凯瑟琳·福林斯特认为,被告人伊桑·克莱因和西拉·克莱因对侯赛因扎德视频的剪辑使用是一种典型的"批评和评论",符合合理使用标准,也不存在诽谤和虚假陈述的事实,因此驳回原告诉讼请求。

29. 莫格吉奥比特币洗钱和诈骗案 (2013)

【关键词】勒索软件 洗钱 窃取个人信息

【基本案情】

被告人安东尼·莫格吉奥(Anthony Murgio)生于1984年,美国佛罗里达州人。莫格吉奥及其同伙被指控,在2013年至2015年间,利用非法交易平台Coin.mx洗钱,将非法获得的上百万美元兑换成比特币。

Coin.mx是一家网络比特币交易公司,总部虽位于佛罗里达州,但其服务器位于俄罗斯,运营活动也主要在海外。该公司允许顾客使用多种支付方法进行在线比特币交易,如储蓄卡、信用卡、自动交换中心交易(Automatic Clearing House,ACH)。2013年3月,莫格吉奥开始运作该公司。但与一般比特币交易公司不同,莫格吉奥将Coin.mx包装成一个"私人协会",且有意不在美国金融犯罪执法网(FinCEN)上登记,也没有为公司申请准许电汇交易运营执照。显然,Coin.mx并非一个简单的比特币交易公司,背后大有玄机。

莫格吉奥之所以如此煞费苦心地经营Coin.mx,是为了给其他犯罪所得提供洗钱平台。Coin.mx的顾客分为两类,一类是受莫格吉奥网络诈骗的"受害者",另一类是利用Coin.mx作为暗网交易和洗钱工具的犯罪分子。

一方面,莫格吉奥通过勒索软件向"受害者"勒索赎金。和大部分勒索软件一样,莫格吉奥等人也是先通过侵入受害者计算机,锁住计算机内的文件和数据,再利用受害者被逼无奈的心态敲诈受害者,若想拿回文件和数据,必须缴纳比特币形式的赎金，且比特币必须从 Coin.mx 购买。莫格吉奥不仅从受害者处敲诈赎金，受害者从 Coin.mx 购买比特币的手续费也流入莫格吉奥手中。这些遭勒索而购买比特币的"顾客"共占用户总数的一半。

另一方面，还有 30%～40% 的顾客购买比特币用于在暗网上的非法买卖，如贩卖毒品、枪支、假冒伪劣产品、走私货物等。莫格吉奥对这些犯罪行为也心知肚明，在 2014 年 1 月 BitInstant① 的 CEO、前比特币基金会副主席查理·施瑞姆（Charlie Shrem）因涉嫌为"丝绸之路"用户洗钱被捕后，莫格吉奥曾说道："施瑞姆是我们的效仿者，我们才是先驱者。"在此风口浪尖上，莫格吉奥没有收手，依旧为 Evolution 和 Agora 等暗网网站提供洗钱场所。

事实上，Coin.mx 不仅协助入侵计算机敲诈勒索和服务暗网交易，还为莫格吉奥背后头目提供洗钱场所。据了解，Coin.mx 的幕后掌控人是 31 岁的以色列人格瑞·夏隆（Gery Shalon）。黑客是夏隆犯罪集团的主要力量。该集团成员的犯罪行为包括开设非法在线赌场、蓄意操纵股价和信用卡诈骗等等。该集团涉及近几年来多起大规模黑客事件，包括美国最大规模的银行数据盗窃案——2014 年摩根大通数据泄露案。在该案中，8300 万个账号信息遭窃，除摩根大通外，受害公司还包括富达投资公司（Fidelity Investments Ltd.）、史考特金融服务有限公司（Scottrade Financial Services Inc.）和道琼斯公司等。犯罪集团将窃取的信息用于蓄意操纵股价，例如使用假名字和伪造护照开立交易账户，低价买入一家公司几乎全部股票，制造交易刺激股价上涨，再通过窃取来的信息向数百万潜在投资者发送邮件，鼓吹股票利好。待股价暴涨，他们再高价抛售，每只股票常可获利数百万美元，所获的部分赃款再通过 Coin.mx 洗白并转移至国外。目前，夏隆被引渡至美国，但他拒不认罪。

Coin.mx 作为众多网络犯罪和暗网交易的洗钱场所，引起银行、司法部门的关注。因此，莫格吉奥通过多种手段躲避法律制裁。归纳而言，手段主要分为以下三类。

第一，向银行等第三方机构隐瞒比特币非法交易行为。为防止审查，莫格吉奥长期向银行和信用卡支付企业等第三方机构提供公司的虚假信息，隐瞒 Coin.mx 比特币非法交易行动。首先，莫格吉奥设立许多皮包公司，例如名为收藏者俱乐部（Collectables Club）的收藏交易平台，莫格吉奥以这些公司的名义在银行

---

① BitInstant 是 2011 年由 Charlie Shrem 创办的比特币交易所。

为 Coin. mx 开户。其次,由于莫格吉奥有破产记录等法律问题,可能给 Coin. mx 招来审查,他在父亲和兄弟不知情的情况下,以他们的名字在银行开设账户。最后,由于服务器位于俄罗斯容易引起银行怀疑,为了掩盖服务器位于外国的事实,莫格吉奥在同犯尤里·列别捷夫(Yuri Lebedev)和一些程序员的协助下,给每个连接 Coin. mx 比特币交易的服务器设立不同的 IP 地址,这些 IP 地址位于不同国家。

第二,莫格吉奥和同伙使用多家国外银行账户进行转账。莫格吉奥在塞浦路斯使用 OZ 贸易有限公司和 Woryem 贸易有限公司等空壳公司的名义开户。2014 年 1 月至 2014 年 12 月之间,Coin. mx 的国内银行账户收到来自 Woryem 贸易有限公司的转账约 2564864.14 美元,收到自 OZ 贸易有限公司的转账约 34935.29 美元。同时,Coin. mx 国内账户也向 OZ 贸易有限公司转账约 1746484.13 美元。这些账户间的网络转账都开有虚假发票,发票显示这些交易是 IT 服务、搜索引擎优化服务等。莫格吉奥也使用海外支付公司进行信用卡交易,如通过位于巴库、阿塞拜疆的支付公司,这些交易常常打着购买儿童玩具、时尚婚纱的名义。莫格吉奥通过以上虚假名义与同伙和客户转账,较好地掩护了 Coin. mx 非法洗钱平台的本质。

第三,通过信用社交易以避开银行审查。通过传统银行、信用卡支付服务提供者等第三方机构交易,容易招致第三方交易机构的审查。因此,莫格吉奥避开以上渠道,通过信用社交易。莫格吉奥选择了位于新泽西州的 HOPE 信用社,他向 HOPE 信用社主席兼 CEO 特雷文·格罗斯(Trevon Gross)行贿 15 万美元,又以咨询费为由,向格罗斯行贿 1.2 万美元,而后莫格吉奥获得进入 HOPE 信用社计算机系统的权限。利用此权限,莫格吉奥可肆意转移赃款。格罗斯曾允许加拿大支付公司 Kapcharge 在 HOPE 信用社开户,该公司与莫格吉奥联系紧密。通过 HOPE 信用社,莫格吉奥向加拿大转移了多达 6000 万美元的资金。

2017 年 3 月莫格吉奥被抓获后,他承认在 2013 年至 2015 年间,其团伙通过设立 Coin. mx 比特币交易公司,对计算机犯罪所获赃款进行洗钱,也承认电信诈骗、银行诈骗等罪名。

【相关法律条文】

银行诈骗罪(Bank Fraud)

以虚假表示、虚假描述或虚假承诺的方式获取资金、贷款、债券或其他由金融机构保管或控制的财产,根据情节,处 30 年以下有期徒刑或 100 万美元以下罚金,或两者并罚。

洗钱罪(Laundering of monetary instruments)

明知财务交易涉及的财产是非法活动的收益,仍进行或企图进行该交易,从美国境内向境外,或者境外向境内运输、转移资金,按照情节,处 10 万美元以下的罚款。

【裁判结果】

美国联邦纽约市地区法院认为,被告人安东尼·莫格吉奥犯银行诈骗罪和洗钱罪。鉴于莫格吉奥有悔过表现,该法院从轻判处其有期徒刑 66 个月。

30. 罗马尼亚犯罪团伙巨额电信诈骗案(2016)

【关键词】僵尸网络 身份盗窃 拍卖欺诈 加密货币

【基本案情】

2007年左右,罗马尼亚布加勒斯特出现了一个名为"魔盗团"(Bayrob Group)的犯罪团伙,他们是职业网络犯罪分子,以网络诈骗谋生,欺诈行为花样百出。其中,最让人瞠目结舌的是,该团伙开发和部署了恶意软件"魔盗木马"(Bayrob Trojan),并上演了一出现实版"惊天魔盗团"①。

真正引起警方注意的是2007年的一起汽车拍卖诈骗案,猖狂的魔盗团通过假的交易平台网页信息误导用户,假装进行合法正常的采购。该团伙通过在多个网站(包括eBay和分类广告网站)上列出要销售的车辆,以吸引潜在的受害者。它可以找到任何对商品有兴趣的人,如提问或投标车辆的人,再给潜在的受害者发邮件,询问其是否对价格下降的汽车感兴趣,并附上一个幻灯片文件,其中包含待售车辆的照片。事实上,这个文件感染了"魔盗木马"。受害者一打开,恶意软件就会安装在他们的计算机上。一旦攻击者确认"木马"在受害者的计算机上运行,他们立即发送一封电子邮件,告知受害者该车辆新的拍卖链接,从而开展下一阶段的欺诈行为。此时,"魔盗木马"就派上用场了。如果受害者点击

---

① 《惊天魔盗团》,伍迪·哈里森、艾拉·菲舍尔、戴夫·弗兰科、摩根·弗里曼等主演的魔术犯罪片。影片讲述了一群高智商的窃贼,运用最尖端的技术,利用华丽的舞台作为掩护,于众目睽睽之下完成偷天换日的故事。

链接，它会将其重定向到一个假的 eBay 网页。如果用户决定购买汽车，按照要求需要通过银行转账的方式付款，但是钱会被转到一个属于"钱骡"①的账户，这个账户又将诈骗的收益转给"魔盗团"。

从受害者的角度来看，他们似乎进行的是一个真正的 eBay 交易，但是如果从未受感染的计算机上跟踪链接，就不会有这样的拍卖，也就是说这样一笔交易只存在于这个伪造界面上。该团伙竭尽全力让这个骗局看起来更真实，"魔盗木马"的每一次迭代都是为其预定的受害者而定制的。假的 eBay 网页甚至包含卖家的虚构反馈、虚假的车辆历史报告，以及来自托管和交付服务的虚假网页。

犯罪集团还通过恶意电子邮件传播木马病毒，声称发件方来自合法公司或美国联邦机构，诸如诺顿杀毒软件和美国国税局（IRS）等，以诱导收件人点击关于现金收据或缺陷信息的附件。当受害者点击附件时，"魔盗木马"就偷偷地安装在他们的计算机上。"木马"迫使受感染的计算机在美国在线②中注册以"魔盗木马"算法编写的电子邮件账户。紧接着，犯罪集团使用这些 AOL 账户，向所有受感染的计算机内储存的联系人发送恶意电子邮件，不断地感染更多的计算机。截至案发，该病毒已经成功感染并控制了超过 6 万台个人计算机。这些受感染的计算机主要位于美国。总的来说，这 6 万多台计算机网络构成了魔盗僵尸网络，"魔盗团"依靠这个僵尸网络进一步推进三项旨在欺诈受害者的犯罪计划。

第一，身份盗窃计划。从被感染的计算机盗取信用卡和其他个人账户访问信息。当受感染计算机的受害者访问 Facebook，PayPal，Gmail，Yahoo!，Walmart 或 eBay 等网站时，"魔盗木马"会拦截访问该网站的请求，并将系统重新定向到由木马创建的几乎完全相同的网站。如此一来，当用户输入身份信息验证账户时，黑客们就窃取了账户凭据或账户密码。这些被盗的信用卡和身份信息将用于犯罪集团的在线犯罪基础设施的运营，如租用服务器。

第二，拍卖欺诈计划。"魔盗团"在 eBay 和类似的拍卖网站上放置了成百上千的汽车、摩托车和其他高价商品，这些物品的照片其实已被"魔盗木马"感染，一旦点击，受害者计算机被重新定向到虚拟的但是看起来很像真的 eBay 的网页，虚拟的网络页面促使用户通过一个不存在的"eBay 托管代理"来购买这些商

---

① 钱骡（Moneymule）指通过互联网用诈骗等不正当手段将从一国得来的钱款和高价值货物转移到另一国的人，款物接收国通常是诈骗分子的居住地。"钱骡"扮演中间人的角色，是近来新兴的网络犯罪手法。

② 美国在线（AOL Inc.），著名的互联网服务提供者，现为电信商威讯的子公司。

品。也就是说在买家收到货并确认评价之前,支付的钱实际上是由"魔盗团"雇佣的人实际持有的。为了进一步给这个欺诈网页提供合法的表象,他们还开发了一个软件,允许用户使用"eBay 实时聊天"(eBay Live Chat),对应的客服也是"魔盗团"的人。买家支付的货款,将被电汇给美国的"魔盗团"雇佣的个人,这些人通常被称为"钱骡",钱骡反过来又电汇或西联汇款给总部在东欧的钱骡,他们把钱取出来给了"魔盗团"。最终,相当于买家既失去了自己支付的钱,又没有收到货物,财货两空。

在这个犯罪计划中,犯罪分子通常在窃取金融信息的目标国招募一个钱骡,让其在当地接收款物转移,然后再将款物转到犯罪分子手上,转移成功后钱骡会得到一笔佣金。实际上,有许多钱骡并不知道自己在为虎作伥,反而以为自己是为合法公司工作。因为"魔盗团"通过在 Monster. com,Craigslist. com,Indeed. com 和 Beyond. com 等看似合法的公司网站上招聘了他们,这些假冒的公司也是由"魔盗团"创建的,每个公司都有自己的合法网站,称受雇者为"国际转账代理人",从 2007 年到现在,"魔盗团"的欺诈计划已经造成至少价值三四千万美元的损失,这还仅是 FBI 保守统计的数字。

第三,加密计划。受感染的计算机在神不知鬼不觉间被利用其计算能力去挖掘加密电子货币,比如比特币。相应地,加密挖掘导致用户的计算机处理速度和能力下降。

面对日益猖獗的"魔盗团",FBI 一直深入追踪"魔盗团"踪迹。在此过程中,罗马尼亚警察和国际刑事司法司提供了大量国际协助。安全公司赛门铁克[①]基于从 2007 年开始收集的恶意程序、攻击手段以及有关受害者的信息等的分析,提供了大量的技术支持和线索。但由于互联网犯罪活动的隐蔽性加上"魔盗团"的反侦查技术和意识,他们对接口进行了加密通信,调查一直没有什么突破性进展。转机发生在 2011 年,"魔盗团"成员犯了一个致命的OPSEC[②]错误,赛门铁克安全中心发现了这一漏洞,顺藤摸瓜,逐渐发现"魔盗团"的基础设施和运行模式,加上 FBI 多年的情报积累,"魔盗团"在美国的代理人、罗马尼亚的代理人依次暴露,最终 FBI 逮捕了"魔盗团"的三名核心成

---

① 赛门铁克(Symantec)是信息安全领域全球领先的解决方案提供商,为企业、个人用户和服务供应商提供广泛的内容和网络安全软件及硬件的解决方案,可以帮助个人和企业确保信息的安全性、可用性和完整性。

② OPSEC,英文为 Open Platform for Security,顾名思义,它是在网络安全方面的一种开放式平台。

员:波格丹·尼科尔斯库(Bogdan Nicolescu,34 岁)、特迪亚·达内特(Tediu Danet,31 岁)和拉杜·米高劳(Radu Miclaus,34 岁)。他们在罗马尼亚最终落网,并被引渡到美国。

据 FBI 调查,"魔盗团"发送了数以百万计的恶意邮件,感染了 6 万多台计算机;从 500 多名受害者处获取信用卡信息,以及获取成千上万名受害者的个人识别信息;从事恶意软件的在线拍卖欺诈活动超过 1000 次,并从该计划获得至少 300 万至 400 万美元;同时,由于加密货币挖掘的影响,超过 33000 台受感染的计算机损坏。

三人在美国俄亥俄州被起诉,在 2011 年 8 月 8 日和 12 月 17 日联邦法院公布的 21 项指控中,各自被控以一般阴谋、串谋诈骗、假冒商标交易、洗钱和身份盗窃罪这 5 项重罪和 12 次电汇欺诈。在法庭上,达内特和米高劳辩称无罪,尼科尔斯库尚未被提审,达内特的律师告诉信息安全媒体集团,达内特先生之前没有案底。在传讯中,他们出庭应诉,但否认了检察部门所有的指控。

司法部刑事司助理检察长莱斯利·考德威尔(Leslie Caldwell)说:"这个案例说明了网络犯罪分子试图在海外伤害美国人和美国企业的复杂性和狼子野心。但我们的回应表明,通过充分有效的国际合作,即使犯罪分子躲藏到天涯海角,我们都可以追踪到并让他们受到应有的处罚。"

FBI 特工斯蒂芬·安东尼(Stephen D. Anthony)说:"这一起诉和随后的审判揭示了国际罪犯使用复杂的网络手段来利用和欺骗毫无防备的受害者。""尽管这些调查面临着复杂隐蔽和全球追查的难题,但我们仍然想方设法、竭尽全力追捕国际罪犯并为受害者伸张正义,希望实现 FBI 和我们的合作伙伴们对公民的承诺。"

【相关法律条文】

电信诈骗罪(Fraud by Wire,Radio or Television)

以虚假表示、描述或承诺等方式,在州际或国际无线、有线营利性活动中传播文字、符号、图像或声音,根据情节,处 20 年以下有期徒刑,单处或并处罚金。如果该行为对金融机构造成损失,处 30 年以下有期徒刑或 100 万美元以下罚金,或两者并罚。

密谋侵害国家利益罪(Conspiracy to Commit Computer Fraud and Abuse)

两人或多人密谋共同损害美国国家利益,造成严重后果的,处罚金或 5 年以下有期徒刑,或两者并罚。

串谋假冒服务商标罪(Conspiracy to Traffic in Counterfeit Service Marks)

在商品或服务的流通及相关环节使用伪造商标,自然人犯罪的,处 200 万美元以下的罚款或 10 年以下有期徒刑,或两者并罚。企业犯罪的,处 500 万美元以下的罚款。

【判决结果】

该案由助理检察官邓肯·布朗(Duncan·Brown)、欧姆·卡坎尼(Om Kakani)和司法部计算机犯罪和知识产权部门的高级顾问布莱恩·莱文(Brian Levine)负责共同起诉,案件正由俄亥俄州地区法院审理。

【评议】网络诈骗的特点与治理

"网络空间"和"现实空间"构成了网络犯罪发生的"双层社会",以往发生在现实空间的犯罪行为同样可以发生在网络空间中,甚至可以同时在两个空间发生。[①] 分析本案中诈骗行为的特点可以看到,犯罪空间和犯罪手段的扩张,使得发生在网络空间中的犯罪行为更具复杂性,网络犯罪治理的难点不在事后进行刑事制裁,而在于事前的预防,在不法行为尚未构成犯罪行为时,即给予及时的控制,这要求充分考量刑法之外,甚至法律之外的因素。

一、网络诈骗的特点

(一)诈骗信息的私人定制性

私人定制指犯罪人推送的诈骗信息是针对潜在受害者特别编写的,力图使诈骗信息更真实,从而诱使受害者做出错误判断。在现实空间中发生的诈骗行为则往往起始于"群发模式",即犯罪人将相同的诈骗信息推送给数量庞大的目标,为使信息内容具有普适性,其只能是简单的——诸如"中奖兑换",多数人能辨别此类信息的虚假性。但因基数庞大,总有少部分人会相信"钓鱼信息",继而步入犯罪人布置的陷阱。

[①] 于志刚:《"双层社会"中传统刑法的适用空间——以"两高"〈网络诽谤解释〉的发布为背景》,《法学》2013 年第 10 期。

在网络空间，诈骗信息更具针对性，甚至达到私人定制的效果。当前的网络平台涉及生活的各个领域，个人每天在平台上浏览信息、购买商品、在线交流，所有行为都会留下痕迹，若将所有痕迹进行搜集、整合、分析，就能了解此人的生活状态以及其最为关心的事务。某种程度上，个人在网络空间是无所遁形的。本案中的犯罪团伙则采取了更为简单直接的方式。其发布专为"钓鱼"的商品信息，借此收集消费者的浏览、咨询记录，相当于消费者在犯罪团伙设定的"领域"中活动，后者很容易筛选出其中的潜在受害者，并据此编写诈骗信息。出于对平台及平台上商家的信任，受害者对此类诈骗信息的警惕性更低。私人定制的诈骗信息只有在网络空间中才有可能实现，这是因为在现实空间中难以收集到海量的个人数据并进行有效分析。

（二）"数行为数罪"将成为常态

刑法的罪数理论用于在定罪量刑时评价犯罪人所涉及罪名的数量，考察犯罪人的犯罪意图数、实施的行为数以及犯罪构成数。以发生在网络空间的诈骗罪为例，其可能实施的行为及侵害的法益[①]包括如下。

1. 盗取公民信息，侵犯公民隐私权的行为。如上文所述，犯罪人若要发现潜在的受害人，并有针对性地推送诈骗信息，首先需要采集数量足够的消费者数据，作为进一步分析的基础。而在通常情况下，这些数据由消费者个人和平台掌握，平台和消费者（即平台用户）之间签订平台用户协议，平台应当按照协议内容保管和使用消费者数据。显然，犯罪人不是合法的数据采集、分析和使用主体。另外，犯罪人若要向潜在受害者推送信息，必须先盗取后者的通信地址。以上种种，均侵害了个人的隐私权。当公民的个人数据构成财产性利益时，还有可能侵害公民的财产权。

2. 侵入公民个人的计算机，侵犯公民的财产权。本案中，犯罪团伙向潜在受害人发送的诈骗邮件包含"木马"，该"木马"可以在受害者计算机上强制安装无法卸载的恶意软件；再后续拦截受害者的访问请求，转而导向虚假的网站；实施加密行为，"导致用户的计算机处理速度和能力下降"。"木马"的植入导致受害人无法正常使用其计算机系统，可以说构成对财产使用的限制。当然，刑法可以

---

① 之所以采用"法益"的表述，在于侵害的法益与罪名之间并非一一对应的关系，在网络犯罪中最常见的是，就法益的侵害，刑法条文尚来不及制定对应的罪名，但不排除未来将针对网络犯罪增加罪名。此外，下文将继续讨论网络不法行为，"法益"的表述更具可适用性。

针对此类行为设置专门的罪名,我国《刑法》第 286 条规定的"破坏计算机信息系统罪"即是此类。

3.诈骗行为,侵犯公民的财产权。本案中,犯罪团伙通过前述一系列安排,使受害者相信其是在真实的购物平台上进行交易,并支付了货款。然而,这只是一个虚假的交易,受害者并不会收到货物。

同时,提供"犯罪空间"的平台,也留有刑事制裁的空间。"当一个网络平台同时成为赌场、借贷、视频等平台时,它实际上跨越了刑法不同章节的罪名体系,不仅涉及市场经济秩序、社会公共秩序,还可能会涉及整个国家的网络信息、金融活动等,以及众多个人的人身与财产权益"[1],若犯罪人通过平台盗窃用户数据、发布诈骗信息、进行虚假交易,那么,是否要用刑法评价平台的行为? 若要评价,则要将平台评价为实施了"容留"行为,抑或实施了"帮助"行为?

(三)新交易方式使得犯罪行为更难被追踪

新交易形式指的是平台交易从缔约到货款的给付都可在线上完成,而线上支付和线下服务提供、第三方物流寄送之间存在时间差。消费者之所以能够接受这种非"一手交钱一手交货"的交易形式,是因为平台设置了交易双方都需遵守的交易机制,以及愈发完善的信用评级体系——越好的信用记录越有利于交易达成,按照平台协议违约方可能被处罚甚至驱逐出平台。

可以看出,平台在网络交易中发挥了重要作用。相较于传统交易市场,平台提供了更为广阔的交易空间,平台经济已经成为一种新兴的经济模式。相应地,若平台市场存在不规范处,则更容易成为不法行为滋生的"温室"。若平台不能及时处理交易纠纷,或者不能有效地对不法行为人实施追责,消费者只能求助行政机关和司法机关,后一救济途径将消耗更高的成本。并且,一旦不法行为人逃脱平台的规制,意味着行政机关和司法机关的追踪或许也将难以奏效。

二、网络空间不法行为的合作应对模式

犯罪行为属不法行为的极端形态,网络不法行为同样具有如上几个特点,据此,莫不如直接考察对不法行为的治理,避免犯罪行为的生成。并且,刑事法律是典型的事后惩处法,但事后的处罚通常无法弥补不法行为造成的社会损失。

---

[1] 于志刚:《网络思维的演变与网络犯罪的制裁思路》,《中外法学》2014 年第 4 期。

对犯罪行为的治理可以借鉴犯罪预防理论，包括司法（刑罚）预防、社会预防、情境预防，其中的社会预防和情境预防均包含了刑法甚至法律之外的要素，这提供了应对网络空间不法行为的思路。

（一）刑事处罚和行政监管结合

相较于刑事处罚，行政监管能提供更多治理手段。具体而言，刑事处罚和行政监管的结合，能够实现事前、事中、事后的全过程监管。

第一，事前监管能够更好地预防不法行为。网络空间最大的特点为匿名性和秘密性，若用户并未在后台进行身份验证，则通过技术手段，其很容易便能从网络空间中"消失"。因此，实施"后台实名、前台自愿"[①]的账号实名制能威慑部分别有用心之人。相较于刑事处罚，实名制带来的威慑力更具现实性。第二，事中监管能够及时发现不法行为。例如，行政机关可以组建专门的巡查组，通过关键词筛选、抽查等方式，对购物平台、社交平台、群组等进行检查。第三，事后监管及时惩处不法行为人。除了刑事处罚和行政处罚之外，还可增加新的法律责任形式，如增加声誉惩戒机制，对发布虚假信息、实施不法行为的，留存其违法记录，并关联个人信用记录。

（二）法律监管与平台自治结合

若平台是完全合规运行的话，网络不法行为发生的空间将大大缩减，因此需将目光投向平台治理。

第一，平台治理的重点在平台自治。其中又包含两方面。一是平台对自身的约束，指平台作为平台协议的一方主体，应遵循协议约定，切实履行诸如用户信息保护义务，防止用户信息被盗用。二是平台对平台用户的约束，指平台作为提供活动空间的第三方，对入驻的用户进行最为必要、基本的身份审查，对用户行为进行适当监督并惩处违反平台协议的行为。上述的约束如果到位的话，类似本案中犯罪团伙在平台上发布虚假商品信息的行为将难以存续。

第二，平台治理包含法律对平台的监管。平台的性质属私人主体，为了吸引更多用户，在监管成本过高时，平台会选择放任不法行为的发生。因此，有法律监管存在的必要。一方面，行政机关可直接对平台用户的行为进行监管；另一方

---

① 参见《互联网用户公众账号信息服务管理规定》第六条："互联网用户公众账号信息服务提供者应当按照'后台实名、前台自愿'的原则，对使用者进行基于组织机构代码、身份证件号码、移动电话号码等真实身份信息认证。使用者不提供真实身份信息的，不得为其提供信息发布服务。"

面,行政机关对平台自治进行监管,即要求平台制定恰当的平台规则,以及监督平台按照平台规则管理用户。

三、结语

罗马尼亚犯罪团伙巨额电信诈骗案提供了观察网络犯罪及不法行为的样本,网络不法行为的复杂性决定了对其的治理不能局限于刑事手段。本文构建了一个多方面、多主体的综合治理模式:在法律体系层面,刑法和行政法结合,实现动态的过程监管;在社会治理层面,法律监管和平台自治结合,形成平台对平台用户的限制、法律对平台的监管、法律对平台用户直接监管的综合治理网络。①

---

① 参见高秦伟:《社会自我规制与行政法的任务》,《中国法学》2015 年第 5 期。

第四部分
侵犯个人信息

31. 杰伊·科恩网络赌博案(2000)

【关键词】跨境网络赌博 美国 安提瓜

【基本案情】

被告人杰伊·科恩(Jay Cohen),1968 年出生于美国纽约长岛。

科恩毕业于加州大学伯克利分校,毕业后供职于旧金山的第一小组公司(Group One),担任期货交易员。当时交易员之间的一个热门话题是赛事赌博。科恩和同事对此都很感兴趣,讨论甚多。后来,科恩从那些前来交易所的赌博者身上看到了商机,产生了灵感。他心想,既然在美国很多地方赌博都是违法的,如果能为那些想要进行赛事赌博的人提供一个海外的合法平台,那一定可以大赚一笔。于是,1996 年底,科恩辞去了他在第一小组公司的工作,迁居加勒比海地区的一个岛国安提瓜(Antigua)。他在安提瓜注册成立了一家赛事赌博公司——世界体育交易公司,并任公司总裁。

同时,科恩还从迅速发展的互联网中汲取灵感。20 世纪 90 年代,互联网革命如火如荼,人们的生活正经历着快速而深刻的变革。科恩敏锐地看到了新科技的潜力,因此便将互联网与赛事赌博相结合。尽管当时也有更成熟的赛事赌博公司例如 Intertops,但是世界体育交易公司却是第一个几乎专门针对在线赌博者的赛事赌博公司。赌博者可以通过电话投注,也可以直接通过公司网站投注。公司的新型互联网业务很快获得了成功。

世界体育交易公司采用账号投注的形式。新用户首先要建立一个账号,并充值至少 300 美元,然后就可以通过免费电话联系公司或者直接在网上投注了。

该公司主要面向美国人。科恩在美国的一般媒体上刊登了大量的广告,吸引许多美国人通过电话或互联网投注。该公司在 15 个月内吸引来自美国客户的资金近 53 万美元。到 1998 年 11 月,该公司共接到来自美国的电话 6 万个,其中超过 6100 个来自纽约。同时,世界体育交易公司从每一笔投注中提取 10% 作为佣金,收入不菲。

世界体育交易公司成立之时,科恩聘请了美国奥睿律师事务所(Orrick,Herrington & Sutcliffe)和世界知名的毕马威会计师事务所(KPMG)帮公司获得了在安提瓜的赌博经营许可证。科恩的律师声称,赌博者建立账号并在获得许可的司法管辖区内投注是合法的,因而世界体育交易公司的业务合法。由此,科恩坚信他的公司完全合法。科恩向美国提交公司经营和收入档案,并像其他的离岸公司那样向美国交税。一切似乎都进展顺利。

科恩和他的公司常常成为媒体关注的焦点,几乎每个赛事赌博者都听说过世界体育交易公司。但是,科恩所获得的媒体关注引起了美国主要的体育联盟的注意。不久,科恩便收到了代表美国主要的职业体育联盟的德普律师事务所(Debevoise & Plimpton)寄来的信件。信中要求世界体育交易公司将所有联盟的职业运动队的名字和链接都删掉,并且停止接受来自美国赌博者的投注。世界体育交易公司尝试与他们达成和解,但谈判以失败告终。

1998 年 3 月,科恩和他的 20 名员工遭到美国纽约南区检察长的起诉。科恩和他的员工都是美国籍,他们被控违反《联邦电信法》,利用有线通信设备收受赌资。虽然美国各州对赌博的合法性规定不一,但是各州一律禁止互联网赌博。在 20 名被起诉的员工中,有 13 人回到美国认罪被判了轻刑,并交了一笔罚款。科恩也回到美国面对指控,然而他在法庭上并没有认罪。他在辩论时援引了鲍威尔学说,即没有主观犯罪意识的人不应该被判有罪,但是法院并没有采纳他的辩词。2000 年 2 月,科恩被定罪。同年 8 月,他被判处有期徒刑 21 个月,罚金5000 美元。

科恩不服判决提起了上诉,他的第一次上诉以失败告终,第二次上诉又被美国最高法院拒绝审理。最终科恩于 2002 年开始在拉斯维加斯联邦监狱中服刑。科恩案是美国首例将另一司法管辖区发生且当地视为合法的行为刑事化的案例。2004 年,科恩服刑不满 18 个月就被释放。因为定罪入狱而被激怒的科恩在出狱后决定与美国政府搏一搏。他回到安提瓜,找到同行一起赞助安提瓜政府起诉美国。这就有了后来的 WTO 奇案,起诉方安提瓜是一个"名不见地图"的小国,而被诉方美国却是唯一的超级大国。该案就是 WTO 美国赌博案。

2003 年 3 月 13 日,安提瓜向 WTO 请求与美国进行磋商。安提瓜政府认为,美国联邦和地方当局对跨境提供赌博和赌博服务的禁止措施对其赌博业造成了严重损害。在磋商未果的情况下,2003 年 3 月 21 日,安提瓜正式向 WTO 起诉美国,称美国在《服务贸易协定》中已经承诺开放跨境赌博业,而实际上却违背了这个承诺,也违反了《服务贸易协定》第 2 条关于最惠国待遇、第 16 条关于市场准入和第 17 条关于国民待遇的规定。

起诉之后理应是双方磋商,但是美国代表断然拒绝了安提瓜的磋商请求。于是,2003 年 7 月 21 日,WTO 应安提瓜的请求正式成立专家组以审理该争端。专家组审理结果称,在美国采取禁止措施前的 1999 年,安提瓜的网络赌博业共有约 3000 人受雇于 119 家公司,赌博业收入占 GDP 的 10%;3 年后其规模锐减到不足 500 人、28 家公司,安提瓜因此蒙受的损失高达 9000 万美元。

2004 年 11 月 10 日,WTO 专家组向公众公布了一审裁决,认定美国的《服务贸易承诺表》中包括双方争议的赌博业务;美国联邦法令和 8 个出台法令的州中 4 个州的法令违反《服务贸易协定》,即没有给予安提瓜赌博业相应的市场准入待遇;同时美国没有证明这些法令是为了保护公共道德所必需的。专家组也认为美国其他 4 个州的法令没有违反《服务贸易协定》。

对于一审结果双方均不服裁决,提起上诉。2005 年 4 月 7 日,上诉机构维持了专家组的大部分结论。最后,上诉机构要求美国履行服务贸易承诺,对安提瓜开放赌博业市场,并授权安提瓜根据《知识产权保护协定》对美国实行报复性措施,每年的报复数额不能超过 2100 万美元。

当科恩与美国博弈之时,世界体育交易公司的名声一落千丈,公司业务难以为继。而如今,世界体育交易公司已完全为赌博者所抛弃了。

【相关法律条文】

传输赌注或赌资罪(Transmission of Bets or Wagers)

从事下注或押注业务,明知而利用有线通信设备在州际或国际网络中传输体育赛事的赌注、赌资或其他有助于下注或押注信息的,处罚金或 2 年以下有期徒刑,或两者并罚。

有线收取金钱或贷款罪（Transmission of a Wire Communication to Receive Money or Credit）

从事下注或押注业务,明知而利用有线通信设备传输,使接收人收取金钱或贷款的有线信息的,处罚金或 2 年以下有期徒刑,或两者并罚。

【裁判结果】

2000 年 2 月 28 日,美国联邦纽约南区法院法官托马斯·格里萨（Thomas Griesa）认定,杰伊·科恩犯传输赌注罪等 8 项罪名,判处有期徒刑 21 个月,罚金 5000 美元。

【评议】美国对境外网络赌博的规制逻辑及其对中国的启示

杰伊·科恩网络赌博案是一起境外网络赌博案。该案是美国首例追究发生在境外且被当地视为合法行为的刑事责任的案例,即美国首次引用 1961 年通过的《联邦电信法》来检控境外的互联网赌博案。该案犯罪嫌疑人的成功追诉代表美国《联邦电信法》执法层面的成熟,也对其他国家和地区境外网络赌博法令的修订起到了参考作用。本文将围绕杰伊·科恩案中引用的《联邦电信法》（18 U. S. C. § 1084）来讨论美国的境外网络赌博相关法律,并将之与中国相关法律进行比较,以考察美国和中国有关境外网络赌博的相关立法。

一、杰伊·科恩案的判决逻辑

杰伊·科恩网络赌博案最终判决所依据的法律是美国《联邦电信法》。该法令于 1961 年通过,授权联邦执法机关检控有组织的犯罪集团,防止他们利用有线通信设备传输赌注、赌资和赌博信息,从而协助美国各州杜绝这类有组织的大规模赌博活动。

《联邦电信法》篇幅很短,仅有 5 条法条。第 1 条描述了违反该法案的行为及刑罚;第 2 条规定了豁免条款,即安全港条款;第 3 条规定了该联邦法案不可作为违反州法律的犯罪的豁免;第 4 条规定了与电信传输设备相关的条款;第 5 条解释了该法案中"州"（State）的含义。

联邦政府制定《联邦电信法》时,互联网的发展仍处于起步阶段。1998 年,科恩被控违反《联邦电信法》,在庭审中他做了无罪的答辩,但地区法院于 2000 年判他有罪。于是,2001 年科恩上诉,他请求法院考虑的问题包括:(1)他是否"在知情的情况下"违反了《联邦电信法》[18 U.S.C. § 1084(a)];(2)地区法院指示陪审团称其情况不符合《联邦电信法》中安全港条款[18 U.S.C. §1084(b)]的行为是否得当。[①]

首先,违反《联邦电信法》罪行的必要条件之一是要有犯罪意图,即"在知情的情况下"(knowingly)违反该法。但科恩在上诉状中辩称自己没有犯罪意图,因为他不知道自己传播了赌博信息,而顶多是传输了有助于下注或投注的信息,且他不知道自己将这些信息传输到了一个赌博非法的司法管辖区。

然而,一审地区法院认为,科恩是在知情的情况下做出了法律禁止的行为,而对法律的无知不是他为自己开脱罪行的借口。上诉法院认同了地区法院的观点,认为科恩是否意图违反法令,或是否知道纽约赌博非法并不重要,重要的是科恩"在知情的情况下"做了他所做的行为,而这些行为是《联邦电信法》所禁止的。

其次,科恩认为地区法院指示陪审团称其情况不符合《联邦电信法》中安全港条款的行为是不当的。《联邦电信法》的安全港条款规定了可以进行有线通信传输的安全港须同时满足以下两个条件:(1)赌博在传输的起始地和目的地均是合法的;(2)仅限于传输有助于下注或押注的信息,不包括赌注本身。科恩称自己的情况同时符合这两个条件。

不容置疑,赌博在科恩公司的所在地安提瓜是合法的,而在美国纽约是非法的。但科恩称,赌博在纽约虽为非法行为却不构成犯罪,因此属于安全港条款中的"合法"行为。科恩对"合法"做了狭义解释,即"合法"中的"法"指刑法,只要不违反刑法,即属于"合法"。

而上述法院则对"合法"进行广义解释,即"合法"中的"法"不仅包括刑法,还包括其他法律。"合法"不仅要求不违反刑法的规定,还应符合其他部门法的规定。上诉法院指出,"合法",简单说,即为法律所许可,安全港条款仅适用于在两个司法管辖区赌博均为法律所许可的赌博行为。因此,地区法院指示陪审团称科恩的情况不符合安全港条款的行为并无不当之处。

科恩还称自己的情况符合安全港条款的第二个条件,即其公司与客户之间传输的只有信息而没有赌注,是这些信息使得公司自身能够只通过客户的账户

---

① See US v. Cohen, 260F.3d68(2dCir. 2001), p.71.

来下注。对此,地区法院对"赌博传输"做了宽泛的定义,即"只要纽约和安提瓜之间有电话或网络传输,纽约的人口头说或发信息称自己想下注,且电话或网络那头的人口头说或发信息称赌注被接受了,就属于《联邦电信法》意义上的赌注传输"①。

上诉法院认为地区法院对陪审团的指示得当,且这些指示模拟了这类案件中会发生的行为。但是,上诉法院也指出,美国政府负有举证责任,政府要证明有人从纽约下注,且科恩位于安提瓜的公司中有人接受了下注。而事实是美国政府早已通过 FBI 线人与科恩公司雇员进行电话交流而拿到了证据,因此科恩案同样不符合安全港条款的第二个条件。

通过分析杰伊·科恩案的判决依据,可以看出美国的境外网络赌博相关法令的立法情况。关于境外网络赌博犯罪,美国法律并不要求被告有犯罪意图,只要知情做了违反《联邦电信法》的行为即可,放任也算,而不要求故意。同时,美国的境外网络赌博相关法令规定了安全港条款,只是该安全港条款不适用于科恩案。

另外,从科恩案还可看出,美国的境外网络赌博相关法令适用属人管辖原则。科恩认为,既然美国禁止赌博,那便在美国境外赌博合法的安提瓜进行网络赌博。却不料身为一名美国公民,科恩的行为仍然受美国法律的约束。事实上,外国人在美国境外进行赌博,也可能适用美国法律。因为美国刑法原则规定,"凡对美国犯罪的",应负刑事责任。

另外,美国有关境外网络赌博的相关立法仍在发展完善。2003 年美国通过了《非法赌博交易法》,限制美国网民使用信用卡和通过银行账户向国外赌博网站支付赌款。2006 年,美国通过了《禁止非法网络赌博法》,并于 2010 年开始生效。《禁止非法网络赌博法》明确规定网络赌博属于非法行为,并禁止与网络赌博相关的金融交易,即金融机构或中介机构不得通过电子转账、电子支票、借记卡及其他交易方式向境外赌场支付赌款。

二、中国有关境外网络赌博的相关立法

相比于美国,中国有关网络赌博的解释出现得较晚。2005 年,最高人民法院

---

① US v. Cohen, 260 F.3d 68 (2d Cir. 2001), pp.74—75.

和最高人民检察院通过了《关于办理赌博刑事案件具体应用法律若干问题的解释》(下称《解释》)。《解释》第八条对认定网络赌博犯罪赌资进行了规定,"通过计算机网络实施赌博犯罪的,赌资数额可以按照在计算机网络上投注或者赢取的点数乘以每一点实际代表的金额认定"。第二条规定,"以营利为目的,在计算机网络上建立赌博网站,或者为赌博网站担任代理,接受投注的,属于《刑法》第三百零三条规定的'开设赌场'"。其中,《刑法》第三百零三条规定了赌博罪和开设赌场罪。这两个罪名均要求检控方证明被告知情或有犯罪意图,这与美国的情况相似。

不同的是,中国与美国境外网络赌博相关法律的效力不同。美国的境外网络赌博相关法律适用属人管辖原则,且可能追究外国人的刑事责任。然而,中国的相关法律却出现了真空地带。一方面,中国公民在中国境外进行网络赌博,可以不予追究。《刑法》第七条第一款规定,"中华人民共和国公民在中华人民共和国领域外犯本法规定之罪的,适用本法,但是按本法规定的最高刑为三年以下有期徒刑的,可以不予追究",而中国的赌博罪最高判处三年有期徒刑。

另一方面,外国人在中国境外进行网络赌博,同样可以不予追究。《刑法》第八条规定,"外国人在中华人民共和国领域外对中华人民共和国国家或者公民犯罪,而按本法规定的最低刑为三年以上有期徒刑的,可以适用本法,但是按照犯罪地的法律不受处罚的除外"。鉴于我国赌博罪最高刑期为三年,且境外一些国家和地区网络赌博合法,我国《刑法》基本不适用于外国人在我国境外进行网络赌博的情况。要解决中国相关法律中的真空问题,可以采取的办法有:提高赌博罪的最高刑期、加强国际合作等。

另外,值得一提的是中国香港地区有关境外网络赌博的相关立法。2000年,香港《赌博条例(修订)草案》建议《赌博条例》加入境外元素,指出若本地赌博网站被视为违法,而其他司法管辖区的赌博网站却获得豁免,则于理不合。该草案提到了美国政府成功检控杰伊·科恩的例子,供议员参考。2002年5月22日,该草案获立法会通过,成为2002年《赌博条例(修订)》,并于2002年5月31日开始生效。修订后的《赌博条例》可以用于制裁港人和外国人的境外赌博行为。

2002年,《赌博条例(修订)》中指出了通过条例草案的迫切性,即有越来越多境外收受赌注者正以香港为目标市场,通过电话和互联网接受香港市民的投注。其中有些境外收受赌注者甚至在香港公开进行宣传活动,并提供与投注有关的服务。而这种情况会引致未成年人士参与赌博及赌博欺诈等问题,并且严重影响香港的博彩税收入。

《赌博条例（修订）》与美国 1961 年《联邦电信法》颇有相似之处。首先，该条例的境外效力与《联邦电信法》类同。该条例规定，"任何人如在香港境外收受赌注，只要赌注是从香港境内投注的，便属违法"。依据该条例，无论是中国香港人士还是外国人，如在香港境外收受赌注，只要赌注是从香港境内作出的，就构成违法行为。其次，为防止针对因一时疏忽而接受了来自香港的投注的境外收受赌注者，香港检控方也须负起证明被告知情或有犯罪意图的责任。

至于澳门地区，澳门早在 1847 年就颁布了赌博合法化的法令。在澳门，网络赌博同样属于合法行为。1996 年，澳门立法会制定并颁布了第 8/96/M 号法令，以核准不法赌博制度和惩治不法赌博行为。

综上所述，通过分析杰伊·科恩网络赌博案的判决依据，我们可以了解美国境外网络赌博的相关立法。而将之与我国情况进行比较，就可以更好地认识我国相关立法的情况并加以完善。网络赌博无国界，就如同其他互联网犯罪一样，境外网络赌博问题也需要在国际环境中解决。而认识自身及其他国家或地区的情况，将是解决境外网络赌博问题的第一步。

32. 菲利普斯窃取个人信息案(2003)

【关键词】黑客攻击 信息安全 计算机漏洞

【基本案情】

被告人克里斯托弗·安德鲁·菲利普斯(Christopher Andrew Phillips)出生于1983年,家庭条件良好,此前无任何犯罪前科。2001年,菲利普斯进入得克萨斯大学(以下简称得州大学)奥斯汀分校,2003年他进入该校计算机科学系主修计算机科学。和其他即将入学的学生一样,菲利普斯也签署了得州大学的计算机《许可使用协议》,根据该协议规定,他同意不会使用他的大学计算机账号实施包括"端口扫描"在内的违规行为。

端口扫描是指计算机黑客所使用的一种通过"蠕虫"或者其他程序向不同的联网计算机端口发送请求的技术。某些别有用心的人可以通过发送一组端口扫描消息,试图以此侵入某台计算机,并了解其提供的计算机网络服务类型,探测出特定计算机是否存在可以进行外部入侵的漏洞。

2001年,在仅仅入学数周之后,菲利普斯就开始使用各种专门用来扫描计算机网络的程序窃取加密数据和密码。他成功侵入数以百计的计算机,包括得州大学学生组织、私人商业组织、美国政府机构的计算机以及英国武装部队的网络服务器。就在几个月之内,菲利普斯通过盗窃手段对所获得的大量个人信息以及专有资料进行分类,形成了一个巨大的信息库,其中包括信用卡账号、银行账户信息、学生助学金报表、出生证明、密码和社保账号等。

没过多久,菲利普斯的上述扫描行为就被得州大学信息安全办公室发现。该办公室侦测到,菲利普斯多次扫描大量外部计算机漏洞的行为,并对他进行了三次警告。虽然已经被多次告知停止该行为,菲利普斯依然继续扫描和侵入得州大学计算机系统和大学外部的计算机系统，并将所窃取的信息加入到他的个人数据库中。

2002 年初，就在得州大学信息安全办公室向菲利普斯发出第一个警告后不久，菲利普斯专门编写了一个计算机程序，该程序通过"TXClass Learning Central"（一个为得州大学教职员工培训提供资源的服务器，以下简称"TXclass"）的端口黑进得州大学的计算机系统。"TXClass"原本是由得州大学运营的一个"安全"的服务器，授权用户登录网络后进行访问。菲利普斯通过"暴力攻击"程序（暴力攻击是一种通过生成大量密码的方法来解密加密数据的程序），利用登录协议原有的漏洞，实现每秒钟自动向网站传输至多 6 个社保账号的信息，而访问服务器。

刚开始，菲利普斯获取到所有出生于得州的用户的社保账号，但经过他对"暴力攻击"程序的改良，他有选择性地仅获取得州人口最多的 10 个县的社保账号。当上述程序获取到一个有效的社保账号，能够登录"TXClass"时，该程序便自动从"TXClass"的数据库获取与该社保账号相对应的个人信息，这实际上为菲利普斯提供了一个"后门"进入得州大学的主要服务器和统一数据库。在长达 14 个月的时间内，菲利普斯借此种手段获取了大量数据，包括 4.5 万余在读和即将入学学生、捐赠人和校友的个人信息。

菲利普斯的行为极大地损害了得州大学的计算机系统。"暴力攻击"程序杀伤力极大——使得"TXClass"的用户访问量从之前每月大约 2 万次陡升到 120 万次，致使得州大学的计算机系统数次瘫痪。得州大学数以百计的网络页面暂时无法访问，包括大学在线图书馆、工资账单查询、会计信息、招生信息和医疗记录。得州大学为此花费 12.2 万美元评估损失，并花费 6 万美元通知受害者，告知其个人信息和社保账号已被非法获取。

在发现上述计算机入侵后，得州大学联系了美国特勤局，特勤局就此事介入调查，最终查到了菲利普斯在自己的宿舍里实施了这些攻击，所以在对住所的搜查中起获了菲利普斯的个人计算机。他选择自首。

菲利普斯承认他通过编写"暴力攻击"程序，从得州大学的计算机系统获取个人信息，但他否认使用或出卖这些信息的意图。在审判期间他透过媒体致歉："我对我的父母、得克萨斯大学和所有牵涉其中的人感到抱歉，我没有想到过事情会造成这么大影响。"他的一位朋友表示："菲利普斯是一个优秀的年轻人，他以前从未陷入法律纠纷。"

菲利普斯被控侵入大学网络系统,律师表示:"尽管受到指控,但其实菲利普斯没有什么特别突出的计算机专业知识,他的主修专业还未确定。"

【相关法律和罪名】

计算机诈骗及其他相关犯罪(Fraud and Related Activity in Connection with Computers)

通过散播恶意程序、信息、代码和命令,或故意非法进入被保护的计算机系统,造成计算机损坏,根据情节,处 1 年以上 20 年以下有期徒刑,并处罚金。

身份盗窃罪(Fraud and Related Activity in Connection with Identification Documents,Authentication Features,and Information)

制作或传输识别身份的文件、身份认证特征或虚假身份信息,根据情节,处罚金或 15 年以下有期徒刑,或两者并罚。

【判决结果】

2003 年,菲利普斯被判犯计算机诈骗等罪和身份盗窃罪,判处缓刑 5 年,500 小时社区服务,赔偿当事人损失 170056 美元。菲利普斯提出上诉。2007 年 1 月 24 日,美国联邦第五巡回法院维持一审原判。

33. 洛瑞·德鲁网络欺凌致青少年自杀案(2006)

【关键词】网络欺凌 网恋骗局 青少年自杀

【基本案情】

被告人洛瑞·德鲁(Lori Drew)出生于1959年。德鲁一家和受害人梅根·梅尔(Megan Meier)一家都生活在密苏里州的圣查尔斯县。梅尔一家平静的生活被网络欺凌案件所打破。

事情的起因是德鲁女儿和梅尔女儿的小矛盾。德鲁的女儿莎拉·德鲁(Sarah Drew)和梅根·梅尔曾经是亲密的朋友,但是后来两位小女孩因发生争执而断交。梅根因为体形肥胖遭到班级同学的排挤,从当地公立学校转到一所私立天主教中学就读。转学后,梅根减了20磅(约9千克)体重,结交新朋友,还加入了学校排球队。就在梅根以为自己开始新生活时,德鲁的网络欺凌彻底将她推向深渊。

2006年9月,德鲁怀疑13岁的梅根散布她女儿的坏话。为了证实她的猜测,德鲁雇用18岁的女孩阿什丽·格里尔斯(Ashley Grills),唆使后者用假名乔什·伊万斯(Josh Evans)创建了一个MySpace账号,并向梅根发出了好友请求。阿什丽在洛瑞的指使之下,谎称自己是一个名叫乔什的16岁少年,他从小接受家庭教育,不曾到学校上学,甚至没有手机,但是他有一条宠物蛇。阿什丽在洛瑞的授意之下,很快取得了梅根的信任,俘获了她的芳心。梅根非常喜欢"乔什",她对自己的母亲蒂娜·梅尔(Tina Meier)说,"乔什"是她"最甜蜜的男朋友"。

2006年10月,"乔什"对梅根态度突然转变。他给梅根发来消息:"我不喜欢你对待朋友的方式,我想我们不应该继续做朋友了。""乔什"还提及了梅根在公立学校被孤立的往事。梅根质问"乔什"是谁泄露了她的隐私。根据后来德鲁的自述,梅根非常生气,扬言要报复泄密者。于是,德鲁指使自己的亲属和朋友发送了大量侮辱梅根的信息,例如,他们在公告栏里留言,"梅根·梅尔是个肥婆""梅根·梅尔是个懒鬼"。

2006年10月15日,梅根向自己的父母抱怨说有人在网络上欺负她,但是她的父母没有重视这个问题。2006年10月16日,梅根在自己的卧室衣帽间里上吊自杀。之后,她的父母在她的计算机上找到了"乔什"发给她的最后一条信息——"如果没有你,这个世界会变得更好"。这条消息是阿什丽在德鲁的怂恿下发送的。阿什丽说她的本意并非诱导梅根自杀。她说:"当时我觉我们做得太过分了。我想激怒梅根,让她与'乔什'绝交。"

梅根死后,德鲁删除了账号。6周之后,梅尔一家才从德鲁的邻居口中偶然得知德鲁对梅根实施的网络欺凌。梅尔一家非常悲愤,但是他们并没有采取任何措施。直到一年之后,梅根的姨祖母请当地小报的专栏作家报道了梅根的死,这场网络欺凌案才引起公众的广泛关注。虽然文章中没有提到德鲁的名字,但是愤怒的网友自发地通过"人肉搜索"曝光她的姓名、电话号码和住址。在公众的强烈要求下,圣查尔斯县的检察机关开始调查梅根自杀案,但是他们并没能在刑事法律中找到处罚网络欺凌行为的条文。2008年5月15日,MySpace公司所在的洛杉矶检察机关对德鲁提起公诉。

被告德鲁的女儿莎拉,案发后在检察官托马斯·奥布莱恩(Thomas O'Brien)强有力的交叉询问下承认,她对梅根的精神状况有着充分的认识。她一直密切关注梅根,因为她知道梅根很脆弱,可能会自杀。"她总是这样,就像脸上写着'我不知道我是否可以再活下去'一样。"莎拉说,梅根曾经告诉她,自己有割腕自杀的倾向。但是莎拉坚称她不曾把梅根的精神状况透露给母亲德鲁。梅根的妈妈也曾在梅根的手腕上发现伤痕,但是她并不知道女儿的问题已经严重到可能自杀的地步。

事实上,莎拉并不是德鲁了解梅根精神状况的唯一途径。在莎拉和梅根还是好朋友的时候,德鲁曾经带着两个小女孩进行短途旅行。德鲁有机会知道梅根受到肥胖问题的困扰,存在心理疾病,不得不长期服用抗抑郁药物,甚至有自杀的倾向。

案发后,德鲁的一位邻居匿名透露:德鲁对自己在网上欺骗梅根的行为非常得意,经常向她声称要"搅乱梅根的生活"。阿什丽和莎拉多次劝说德鲁停止捉弄梅根。阿什丽对德鲁说:"梅根想见乔什,我们不能再欺骗她了。"但是德鲁表示:"没有关系,我们可以将她约到一个购物中心然后嘲笑她。"在欺骗梅根的同时,德鲁与梅尔一家维持着表面上的友谊,她还请梅尔一家为她保管她的桌上足球机。

奥布莱恩检察官曾经问过莎拉是否对朋友的死感到悲伤。莎拉回答说是的。奥布莱恩检察官进一步询问道:"你是否认为自己在这一场悲剧中负有责任?""没有",莎拉回答。在交叉询问过程中,莎拉失声痛哭。当陪审团成员把目光投向德鲁时,他们发现她神色非常平静,没有表露丝毫情绪。

除了德鲁之外,网站 MySpace 也对梅根的死负有责任,网站不允许 14 岁以下的青少年在该网站上注册账号,但是这个规定实际上形同虚设。13 岁的梅根没有经过任何针对用户年龄的审查,就成功注册了账号。在本案发生之后,MySpace 发布公告:"网站将会与行业专家一道共同加强对网络欺凌的防范。"

【相关法律条文】

计算机诈骗及其他相关犯罪（Fraud and Related Activity in Connection with Computers）

通过散播恶意程序、信息、代码和命令,或故意非法进入被保护的计算机系统,造成计算机损坏,根据情节,处 1 年以上 20 年以下有期徒刑,并处罚金。

禁止拦截、泄露以有线、口头或电子方式交流的信息（Interception and Disclosure of Wire, Oral, or Electronic Communications Prohibited）

禁止未授权拦截、泄露和使用有线、口头或电子方式交流的信息。

【裁判结果】

2008 年 5 月 15 日,洛瑞·德鲁被美国洛杉矶检察机关以犯有计算机诈骗等罪名起诉,加州联邦法院大陪审团裁决她有罪。

2008 年 7 月 23 日德鲁提出撤销起诉书的动议,理由是美国法律没有明文规定网络欺凌为犯罪。2008 年 8 月 1 日,电子前沿基金会和哈佛大学伯克曼互联网与社会研究中心网络犯罪诊所共同提交了一份意见书,建议撤回诉讼。2008 年 11 月 23 日,德鲁向法庭提交无罪释放动议。德鲁的律师与陪审团进行了近一年的反复拉锯,直到 2009 年 8 月 28 日,美国加州中央区地方法院才推翻了陪审团的有罪裁决,德鲁被释放。

【评议】《计算机欺诈与滥用法》在网络欺凌案中的效力

洛瑞·德鲁网络涉嫌欺凌案是美国第一例关于网络欺凌的案件,该案首次援引《计算机欺诈与滥用法》起诉被告人网络欺凌。2004 年,社交网络的数量开始井喷式增长,但兴起的社交网络却成了网络欺凌的犯罪场所。直到 2006 年,梅根在德鲁的网络欺凌下自杀,网络欺凌终于走入公众视野,立法者意识到法律介入的必要性。

该案是新型的欺凌案件,欺凌场所、主体和行为与传统欺凌有很大不同。以往的欺凌多为未成年人的校园欺凌,解决方法常是教师教导或动用校园规章惩罚。而该案的欺凌场所是网络,主体从未成年人之间变为成年人对未成年人,行为并非恋童癖者常有的性骚扰,而是通过欺骗和言语凌辱,使被害人精神崩溃。同时,在该案中,成年人主观故意严重。德鲁明知梅根长期患有抑郁症、不自信,有轻生倾向,但仍通过社交网站设下圈套,打击梅根。综上,传统的校园欺凌解决方法、反骚扰法、反恋童癖法,以及反跟踪法都很难对德鲁的行为做出合适的判罚。

因此,在德鲁面临的指控中,除欺诈[①]外,检方援引《计算机欺诈与滥用法》的未授权进入计算机获取信息[②]罪名进行起诉。2008 年 2 月,检方在加州中央区联邦地区法院对德鲁提起公诉,指控有三点:第一,德鲁进入的 MySpace 服务器符合《计算机欺诈与滥用法》中的"计算机"定义;第二,德鲁的行为符合《计算机欺诈与滥用法》中的"获取信息"行为;第三,德鲁违反 MySpace 的《服务条款》,因此属于未授权进入"计算机"。检方指控理由如下。

首先,检方将计算机系统定义为 MySpace 服务器,巧妙地避开梅根的计算机,MySpace 服务器在《计算机欺诈与滥用法》所保护的"计算机"范围内。《计算机欺诈与滥用法》将计算机定义为受保护的计算机,指"金融机构或美国政府专用计算机,或非专用计算机却被上述两类机构使用的计算机;同时也包含位于国外但影响美国州际和国际贸易和通信的计算机"[③]。该定义的关键点在"影响美

---

① 18U. S. C. § 371.

② 18U. S. C. § 1030(a)(2)(C).

③ 18U. S. C. §1030(e)(2)(A).

国州际和国际贸易和通信",即该计算机必须进行美国国内跨州或国际通信。若将该案中的计算机定义为梅根的计算机,显然不符合跨州或国际通信要求。梅根、德鲁和阿什丽都位于密苏里州,三者的通信都在州内。同时,德鲁和阿什丽的确未以计算机入侵的方式,非法进入梅根的计算机。因此,若以梅根的计算机作为德鲁和阿什丽入侵的计算机,显然不符合"受保护计算机"的定义。于是,检方另辟蹊径,认为德鲁和阿什丽入侵的是 MySpace 的计算机,即网络服务器。服务器作为连接用户计算机的中心点,为用户提供服务。同时,该服务器里储存着 MySpace 用户的信息,其中就包含着梅根的信息。该服务器位于 MySpace 的网站总部加州比弗利山庄。已符合跨州通信的条件。德鲁注册账户后,可获得链接 MySpace 服务器的权限。获得此权限后,德鲁才有权限看到梅根的信息,也才可与梅根进行聊天、互动等社交行为。因此,德鲁注册后,访问梅根账户、与梅根交流等行为进入了 MySpace 服务器,属于 18U. S. C. § 1030(a)(2)(C)规定的进入跨州交流的计算机。

其次,德鲁获得梅根的 MySpace 用户信息、与梅根聊天获取信息符合《计算机欺诈与滥用法》中"获取信息"的定义。为了保护用户隐私,该法中"获取信息"的定义范围很广,并非需要窃取或移动等行为,只需要看过这些信息,即可称为"获取信息"。德鲁注册 MySpace 账号后,的确访问过梅根个人主页,多次看过梅根的个人信息。因此,德鲁的行为已符合 18 U. S. C. § 1030(a)(2)(C)所规定的"获取信息"条件。

最后,德鲁以虚假身份、言语凌辱骚扰梅根,违背了 MySpace 的《服务条款》,从 MySpace《服务条款》的规定看,德鲁并无获得进入计算机的授权。MySpace《服务条款》明文规定,"注册 MySpace 账号需提供真实信息……《服务条款》禁止多项行为,如骚扰其他用户或散播虚假信息等行为……若用户违背《服务条款》,MySpace 保留终止提供服务的权利"。检方认为,《服务条款》即赋予用户使用 MySpace 账户的法律权利。德鲁使用虚假信息注册账号,让阿什丽伪装身份,假扮成 16 岁的乔什等。她们通过如此精心设计的甜言蜜语,俘获梅根的芳心。在梅根误以为找到幸福时,德鲁指示阿什丽不断辱骂梅根,进行言语骚扰和凌辱。以上行为已明显违背《服务条款》,德鲁和阿什丽以虚假信息注册账户,不具有使用的权限,因此使用该 MySpace 账户访问梅根账户属于 18 U. S. C. § 1030(a)(2)(C)所规定的"非授权使用"。

2008 年 11 月 26 日,陪审团认定德鲁犯下 18 U. S. C. § 1030(a)(2)(C)规

定的轻罪,即未授权进入计算机获取信息,故意进行精神折磨,欺骗梅根和导致梅根精神崩溃自杀。然而,法院认为,德鲁并未犯下《计算机欺诈与滥用法》1030(a)(2)(C)规定的轻罪。法院认同该案"计算机"符合《计算机欺诈与滥用法》中的规定,德鲁确有获得信息,但法院不认同德鲁非法进入计算机。对此,法院主要从危害性、立法初衷和相关判例反驳。

首先,将违背《服务条款》的行为视为未授权使用,将导致《计算机欺诈与滥用法》管得太宽,大部分网民都可能因为"未授权进入"获罪。据统计,大部分用户在注册时,均不会认真阅读《服务条款》,因此违背《服务条款》的行为时有发生。同时,检方应注意到一些特殊情况,不能以《服务条款》一概而论。例如,使用假名注册在某些情况下是被允许的,甚至是受到提倡的。为保护儿童安全,政府提倡儿童上网注册时,使用假名、假地址等虚假的身份信息,从而能够为儿童提供防护网。事实证明,许多人为了保护隐私,也常常填入误导性信息。因此,若违背《服务条款》,就认为是"未授权访问",大批网民都将受到联邦法律的制裁,网络发展将如一潭死水。

其次,《计算机欺诈与滥用法》的立法初衷并未包含网络欺凌。《计算机欺诈与滥用法》旨在打击黑客以及入侵计算机的内部员工,而非忽视或违背《服务条款》,以及滥用服务的行为。换句话说,《计算机欺诈与滥用法》旨在打击非法入侵和网络盗窃,而非法动机和违背《服务条款》的行为,打击的是损害财产利益和国家安全的行为。有学者认为,网络骚扰和欺凌较难被认为关乎联邦利益[①]。

最后,《计算机欺诈与滥用法》历来的判例尚未因违反网站《服务条款》而认定刑事责任。值得注意的是,在德鲁网络欺凌案之前,也存在因为违反《服务条款》而援引《计算机欺诈与滥用法》的案例——American Online v. LCGM, Inc.[②],但该案为了提出临时民事限制令而援引此法案,所以最终并未进行刑事判决。同时,该案被告发送大量垃圾邮件,导致网络瘫痪,明显符合《计算机欺诈与滥用法》的立法初衷。但法院也指出,"违反《服务条款》是未授权进入"的说法是误判,德鲁网络欺凌案不可再适用。

虽然法院已对检方意见一一反驳,但仍有学者提出异议。针对法院狭义地

---

① Kristopher Accardi, Is Violating an Internet Service Provider's Terms of Service an Example of Computer Fraud and Abuse: An Analytical Look at the Computer Fraud and Abuse Act, Lori Drew's Conviction and Cyberbullying, Washington University Law Review, 2009(67):77.

② American Online. Inc. v. LCGM, Inc., 46

解读立法初衷,有学者认为《计算机欺诈与滥用法》应当与时俱进适应技术的发展,应对各种新型网络犯罪。因此,即便当初制定《计算机欺诈与滥用法》时只明确打击黑客的外部攻击抑或是雇员内部攻击,保护范围也应当随着计算机技术发展和网络犯罪的翻新而适度扩大。[①]

《计算机欺诈与滥用法》在德鲁网络欺凌案的滑铁卢证明援引该法案很难打击网络欺凌现象。随着网络欺凌案件数量的攀升,联邦以及各州亟待制订新的法案,以保护用户免受网络欺凌。在德鲁案后,多数州议会将制订反网络欺凌法提上日程。截至 2016 年,共有 50 个州制订反欺凌法,23 个州将网络欺凌纳入打击范围,48 个州制订反电子骚扰法。由此可见,洛瑞·德鲁网络欺凌案是推动网络欺凌联邦立法的第一案。[②]

---

① Sarah Castle, Cyberbullying on Trial: The Computer Fraud and Abuse Act and United States v. Drew, 17 Journal of Law and Policy,2009(579):594.

② See https://cyberbullying. org/Bullying-and-Cyberbullying-Laws. pdf,访问日期:2018 年 4 月 3 日。

34. 布朗窃取信息案(2011)

【关键词】身份信息 互联网安全 分布式拒绝服务攻击

【基本案情】

被告人巴雷特·布朗(Barret Brown)出生于1981年,生活在美国得克萨斯州,在一个富裕的社区长大,父母离异之后,他和母亲一起生活。母亲凯伦·兰卡斯特(Karen Lancaster)相信布朗是一个独一无二的孩子,将他形容为"一个有着外星人灵魂的靛蓝色孩子"。布朗是一个早熟早慧的撰稿人,小学期间,他利用家里的台式计算机制作了一份报纸。20世纪90年代中期,他成为所在私立高中的报社撰稿人。那时候他就因为批评政府而与报社的指导老师发生冲突。布朗的父亲罗伯特说:"即使是小时候,巴雷特也总是挑战权威。"

2000年,布朗从得克萨斯大学奥斯汀分校毕业,成为一名独立撰稿记者和社会活动家。毕业后,他为《名利场》《赫芬顿邮报》《卫报》等知名刊物撰写文章。同时,他担任一个名叫"投票启蒙运动"(Enlighten The Vote)的无神论政治行动委员会的通信主管。该委员会长期为有志于严格执行政教分离原则(禁止国家机构资助任何宗教组织)的政客提供帮助。

布朗从2010年开始接触"匿名者"组织。当时该组织正在对澳大利亚政府进行黑客攻击行动,目的是反对澳大利亚政府对互联网进行审查的立法案。布朗在《赫芬顿邮报》上撰文称赞"匿名者"的攻击是一种"新型的革命引擎",并表示"匿名者"这样的组织可能"改变民族国家的观念,重塑世界格局"。布朗认为,未来的世界将不再有国家,志同道合的人们可以通过互联网团结起来,形成组织,为了共同的目标努力。为了实现自己的理念,他成为"匿名者"组织的发言人。在 2010 年下半年"匿名者"针对中东国家政府的攻击中,布朗第一次代表"匿名者"出现在媒体镜头前,他说:"这几个星期我看到的一切让我确信,我们的努力(黑客攻击)把人们对社会不公的愤懑转化为具体行动。"

2010 年 11 月,维基解密曝光了大量美国外交机密文件。由于美国政府的压力,亚马逊、贝宝、万事达信用卡等公司纷纷停止对维基解密的服务。这样一来,世界各地的支持者失去了给维基解密捐款的渠道。维基解密因此陷入经济危机。"匿名者"组织发起"为阿桑奇复仇"的行动,对贝宝等公司发动 DDoS 攻击。因为这个事件,"匿名者"组织进入美国政府的视野,美国政府先后对 40 名参与黑客攻击的计算机高手进行了调查。

2011 年 1 月,以提供高质量计算机安全服务著称的 HBGary 公司的 CEO 亚伦·巴尔(Aaron Barr)对媒体夸下海口说:"公司已经通过技术手段找出'匿名者'组织领袖的真实身份。"HBGary 公司立刻遭到了"匿名者"组织的网络报复。这次行动不仅使其主服务器因 DDoS 攻击完全瘫痪,包括亚伦·巴尔在内的 4 名高管的 6 万多封邮件也被泄露。美国的新闻媒体普遍猜测,布朗积极参与,甚至一定程度上主导了这次攻击。在美国广播公司的新闻报道中,他被称为"新型战争的地下指挥官"。然而,布朗本人并不承认他参与了黑客活动,检察机关也并未找到任何证据证明他与对 HBGary 进行的攻击有关。

2011 年 12 月,"匿名者"组织展开了对斯特拉福全球情报公司的攻击。斯特拉福全球情报公司是一家提供"非意识形态的独立的国际事务分析"的智库,美国许多公司,甚至政府部门,都与其有合作,例如美国国防部和美国银行。"匿名者"组织的成员从斯特拉福公司的服务器内窃取了 200GB 的信息,其中包括 9651 名客户的信用卡卡号、47680 个客户邮件地址和超过 330 万封邮件。12 月 25 日,"匿名者"组织用其盗窃的信用卡,向慈善机构捐款 50 万美元。

尽管布朗声称,自己在 2011 年已经离开了"匿名者"组织,且该组织的许多成员也与他画清界限,2012 年 3 月 6 日,FBI 人员还是搜查了布朗和他母亲的家,试图寻找其与 HBGary 公司、维基解密等事件相关的犯罪证据。2012 年 9 月,布朗在"油管"上发布以"我毁灭 FBI 的理由"为标题的视频予以回击,共有 143042 人次观看了该视频。仅仅 1 小时之后,FBI 以布朗用视频威胁警方为由,逮捕了布朗。在对布朗进行调查期间,布朗的母亲兰卡斯因替他藏匿笔记本计算机,被判处缓刑 6 个月,并处罚金 1000 美元。

在调查过程中,布朗仅仅对威胁警察的行为做出了道歉,却拒绝承认自己是"匿名者"的发言人。他声称自己只是一名支持"匿名者"的记者。美国警方经过调查,没有找到布朗参与针对贝宝公司、HBGary 公司的黑客攻击的任何证据。证据显示,布朗本人实施的与黑客犯罪活动相关的活动如下。

1. 2011 年 12 月 25 日,布朗用一个超链接,将一个互联网多人聊天室(IRC),转到他控制下的互联网多人聊天室内。这个超链接可以访问"匿名者"从斯特拉福全球情报公司所窃取的客户的信息,其中包括超过 5000 个信用卡账号、持卡人的身份信息和信用卡的身份验证信息(CVV)。

2. 2011 年 12 月 25 日到 2012 年 3 月 6 日,布朗协助其他同伙,获得 15 个未经许可的访问设备,并从这些设备中获得了所有人的信用卡账号、地址等信息,非法持有而后传递了这些信息。

【相关法律条文】

互联网威胁罪(Internet Threat)

在州际或国际网络中传输包含威胁的信息,内容涉及绑架或威胁伤害他人,根据情节,处罚金或最高 5 年有期徒刑,或两者并罚。

威胁报复警察罪(Influencing, Impeding, or Retaliating against a Federal Official by Threatening)

任何人袭击、绑架或谋杀美国公职人员、法官、执法人员及其家属,或作出此类威胁和恐吓,根据情节,处 1 年以上 30 年以下有期徒刑或并处罚金。

身份盗窃罪(Fraud and Related Activity in Connection with Identification Documents, Authentication Features, and Information)

制作或传输识别身份的文件、身份认证特征或虚假身份信息,根据情节,处罚金或 15 年以下有期徒刑,或两者并罚。

与入侵设备有关的诈骗罪(Fraud and Related Activity in Connection with Access Devices)

任何人实施下列犯罪行为,根据情节,处罚金或 10 年以下有期徒刑,或两者并罚。

(1)意图使用伪造接入设备;

(2)在 1 年的时间内运输或使用多个未经授权的访问设备,并在此期间获利超过 1000 美元;

（3）明知并意图通过欺骗拥有 15 个或更多的伪造访问设备。

【裁判结果】

2015 年 1 月，得克萨斯州南区法庭法官塞缪尔·林赛（Samuel Lindsay）以威胁报复警察罪和身份盗窃罪判处布朗有期徒刑 63 个月，并处罚金 890250 美元。

【评议】布朗分享超链接行为的法律定性

布朗窃取身份信息案是美国第一起以分享链接窃取身份信息起诉的案件。该案在社会中引起广泛热议，不少民众为布朗仅因分享链接而被起诉鸣不平。评论家艾德里安·陈评论道，检方不择手段地将黑客攻击的行为强加在布朗身上，检方的行为令人恐惧。可见，该案焦点在于布朗分享超链接行为，即布朗分享链接的行为是否构成身份盗窃罪，布朗作为独立撰稿人是否可受宪法赋予的新闻出版自由的保护，以及此行为是否受宪法赋予言论自由的保护。

认定过程的曲折和戏剧变化足以见布朗分享超链接行为的定性之难。2012 年 12 月，检方援引《防止身份盗窃及假冒法》（*Identity Theft and Assumption Deterrence Act*）①，在 12 个法院对布朗的身份盗窃行为提起公诉。由于其分享超链接的行为，窃取他人信用卡等身份信息，将使其面临 45 年有期徒刑的刑罚。随后，布朗表示拒绝认罪。布朗律师甚至严厉指责检方滥用职权②，之所以指控布朗犯身份盗窃重罪，是基于布朗为"匿名者"组织发言人的身份，然而并无任何证据证明，布朗有任何非法进入斯特拉福全球情报公司系统的行为。2014 年 3 月，检方撤销对布朗分享超链接行为犯身份盗窃罪的指控。2014 年 4 月，双方达成辩诉交易，布朗最终被判处有期徒刑 63 个月。2016 年 11 月，布朗被提前释放。

除本身证据不足以证明布朗犯身份盗窃罪外，该案还涉及分享超链接是否为布朗作为独立记者的出版自由和作为公民的言论自由。换言之，检方援引 18 U.S.C. §1028A 起诉布朗身份盗窃罪，侵犯了美国宪法第一修正案赋予布朗的出版自由和言论自由。因此，对布朗分享超链接行为的解析，应从分享链接的行

---

① 18 U.S.C. § 1028A.

② See How Barrett Brown shone light on the murky world of security contractors, 2013. Retrieved from https://www.theguardian.com/commentisfree/2013/jun/24/surveillance-us-national-security.

为是否侵犯布朗的新闻出版自由和言论自由，以及是否构成身份盗窃罪三方面展开。

第一，判断分享链接的行为是否侵犯布朗的新闻出版自由的关键，在于布朗的独立撰稿人身份是否在新闻出版自由的保护框架下。面对身份盗窃的指控，布朗以自己独立撰稿人的媒体身份，声称其具有出版自由。进入信息社会，新闻的出版不再局限在报纸、杂志和电视台等传统媒体，独立撰稿人、网络评论员等自媒体从业者也涌现在新闻行业中。但在现行法律规定下，宪法第一修正案的"出版社"很难包含布朗的独立撰稿人身份。首先，历来援引宪法第一修正案辩护出版自由的媒体均为机构出版社，如 New York Times v. U. S.[①]；其次，在人人皆可成为自媒体从业者的时代，若独立撰稿人也纳入出版社范围，人人均可具有出版社的资格，出版自由所保护的范围太广；最后，宪法第一修正案不仅保护出版言论自由，还保护公民的言论自由。显然，立法者在订立宪法第一修正案时旨在对公民和出版社采取不同的法律保护。[②] 因此，若再扩大出版自由至自媒体人，将过于扩张解释，违背立法原意。

第二，既然宪法第一修正案保护公民的言论自由，那么布朗复制超链接的行为是否为表达言论？笔者认为，复制超链接的行为属于正常言论自由。复制超链接在日常上网中常有，不论是日常浏览，还是资料收集，抑或是调查，均使用此快捷的方式，且超链接连接的内容不乏身份信息。当然，宪法第一修正案并非保护所有言论，淫秽[③]、挑起争端的言论[④]和煽动非法行为的言论[⑤]不受保护。超链接均不在此范围内。以超链接连接信用卡号，就认定为非法言论，不受宪法保护，将侵害宪法的权益，阻碍言论和信息的自由流动。

第三，布朗分享链接的行为是否构成身份盗窃？在信息时代，身份信息不再局限于纸质的证件，身份信息被数字化，转换成无差别的二进制数字。在身份信息形式的转变下，黑客取代扒手成为身份盗窃的主要犯罪行为人。黑客不仅可以悄无声息地盗窃身份信息，还可以批量盗窃、传播和买卖。虽然 1998 年美国

---

① 376U. S. 254.

② Philip F. DiSanto, Blurred Lines of Identity Crimes: Intersection of the First Amendment and Federal Identity Fraud, Columbia Law Review, 2015(115):957-958

③ See, e. g. , Miller v. California, 413 U. S. 15, 24, 36 (1973).

④ See, e. g. Chaplinsky, 315 U. S. 571-572.

⑤ See, e. g. , Brandenburg v. Ohio, 395 U. S. 444, 447-448 (1969).

通过《防止身份盗窃及假冒法》正式确立身份盗窃罪,但直到 2000 年,立法者才开始重视数字身份信息。在该案中,检方认为布朗故意传输身份信息。但布朗的律师认为,布朗并未实施任何身份信息窃取行为,侵入斯特拉福全球情报公司并窃取 200 GB 信息的行为实施者是"匿名者"组织的黑客杰瑞米·哈蒙德(Jeremy Hammond)。因此,布朗不构成非法占有和传输身份信息。这些身份信息是由"匿名者"组织的黑客窃取并整理生成链接上传至网络,因而发生物理移动的"传输"行为是由"匿名者"组织的黑客完成的,而布朗仅仅将黑客生成的链接加以复制,而非"传输"链接里的信用卡号码和信用卡的身份验证信息(CVV),因而布朗的行为不构成传输已窃取的身份信息行为。除无法构成"传输"行为要件外,超链接也无法构成"身份信息"的概念。身份信息应先满足身份认证特征,即任何水印、证书或代码、图片、数字序列或字母序列,或其他可直接认定特定个人或与其他身份认证特征相结合的身份认证特征。[①] 超链接本身作为一个进入路径,显然无法识别特定个人身份。但争议在于超链接是否包含背后的身份信息。在 Utah Lighthouse Ministry v. Found 案中,法院认为根据《兰哈姆法案》(Lanham Act),从超链接中可区分不同商标,因而超链接不仅是导向位置,而且具有商业价值。从中可得出,美国立法对超链接的定性更多在于该超链接本身,即该超链接是否有商业价值,是否有身份信息价值,对超链接采取较为宽松的解释。显然,在布朗窃取身份信息案中,超链接本身只有导向网页地址的作用,并非身份信息。综上而言,布朗的行为均无满足故意传输身份信息罪中的两大要件:传输和身份信息。因此,布朗无法构成本罪。

虽然布朗分享链接的行为不构成盗窃身份罪,但布朗分享的链接与一般链接不同,该链接提供了被窃取的身份信息,即 5000 多个信用卡账号、相应的持卡人的身份信息和信用卡的身份验证信息。具备以上信息,信用卡可被随意盗刷。因此,不得不说,布朗的分享超链接的行为进一步加剧他人身份信息的暴露,使他人的人身安全和财产安全暴露在互联网的透明环境下。在现行法律框架下,对布朗分享超链接的行为的定罪之难,更应引起立法者的注意。在信息时代,对技术娴熟的黑客而言,互联网便利了他们的盗窃行动。该案正是暴露了互联网便利个人信息被大量盗取的困局。而布朗分享超链接的行为正对非法行为起到了推波助澜的作用,数字化的信息可以通过链接随意被分享。笔者认为,菲利普

---

① 1028(d)(1).

• F. 迪桑托(Philip F. DiSanto)提出的解决方案①具有参考价值。迪桑托认为，关于认证特征，即判断身份信息的重要标准仍模糊，应当根据技术的发展，调整认证特征的范围，进一步认定超链接等信息时代特有物的性质。此外，更应在合宪的前提下，完善现今相关法律，严厉打击身份盗窃的犯罪行为。

相较于欧盟基于人格尊严权的个人信息保护模式，美国的保护理念是"防止滥用基础上的自由流通"②，即对言论自由和信息自由给予最大限度的允许。过于强化言论和信息自由的一端，必然带来身份信息保护的弱化。然而，信息作为信息时代的财富，被滥用的情况比比皆是。信息社会下，窃取身份信息、保护身份信息与出版言论自由三方对抗胶着应引起立法者的高度重视，如何平衡背后的法益，既能保护公民的身份信息，又不侵犯公民的言论自由和媒体的出版自由，是信息时代的一大难题。

---

① Philip F. DiSanto，Blurred Linesof Identity Crimes：Intersection of the First Amendment and Federal Identity Fraud，Columbia Law Review，2015(115)：941

② 洪海林：《个人信息保护立法理念探究——在信息保护与信息流通之间》，《河北法学》2007 年第 1 期，第 108 页。

35. 网络传播私密照片致青少年
自杀案(2008)

【关键词】互联网欺凌 裸照 校园欺凌 青少年心理健康

【基本案情】

杰西卡·洛根(Jessica Logan)出生于 1990 年,她身材娇小,金发碧眼,在家里是备受父母宠爱的独生女。洛根的母亲辛西娅·洛根(Cynthia Logan)向《今日报》(Today)的记者这样介绍她:"她活泼、有趣,有艺术细胞。她还很有同情心,是个好孩子。"

2008 年春天,18 岁的洛根在俄亥俄州的梧桐树高中(Sycamore High School)就读。她把一张自己的裸照分享给了当时的男朋友瑞恩·索亚尔(Ryan Salyers)。当时分享裸照在美国青少年中相当流行。根据全国防止青少年计划外怀孕项目组的调查,39%的受访青少年曾用手机短信或者社交软件分享过自己的裸照,48%的受访青少年表示自己曾经收到过别人的裸照。就在洛根发送这张照片不久,她和索亚尔分手了。抱着恶作剧的心态,索亚尔把洛根的裸照发送给自己的朋友拉姆齐·斯塔勒(Ramsey Stachler),斯塔勒又通过社交网络将洛根的裸照传播给其他同学。洛根的裸照越传越远,很快全校学生都见到了她的这张照片。

洛根的噩梦开始了。洛根的同学们给她起了无数侮辱性的绰号。洛根的朋友劳伦·泰勒(Lauren Taylor)告诉美国全国广播公司(NBC)新闻的记者:"每当她来上学的时候,总是会听到'这就是照片上的那个女孩。她肯定是一个荡妇!'这样的话。"洛根试图向学校老师请求帮助,但是老师们除了要求其中一个欺凌者删除照片之外,没有采取任何措施。校警保罗·佩恩(Paul Payne)先前曾在处理一个十年级女生的照片被恶意传播的事件时,展开了针对性犯罪的侦查。然而,在洛根向他求助之后,佩恩没有向她提供类似的帮助,仅仅是找到斯塔勒,要求斯塔勒立刻删除照片,并停止对洛根的欺凌。斯塔勒口头答应了,却在之后发短信威胁洛根说自己会将欺凌进一步升级。校方的放任加剧了学生们的欺凌行为。洛根的心理状况逐渐恶化,她尽力躲着自己认识的人,甚至开始逃学。事态日益严重,但学校仅仅是按照惯例向洛根的家长发送警告邮件,没有重视起这件校园欺凌事件。

收到邮件之后,洛根的母亲非常困惑,为了阻止女儿逃学,她亲自开车送女儿去上学。这时候洛根才向母亲坦白她的遭遇。愤怒的洛根母亲亲自和校方交涉,校方却让她自己和洛根同学们的家长沟通交流。洛根恳求母亲说:"别去,妈妈,如果你去了他们会更加厉害地嘲讽我。"事后,洛根的母亲痛苦地回忆说:"她被攻击了!被折磨了!"

2008年5月,洛根到当地电视台接受采访,讲述自己的遭遇,试图对欺凌者们进行反击。在被电视台刻意打上马赛克的画面中,洛根说她非常恐惧,不想再上学。她说:"我来讲述这件事,就是希望提醒别人,希望他们不要重蹈我的覆辙。"尽管洛根是匿名接受采访,梧桐树高中的同学们还是认出了她。欺凌者们不仅没有因此停止,反而愈发嚣张,每天洛根都会收到斯塔勒和他的朋友们的短信和社交网络信息,在这些信息中他们叫她"荡妇""妓女""讨厌鬼""懒鬼"等侮辱性绰号。洛根一直想到辛辛那提大学读书,校园持续不断的欺凌让她情绪低落,成绩一落千丈,她的大学梦也因此破灭了。在6月份的高中毕业典礼上,欺凌者们向走上舞台领取毕业证书的洛根扔东西。在毕业晚会上,他们公开对她进行羞辱。洛根本以为毕业之后噩梦就会结束,然而,她在家的日子里,欺凌者们利用手机和社交网络变本加厉地羞辱着她。这些持续不断、无法逃避的攻击终于让洛根精神崩溃了。

2008年7月3日,洛根在她房间的衣帽间内上吊自杀。当天,她的母亲走进房间时,看见她的手机躺在房间中央的地面上,屏幕仍然在闪烁——显然,她是受不了永无休止的羞辱信息才选择自我了断的。

痛失独生女的洛根夫妇在2012年2月将梧桐树高中、梧桐树高中的教职人员保罗·佩恩、洛根的前男友瑞恩·索亚尔,以及欺凌事件的始作俑者拉姆齐·斯塔勒告上法庭。根据洛根母亲的陈述,洛根的裸照并不是她主动发给索亚尔的,而是被别人盗走的。但是法庭并未认可她的说法。她悲愤地控诉说:"我女儿的照片是被偷走的,那些被我的女儿称作朋友的人用谎言掩盖他们的恶行,彼此袒护,这让我感到耻辱!我死去的女儿的名声被毁掉了。法官不愿意相信她告诉我的话,却把那些撒谎的青少年的话语当作《圣经》!"在采访过程中,她痛苦极了,不断向已经逝世的女儿道歉。

在洛根去世之后,她的父母加入了今日新闻网旗下的互联网青少年安全组织,他们正在努力让其他的孩子免于洛根所遭遇的悲剧。

洛根的不幸去世引发了立法改革。为了防止悲剧的再度发生,俄亥俄州州长约翰·卡西奇(John Kasich)2012 年 11 月 4 日签署生效了《杰西卡·洛根法案》(Jessica Logan Act)。该法案的主要条款之一是要求学校禁止网络欺凌行为。该法案扩大了俄亥俄州目前反欺凌法的范围,禁止以电子手段骚扰,通过手机、计算机和其他电子设备进行骚扰、恐吓和欺凌。根据《杰西卡·洛根法案》的要求,俄亥俄州的学校必须建立起一套针对网络欺凌的匿名举报制度,每年进行互联网欺凌情况汇报,对学校的教师、校医、行政人员、心理辅导员进行预防网络欺凌的培训。

【相关法律条文】

传播对青少年有害信息罪(Disseminating Matter Harmful to Juveniles)

不得向青少年直接提供或同意出售、传播、展示、出租淫秽和有害材料,违者将根据情节,处罚金或 1 年以下有期徒刑,或两者并罚。

传播淫秽物品罪(Pandering Obscenity)

传播、展示、出租或提供淫秽物品,或宣传、出席、参与淫秽表演,根据情节,处罚金或 1 年以下有期徒刑,或两者并罚。

【裁判结果】

2012 年 6 月,美国俄亥俄州南区地区法院受理此案,被告是梧桐树高中。法官亚瑟·斯佩杰(Arthur Spiegel)判决梧桐树高中赔偿洛根父母 154000 美元。

【评议】校园欺凌的特点与综合治理之道

一直以来,校园欺凌都是学校治理中的难点之一,且随着社会生活的愈加复杂,欺凌者和受害群体愈发低龄化;随着学生的学习生活空间扩展至网络,校园欺凌出现了新的形式——网络欺凌,使得欺凌行为更容易实施;随着社交媒体用户群体日益庞大,曝光的恶性校园欺凌事件极易形成舆论压力。如此种种,表明了治理校园欺凌的重要性,类似本案这种产生了严重后果的欺凌事件频发,更需要有效治理。

一、校园欺凌的特点

(一)校园欺凌具有隐蔽性

行为主体和行为发生空间决定了校园欺凌往往仅在学生间扩散。在此,隐蔽性指的是校园欺凌行为仅存在于欺凌者和受害者之间,不被其他学生、教师、家长等人知晓。校园欺凌是学校中较为强势的学生个人乃至团体对弱势学生进行的身体、精神上的欺侮,行为人往往会避开学校老师和家长,在课余时间选择学校的隐蔽角落或学校周边地区实施欺凌行为。而借助互联网的盛行新出现的网络欺凌,也多在学生组成的社交网络间扩散。

更为重要的是,除了隐蔽的时间、地点使欺凌事件本身难以被发现,知情者对欺凌事件也有保密倾向。在此,隐蔽性有了更广泛的内涵,指的是校园欺凌难以被执法机关、上级主管部门以及大众知晓,从而导致欺凌行为难以被及时制止,欺凌者得不到应有的处罚,受害者也得不到应有的救助。知情者包括校园欺凌的亲历者、其他知情的学生、知情的教职工等。不言而喻,欺凌的实施者不愿成年人介入,因为相对而言,成年人对欺凌者尚有威慑力,能够制止欺凌行为并对欺凌者施以处罚。而受欺凌者和其他知情的学生选择沉默,则是因为相较于成年人的保护,欺凌者及欺凌行为将更长久地存在于学校内,告发行为可能激怒欺凌者并招致更强烈的报复,本案中的受害人洛根即有此恐惧。知情的教职工对外界隐瞒欺凌行为,则有更复杂的原因,或因并未意识到欺凌的严重性,或为了减轻自己的责任,或为了学校声誉,希望能在学校范围内大事化小地解决问题。其他知情者构成了校园欺凌的"漠视者",正是这一群体有意无意地纵容,使得欺凌者越发有恃无恐。

(二)难以对欺凌者施以有效惩处

一方面,刑事责任年龄的限制使得大部分欺凌者免受刑法规制。各国刑法均尽量避免对青少年犯罪嫌疑人进行干预,因为青少年处在学习和塑造三观的重要阶段,采用刑事处罚并非最好的矫正方式,监狱也并非最好的教育环境。因此,实施违法犯罪行为的未成年人多交由监护人严加管教,由学校、行政机关实施的教育惩戒成为主要的威慑手段。虽然已有学者提出,随着社会生活的愈加复杂,青少年心理成熟的年龄提前,可适当降低刑事责任年龄,但经典的犯罪学理论主张应尽量避免用刑罚手段干预青少年的不法行为,降低刑事责任年龄需要经过充分的社会调查、医学和心理学研究以及立法的论证。

另一方面,欺凌者从实施欺凌中获得快感和成就感,往往不会实施严重的暴力行为,而相较于身体伤害,受欺凌者遭受的精神折磨更甚。若刑法轻视精神伤害,而将一定程度的身体伤害作为追究刑事责任的起点,则很多欺凌行为尚不足以构成犯罪。不仅刑法,行政法也同样有责任能力和起罚标准的限制;以填补损失为中心的民法限制较小,但相应的,威慑力也较小。如此,作为正式的干预手段,法律能给予欺凌者的威慑力有限,属校规校纪和道德评价的层面。这种设置了起刑点的刑法属"立法定性又定量"的立法模式,与此相对的为"定性"模式,即不考虑行为人主观上意欲侵害多大的法益且事实上造成了多大损害,仅依据行为性质认定是否犯罪①。定性模式能将校园欺凌行为纳入刑法评价范围,因而欺凌者便能意识到,校园欺凌不是普通的欺负、打闹行为,而是可以构成犯罪的行为。因此若不考虑其他因素,定性的刑事法律立法模式将给予欺凌者更有力的制约,但这只能给我们提供一种制约校园欺凌的思路,并非意味着刑法即应当采用定性模式,因为并非所有微小的法益均值得用刑法保护。

（三）欺凌后果难以消除

因欺凌者和受害者处在共同的学习生活环境,一方面,欺凌者可能在受罚后再度实施欺凌;另一方面,在欺凌事件结束后,受害者仍要面对曾经的欺凌者、漠视者及其他知情者,其难以摆脱受欺凌的阴影,因而可能继续遭受精神伤害,无法回归正常的学习生活,这一情况甚至可持续至受害者升学转变环境及社交圈。

二、治理校园欺凌的要点

（一）多主体协同治理

一直以来,对欺凌者的干预总是在惩罚和教育之间寻求平衡,协同治理即为

---

① 日本刑法即采用此"定性"的立法模式。参见任海涛、闻志强:《日本中小学校欺凌治理经验镜鉴》,《复旦教育论坛》2016 年第 6 期。

了能够灵活地实现干预目的,治理校园欺凌的主体包括学校、家庭、行政机关等。而多主体协同治理也并非口号式的倡议,而是切实给各主体赋予法律上的义务。其中,学校和行政机关天然地负有管理的职责,难点便落在对家庭义务的设置上。一般而言,家庭仅有对未成年人所负民事责任的代偿义务,"家长应严格教养子女"更多的是道德层面的义务。对此,美国有州立法设置了"父母责任"条款,或许值得借鉴:欺凌者的父母拒绝与学校、警察合作,或未能在规定时间内纠正孩子的欺凌行为,则会面临罚金的处罚[①]。

(二)多阶段动态治理

多阶段动态治理指的是在事前、事中、事后均实施相应的措施治理校园欺凌。事前主要为预防措施,不仅要求学校及其他相关部门加强安全管理,压缩所谓无人管理的边缘空间和实践,减少实施欺凌的机会,更要求从源头治理,通过学校开展专题教育,帮助学生正确认识到校园欺凌的性质和危害性,减少潜在的欺凌者和受害者。事中则是要及时制止欺凌行为,重点是学校教职工、家长乃至警察的及时介入,其前提是欺凌行为的知情者能够及时主动地向相关人员报告,因此需参照匿名举报制度保护相关的报告人,防止欺凌者后续的报复。事后则要求对欺凌者进行惩处和教育,以防再犯,以及对受害者所受的损失进行填补,其中最重要的是对精神损害的弥补,弥补精神损害的目的为消除欺凌事件对受害人的影响,帮助其回归正常的学习生活。

(三)及时、有效的治理

及时、有效治理的前提为及时发现欺凌事件。如上所述,校园欺凌的隐蔽性在于其发现难、曝光难。对此,最好的应对方法就是严格加强学校日常安全管理,及时发现欺凌事件;建立上报、抽查机制以防止欺凌事件被瞒报。因校园欺凌发生在学校及学校周边,学校及学校教职工天然地成为最易发现欺凌事件的主体,教师应及时关注学生异常表现及背后原因;学校要及时、严格落实值班、巡查制度;公安机关及其他有关部门配合学校,完善治安防控体系建设。种种措施,均是为了能够及时发现欺凌事件,预防事件的进一步恶化。同时,对于已发生的欺凌事件,"学校和家长要及时相互通知,对严重的欺凌和暴力事件,要向上级教育主管部门报告,并迅速联络公安机关介入处置"[②]。只是,这无疑给学校和

---

① 参见马焕玲、杨婕:《美国校园欺凌立法:理念、路径与内容》,《比较教育研究》2016 年第 11 期。
② 参见《关于防治中小学生欺凌和暴力的指导意见》。

教职工施加了更为严格的管理义务,若无相应的政策配套,很容易便成为口号式的宣传。

就此,日本治理校园欺凌问题的经验值得借鉴,其甚至更进一步地建立了数据统计制度:由地方公共团体、学校自行统计、上报数据,政府官方出具统计调查分析报告,为了防止数据造假,政府还会进行单独的问卷调查,实地了解、评估校园欺凌事件,"同时对数据造假、隐匿不报等情形进行相应的行政追责"[①]。数据统计工作使得大众、政府部门能够及时准确地掌握校园欺凌的现状和发展趋势。

三、结语

因欺凌者和受害者的青少年身份,对校园欺凌后果的评估及治理方式不可简单复制一般的罪错行为,在评估时要充分重视欺凌行为对受害者的精神损害,治理时要兼顾预防和惩处、教育和矫正。同时,所谓治理不仅包括"了结"欺凌事件,另外还包括了对欺凌者和受害者的"追踪辅导",帮助其回归正常的学习生活。唯有多主体、多阶段实施治理手段,将治理做网格化划分,才能达到应有的效果。

---

① 参见任海涛、闻志强:《日本中小学校欺凌治理经验镜鉴》,《复旦教育论坛》2016 年第 6 期。

36. 黄牛党利用票务机器人倒票获利案(2010)

【关键词】黄牛党 倒卖票据 票务机器人

【基本案情】

表演者票务公司是内华达州一家知名的大型票务公司,由凯尼斯·罗森(Kenneth Lowson)和克里斯托弗·基尔希(Kristofer Kirsch)于2002年共同创立并运营。该公司采用网络黑客技术提供虚假的信息,从美国多家在线票务供应商那里购买大量全美范围内的音乐会、体育赛事等娱乐活动门票,然后将这些门票高价转卖。

在公司运营方面,两位创立人有着明确的分工。罗森主管公司用来非法创建网络链接购票的计算机程序,基尔希进行协助并听取员工关于购票软件和网络的报告。乔尔·史蒂文森(Joel Stevenson)是公司的第一名员工,也是该公司的首席计算机程序员和系统管理员,他创建了用于购买门票的代码,同时还负责管理本公司其他程序员,每年可从公司获取15万美元的薪水。费萨尔·纳赫迪(Faisal Nahdi)是首席财务官,负责同公司的计算机基础设施供应商接洽,同时负责制订门票出售计划。纳赫迪对整个公司的财务状况了如指掌,年薪高达16.5万美元。

一般说来,为了确保消费者公平地获得门票,合法的网上售票商以"先到先得"的方式出售门票,并在设备建设上投资了数百万美元,使顾客按他们进入系统购票的顺序排队。这相当于在购票者与售票商之间形成一份协议,在有限的时间内,在系统中预留一张门票,买方决定是否完成付款。紧俏的门票一般在30

秒内就能卖出,这使得购票者的排队顺序非常重要。为了防止黄牛们利用计算机机器人批量囤积门票,在线售票商使用 CAPTCHA[①](验证码技术),这是一种计算机程序,要求潜在购票者读取计算机屏幕上出现的字母、数字和字符的扭曲图像,并在购票前手动重新输入这些图像,这样可以检测和减慢试图购买大量门票的行为。在线票务供应商还适时屏蔽了进行批量购买的 IP 地址。

为了规避这些常见的防范措施,表演者票务公司的罗森和基尔希非常聪明地从其他合法的在线票务供应商的前雇员处打听情报,了解这些公司采取了哪些措施来阻止自动购买,并通过黑客获得了源代码。然后,他们招聘能够绕过验证码技术的程序员,这些技术高超的程序员可以进入购买页面,并找出方法来击败排队队列,获得队伍前面那些令人垂涎的位置。果不其然,他们最终找到了保加利亚的计算机程序员史蒂文森并建立了一个全国性的计算机网络,模仿网站的个人访问者,表演者票务公司的票务机器人虎视眈眈地监控着其他各大票务网站,确保可以迅速采取行动,门票一开始销售,就同时打开数千个互联网链接。这些机器人还用客户信用卡信息和伪造的电子邮件地址填写购买页面,变相囤积来自在线门票供应商的活动门票。

然而这一切并没有逃过全球领先的票务公司 Ticketmaster[②](票务大师)的强大技术网络。它使用各种手段来阻碍表演者票务公司的操作,运用了卡耐基梅隆大学研发的 CAPTCHA 系统(验证码服务系统),该服务也被 Facebook 使用,可见其安全性和技术强度非常高。具体做法是:将 OCR 软件(自动识别软件)无法识别的文字扫描图传给票务网站,用以替换原来的验证码图片;那些网站的用户在正确识别出这些文字之后,其答案便会被传回去。也就是说,这是一个第三方验证码,为网站访问者提供验证码的挑战。当顾客试图购票时,票务大师的网络会发送一个独特的代码来重新验证,然后再向客户发送验证码。

道高一尺,魔高一丈,表演者票务公司还是成功地突破票务公司的防范措施。他们编写了一个脚本,模拟用户试图访问 Facebook,并从验证码中下载了数

---

① CAPTCHA 项目是 Completely Automated Public Turing Testto Tell Computers and Humans Apart (全自动区分计算机还是人类的图灵测试)的简称,是一种区分用户是计算机和人的计算程序,这种程序能生成并评价人类很容易通过但计算机却通不过的测试。

② Ticketmaster 公司成立于 1976 年,为全球各种不同类别项目的超过 1 万的客户、一流的场馆、专业的体育赛事、演出场馆、博物馆和剧院提供过票务服务,几乎垄断了美国主要赛会的票务活动,业务遍及全球 20 个市场。

十万个可能的验证码。他们确定了每个验证码的网际协议地址，并创建了一个验证码"答案"的数据库，以对应于每个互联网协议地址，然后机器人将识别票务大师中一个挑战的验证码并反馈相应的答案。更加狡猾的是，机器人还会模仿人类的行为，偶尔在输入答案时出错，这使得机器人的操作更加逼真。

就这样表演者票务公司囤积了大量门票，但这还只是第一步，接下来的关键是如何出手。公司从票务经纪人那里获得订单，票务经纪人只需要在购买前提供信用卡号码和账户持有人姓名，这些信息就可以被编入机器人的系统，从而使其成功购票。公司还拥有一个大约 1000 个电话号码的数据库，冒充客户的联系电话。结果显而易见，机器人占据活动现场一大块优势位置，而公司员工将会为客户挑选最好的座位，然后将多余的座位释放回系统。在此期间试图购买相同座位的合法购票者可能会在一分钟内找不到这些座位，然后在下一分钟又看到了，仿佛经历了一场"魔术表演"。

经过发展，公司在全国各地租用了几十台服务器和数千个 IP 地址，在运营的高峰期，每月在每个服务器上的花费在 500～800 美元。罗森说："我们在不同的州有 30 台服务器，不管怎么样一台或两台服务器总能提前到达。"非常有先见之明的是，每天，公司员工都会花几个小时来研究看起来可能有利可图的节目，并且在他们每晚离开之前，会使用他们称为"提取器"的图形用户界面对机器人进行编程，以在这些活动开始时搜索门票。当活动门票开始销售时，机器人会返回一张已经预订的门票清单，使用复选框释放出不想要的座位。

可以说，该公司完全统治了票务市场。举个例子，2008 年 7 月，布鲁斯·斯普林斯汀（Bruce Springsteen）和 E 街乐队（E Street Band）在巨人体育场举行了演唱会，可以说一票难求，而表演者票务公司则能够非法购买到近一半的门票，还是最接近舞台的门票。在内部公司报告中，其员工形容他们的成功是"直接统治"，购买了"最好的环面"。随后 2009 年 1 月的费城老鹰队和纽约巨人队在巨人球场举行的美国职业橄榄球大联盟季后赛，他们在门票上更是"大吃特吃"，狠捞了一笔。

2002 年至 2009 年，这群道貌岸然、演技精湛的"表演者们"成功骗过了各大票务网站的技术监测，共非法获取了 150 万张优质门票，通过转售门票赚取 2500 多万美元的利润。"我们不认为我们做了任何违法的事情，我们从来没有做过违法的事情！"当罗森被追查的时候，票务机器人的行为还没有被视为违法。但表演者票务公司已经变得如此庞大，以至于 FBI 动用了《计算机欺诈和滥用法》，这是一项包罗一切的黑客法律，以此来追究该公司。FBI 试图以表演者票务公司为例,对罗森和他的两名同事进行 42 项独立的电信诈骗指控,并对每项罪名判处最高 20 年的有期徒刑。判决主要取决于票务机器人是否规避票务大师的系统。如果有的话,将会在《计算机欺诈与滥用法》下被判有罪;如果没有,票务机器人在购买门票的步骤中更像是一个非常快速的人,那样就没有任何需要归罪的事由了。

2010 年 3 月 1 日,罗森、基尔希和史蒂文森于纽约州自首,同谋纳赫迪当时仍然在逃。

【相关罪名和法律条文】

密谋侵害国家利益罪(Conspiracy to Commit Computer Fraud and Abuse)

两人或多人密谋共同损害美国国家利益,造成严重后果的,处罚金或 5 年以下有期徒刑,或两者并罚。

电信诈骗罪(Fraud by Wire,Radio or Television)

以虚假表示、描述或承诺等方式,在州际或国际无线、有线营利性活动中传播文字、符号、图像或声音,根据情节,处 20 年以下有期徒刑,单处或并处罚金。如果该行为对金融机构造成损失,处 30 年以下有期徒刑或 100 万美元以下罚金,或两者并罚。

未经授权访问计算机和超越权限访问计算机(Gaining Unauthorized Access and Exceeding Authorized Access to Computers)

(1)明知未经授权或超出授权访问计算机,并通过此类行为获取美国政府信息,该信息的泄露有损国家利益,根据情节,对相关负责公职人员处罚金或 10 年以下有期徒刑,或两者并罚;

(2)未经授权访问美国政府部门的计算机,对美国政府产生消极影响,根据情节,处罚金或 10 年以下有期徒刑,或两者并罚。

(3)未经授权访问或超越权限访问受保护的计算机,并进一步预谋欺诈行为,获得非法利益,根据情节,处罚金或 10 年以下有期徒刑,或两者并罚。

【判决结果】

美国新泽西州地区法院的凯瑟琳·海登(Katharine S. Hayden)法官认定 41 岁的罗森和 38 岁的基尔希犯有密谋侵害国家利益罪和电信欺诈罪,判处 2 人 2 年缓刑和 300 小时的社区服务,同时没收罗森非法所得 1120 万美元;判处 38 岁的史蒂文森 1 年缓刑。

37. 谢列兹涅夫非法获取信用卡信息案(2016)

【关键词】信用卡 信息入侵系统 恶意软件 逮捕争议

【基本案情】

被告人罗曼·谢列兹涅夫(Roman Seleznev),1984年出生于俄罗斯符拉迪沃斯托克,因其黑客行为而为人所知,他曾经使用过的网络化名有"Track2""Ncux""bandysli64""smaus""shmak"等。

2003年,谢列兹涅夫在"卡友星球"(一个由乌克兰黑客设计的网站,网络罪犯们会在该网站上买卖盗窃的信用卡资料等)开始了他的黑客活动。他利用盗窃所得的法律数据库账号向他人提供公民的社会安全号码和犯罪记录,并以此获利。

不久之后,谢列兹涅夫的同伙开发了一款"扫描程序",可以对互联网上的所有远程连接的开放端口(一般默认是远程桌面)进行扫描。那时计算机的默认配置所能提供的保护功能很薄弱,而且很多管理员账户不受密码保护。利用这个安全隐患,谢列兹涅夫和他的同伙连接了很多远程计算机,部分计算机内存有财务和信用卡信息。

随后,谢列兹涅夫与一名叫巴德布的金融黑客取得联系,目的是获取后者在金融网络方面的经验。随后,巴德布向谢列兹涅夫提供能够追踪系统和互联网中信用卡使用痕迹的自动化脚本程序。通过这个程序谢列兹涅夫获得了一批信用卡信息转存文件,他转而又将这些文件再出售给巴德布。随着时间的推移,谢列兹涅夫不再满足于和巴德布合作,而是打算利用化名"Ncux"独立售卖信用卡信息转存文件。

2008年,谢列兹涅夫的黑客工作从仅限于扫描完全不受密码保护的计算机拓展到开发能够拦截网络流量的复杂恶意软件。这种恶意软件可以通过向广告流量输入恶意代码来达到扩散的目的。这种操作影响了大量位于美国境内的计算机。

2009年,谢列兹涅夫宣布他的各项业务已经倒闭,然后短时间内又利用"Track2"和"bulba.cc"这两个化名来运作自动盗窃信用卡信息并出售的商店。除此之外,谢列兹涅夫还买下了当时非常出名的非法卡片论坛(carder.su)上的所有关于转存文件的广告区域。2010年,巴德布被美国特勤局逮捕了,谢列兹涅夫在一段时间内没有了竞争对手。

长期以来,FBI一直绞尽脑汁想要逮捕这名俄罗斯黑客。自从得知美国联邦当局通缉他之后,谢列兹涅夫就把自己的行踪限制在与美国没有引渡条约的国家。据悉,他还花了一些时间在美国联邦法院的电子文件归档系统中搜索自己的名字。

2014年夏天,美国联邦当局在与美国没有引渡条约的马尔代夫逮捕了谢列兹涅夫,随后将其转移到关岛等待审判。美国探员在他的笔记本计算机里发现了170多万条信用卡号码,此外还发现了服务器、邮件账户以及与金融交易相关的证据。

此次逮捕引起了俄罗斯方面的抗议。俄方称,对谢列兹涅夫的逮捕等同于一次"绑架",并且美方没有将这次逮捕行动通知俄罗斯使领馆,违反了俄美两国在刑事案件中的互助条约。虽然根据执法上的原因,美国司法部门并不会公开逮捕谢列兹涅夫的具体位置,但俄罗斯外交部指出,马尔代夫就是逮捕谢列兹涅夫的地点,同时对马尔代夫当局允许别国特工抓捕俄罗斯公民并带离国境的做法表示愤慨,认为其违反了国际法惯例。美国国家安全部在一份声明中提到"这项重要的逮捕发出了一个明确的信息:那就是尽管那些无国界并且不断变迁的有组织的犯罪越来越多,但国土安全部将继续致力于打击和瓦解这些复杂的犯罪组织"。

从审判证据来看,2009年10月至2013年10月,谢列兹涅夫侵入了超过500家美国零售商的支付终端系统,通过安装恶意软件窃取了海量客户的信用卡信息,随后将这些信息传到他所控制的位于俄罗斯、乌克兰和美国弗吉尼亚州麦克莱恩市的服务器上。谢列兹涅夫把这些信用卡信息打包后在各种各样的地下网站出售,买家再利用这些信用卡信息进行欺诈活动。谢列兹涅夫的大部分目标都是小型企业,其中西雅图百老汇烧烤餐厅在遭受网络攻击后破产。谢列兹涅夫的犯罪行为涉及约 3700 家金融机构高达 169 万美元的直接经济损失。证据显示谢列兹涅夫通过他的犯罪行为,至少获利数百万美元,一度被认为是"世界上最高产的财务信息盗窃犯"。

谢列兹涅夫还在内华达州受到一项关于参与内华达州"诈骗影响腐败组织"(RICO)的独立指控,以及 2 项关于占有 15 个及以上未经授权的接入设备的指控。此外,谢列兹涅夫还在乔治亚州的北部地区被指控密谋实施银行诈骗和电信欺诈。

【相关法律条文】

银行诈骗罪(Bank Fraud)

以虚假表示、虚假描述或虚假承诺的方式获取资金、贷款、债券或其他由金融机构保管或控制的财产,根据情节,处 30 年以下有期徒刑或 100 万美元以下罚金,或两者并罚。

电信诈骗罪(Fraud by Wire,Radio or Television)

以虚假表示、描述或承诺等方式,在州际或国际无线、有线营利性活动中传播文字、符号、图像或声音,根据情节,处 20 年以下有期徒刑,单处或并处罚金。如果该行为对金融机构造成损失,处 30 年以下有期徒刑或 100 万美元以下罚金,或两者并罚。

故意损害受保护计算机罪(Intentional Damage to a Protected Computer)

未经授权故意向受保护的计算机传输程序、信息、代码或命令,并造成损害,处罚金或 10 年以下有期徒刑。

占有 15 个及以上未经授权的接入设备(Possession of 15 or More Unauthorized Access Devices)

故意或欺诈而占有 15 个及以上的未经授权的访问设备,根据情节,处罚金或 10 年以下有期徒刑。

【裁判结果】

2016 年 8 月,经过为期 8 天的审判,美国华盛顿州地区法院陪审团认定谢列兹涅夫的 38 项罪名成立,包括银行诈骗罪、电信诈骗罪等罪名,联邦华盛顿州地区法院判处谢列兹涅夫 27 年有期徒刑。

38. 卡梅兹网上买卖个人信息案（2016）

【关键词】青少年犯罪 反欺诈与合谋盗用信用卡

【基本案情】

Carder.su 是一个专门销售信用卡信息和被盗身份信息的犯罪论坛和网上市场，就像一个犯罪版的"eBay"，这是一个由俄罗斯人主导的，以美国为基地的国际性犯罪集团，成员被称作同志（carders）。该集团依托在线平台进行大规模犯罪活动，包括贩运信用卡账户数据、伪造证件和信用卡、非法接入计算机设备，以及洗钱、贩毒等。

这一犯罪集团的人员包括指导其他成员开展活动的论坛版主，审查和测试产品、服务和违禁品的审查员，宣传和销售产品、服务和违禁品的联营人，以及大量的具体参与实施犯罪的成员。经过仔细筛选的"供应商"出售产品，供包括假冒设备、被盗的个人信息、被剔除的或被盗的信用卡磁条数据、黑客工具、出租的僵尸网络以及网上银行凭证。论坛管理人员和版主一直负责维护这个系统，普通成员可以对他们购买的产品进行评论，并分享交流有关欺诈的信息和伎俩，还设立了专门的第二论坛来审查新加入的成员。截至 2001 年，该论坛已拥有 5500 多名注册会员。

这个犯罪集团的犯罪动机和目的包括但不限于以下几种：

1.通过非法交易使企业的成员和联营人获利，这些非法交易的手段包括提供识别手段、文件制作工具、制造设备，伪造身份证件，以及未经授权侵入设备；

2.建立、维护和控制市场，分配被盗财产；

3. 协助企业及其成员逃避侦查和起诉;

4. 通过非法手段维护自身的经营利润;

5. 帮助企业提高知名度和实力。

为了实现这些目标,成员们采取了多种多样的手段和方式,主要包括:

1. 伪造身份证件;

2. 非法转让身份信息;

3. 非法占有文件制造工具;

4. 在与银行诈骗犯罪有关的网络任务中使用特定身份识别手段,进行非法转让、占有和使用储蓄账户资金,以获取佣金;

5. 非法侵入未经授权的设备;

6. 成员之间使用复杂加密工具,以免受到其他竞争对手的攻击和安全部门的执法检查。

当时美国特勤局和国土安全部正着手调查信用卡和借记卡欺诈模式的违法犯罪,他们发起了“公开市场行动”(Operation Open Market)。Carder. su 这个庞大的犯罪集团吸引了警方的注意,对该组织的调查开始于 2007 年 3 月。

内部文件显示,当时调查部门逮捕了一名 34 岁的信用卡伪造者莫斯(Moss),他以“凯尔特人”为名,在论坛上购买犯罪物品。特勤局一名调查组探员麦克·亚当斯(Mike Adams)接手了这一网络身份,进入 Carder. su 组织内部进行卧底调查,并一步步取得集团成员的信任。“凯尔特人”在论坛上到处寻找机会,贩卖运送假证件,将 13 个州的假驾驶证卖给了大约 100 多名犯罪分子。很快,“凯尔特人”从一位单纯的犯罪物品消费者转变成一流的供应商,逐步成为组织的可靠成员而享有盛誉。“这个证件是绝对完美的,它有着最好的质量,能够保证在任何地方工作,简直太棒了!”一位从卧底特工处购买伪造证件的内华达州客户说道。

当时未满 18 岁的菲尼克斯城男子戴维·雷·卡梅兹(David Ray Camez),于 2008 年 6 月 22 日成为该组织的成员,在网站上自称“坏男人”“性感医生”。他从网站上几家供应商处购买了一些违法物品,更为关键的是,他还参与该非法组织自身运作,比如,留下了许多卖家的质量反馈,举报了一名涉嫌欺骗他的卖家,发表了很多评论建议,并帮助其他人进行诈骗。在 2009 年到 2010 年之间,卧底特工与卡梅兹多次接触,卡梅兹向他购买了伪造的内华达州和亚利桑那州驾驶执照。

不久,调查人员在联邦快递分拣站截获了一个从巴基斯坦寄给卡梅兹的可疑包裹,海关和边境保护局的警官凯莉·鲍恩(Kelly Bowen)说,当时扣押这个包裹,只是因为它来自巴基斯坦,那是一个"高风险地区"。鲍恩将包裹寄给了特工詹姆斯·斯图尔(James Stull),他们认定包裹中的 26 张信用卡大部分都是伪造的。因为有些卡片上有签名条,看起来就像黏在表面上一样。调查人员使用政府数据库、搜索公用事业记录,追踪到卡梅兹在菲尼克斯的公寓。在对其公寓进行了监视并得到搜查令后,2010 年 5 月 27 日,斯图尔和至少 10 名联邦探员、菲尼克斯警察欺诈小组成员一起搜查了公寓。他们扣押了用于制作信用卡的设备、用美元支付的纸张、现金 2000 美元,以及与乌克兰和越南的货币交易相关的西方国家电报。斯图尔还说,他们在加州发现了一张卡梅兹的身份证和其他人名字的证件。此外,对卡梅兹的计算机进行搜索后,还发现了用于伪造信用卡和窃取身份信息的软件。

在这起针对 Carder.su 的调查中,已经有超过 55 名涉案人员受到指控。检察部门如此大费周章,目的是要打倒据说有近 8000 名成员的 Carder.su。这起案件由检察官乔纳森·奥佛德(Jonathan Ophardt)负责起诉。检察官计划在持续至少三周的审判中展示 1500 件证据和 43 名证人。

卡梅兹作为在"公开市场行动"中抓获的主犯,他的案件进展引起了美国各界的关注,他是美国第一位以联邦勒索罪名进行审判的网络犯罪被告,而不是网络或信用卡诈骗法。他被控共谋和单独违反 RICO 法案①,面临 20 年有期徒刑的处罚。

同时,美国国务院宣布提供高达 300 万美元的悬赏,帮助调查组成员逮捕 Carder.su 的其他两名主犯,他们将为该集团造成的全球 5000 多万美元的经济损失负责。据了解,相关执法行动由奥巴马总统的金融诈骗执法工作组提供协助,美国总统奥巴马成立了该工作组,以积极地协调、调查和起诉金融犯罪。特别工作组成员包括来自各联邦机构,以及州执法部门的代表。目前,该工作组仍在努力,调查和起诉重大金融犯罪,确保对金融犯罪者进行有效打击,并为金融犯罪受害者追回所得。

【相关法条及罪名】

参与欺诈罪和串谋欺诈罪(Participate in a Racketeer Influenced Corrupt Organization)

任何人进行以下犯罪行为,处 20 年以下有期徒刑或者罚金:

---

① RICO 是美国 1970 年国会通过的 *Racketeer Influenced and Corrupt Organizations Act* 的缩写。

直接或间接敲诈勒索或通过非法债务获得收入,受雇于企业,参与该企业的敲诈勒索或非法债务活动,处罚金或 20 年以下有期徒刑,或两者并罚。

身份盗窃罪(Fraud and Related Activity in Connection with Identification Documents, Authentication Features, and Information)

制作或传输识别身份的文件、身份认证特征或虚假身份信息,根据情节,处罚金或 15 年以下有期徒刑,或两者并罚。

【判决结果】

2012 年 1 月,卡梅兹及其同案犯 38 人被起诉,卡梅兹因欺诈罪被内华达州法院判处 7 年有期徒刑。此后 FBI 又根据《反欺诈与合谋法》起诉卡梅兹。2014 年 4 月 10 日,陪审团裁定其违反美国法律。因涉嫌参与欺诈罪和身份盗窃罪,卡梅兹刑期增至 20 年,并处罚金 2000 万美元。卡梅兹提出上诉,2016 年 10 月 17 日,美国第九巡回法院判决驳回上诉,维持原判。

【评议】RICO 法案在新型有组织的网络犯罪领域下的适用

戴维·雷·卡梅兹是美国第一位以勒索罪受审的网络犯罪嫌疑人,而不是计算机或信用卡诈骗罪。他被指控违反 RICO 法案(《反欺诈与合谋法》),并面临 20 年刑期。

该案存在两大争议焦点:

其一,是否适用 RICO 法案。在本案中,并没有相关证据直接指向卡梅兹实施具体犯罪行为,如果适用 RICO 法案,执法人员即使没有发现直接犯罪,也可以起诉有组织犯罪集团的成员。因此,陪审团面临的关键问题不在于卡梅兹是否是个骗子——他已经因为伪造证件而服刑,而是他使用的网站是否是一个有组织的犯罪企业。

1970 年制定的 RICO 法案起初是为了帮助 FBI 打击黑手党,使得每个犯罪组织成员对整个团体的行为负责。如果在本案适用,那么卡梅兹将对所有 7800 名 Carder.su 用户犯下的每一起罪行承担法律责任,政府估计这些用户造成 5050 万美元的损失。依据该法案对卡梅兹定罪将为美国检方提供强大的法律武器。

检察官认为,Carder.su 的成员都是该有组织犯罪集团的一部分,因为他们在进入该系统内需要经过审查,并承诺遵守论坛的安全标准,实质性参与了运营。

　　其二为被告卡梅兹的年龄,起诉时被告为 20 岁,而其实施具体犯罪行为时为 18 岁。卡梅兹是否应按照青少年犯罪特别程序来处理? 普遍观点认为为了起诉年龄在 18—20 岁的被告,可以承认先前犯罪行为处于持续状态,对其按照一般程序起诉。

　　助理检察长戴维·奥尼尔说:"卡梅兹是一个庞大的犯罪组织的成员,这个组织助长了全球范围内的网络诈骗活动,作为有组织犯罪的新面孔——它有一个高度结构化的运营网络,就像一个企业在全球范围内进行欺诈一样。有很多像卡梅兹这样的会员花钱进入该组织,掌握高度敏感的信息,比如被盗的信用卡号码和身份。"

　　美国内华达州检察官丹尼尔·博登表示:"正如本案所示,网络犯罪已经发展成为一个产业,迅速超越银行抢劫类的传统犯罪。网络犯罪曾经被视为未来的犯罪浪潮,但事实上,这种威胁现在已经发生。我们将继续与国际执法伙伴合作处理这类案件并追踪和起诉,绝不姑息。"

　　洛杉矶国土安全调查局局长克劳德·阿诺德说:"故意伤害无辜美国人和危害世界经济稳定的网络犯罪分子将被追捕、调查和起诉,并最终得到他们应得的惩罚。这个案例是机构合作执法成功打击有组织网络犯罪的良好示例。"

　　"这些计算机黑客和身份窃贼的行动伤害了无数无辜的美国人,严重损害了我们的金融体系和全球商业",负责美国国土安全调查的助理特工迈克尔·哈里斯说:"这些罪犯可能认为他们可以通过隐藏在计算机屏幕后面或身居海外来逃避侦查,但正如这一判决所表明的,网络空间并不是美国司法的避难所。"

　　此案揭开了新类型犯罪的冰山一角,更为重要的是对未来起诉网络犯罪有着深远的影响,是一个具有里程碑意义的案件。

　　一个身体力行领导着亲信们的黑帮老大的传统形象,正迅速地被数字罪犯形象所取代,网络犯罪团伙之间的相互联系是如此紧密,并且跨越了国家边界。从数据泄露到在线欺诈计划,网络金融犯罪日益受到有组织犯罪集团的支配。信息安全协会 2013 年的一项分析发现,近 80%的网络犯罪事件源于某种形式的有组织活动。

　　尽管媒体对公共和私营部门的关注和努力增加了安全性,但网络金融犯罪对于跨国帮派仍然有吸引力。此前发布的一份联合报告中,迈克菲公司和战略与国际研究中心将全球网络犯罪造成的年度损失定位在 375 亿～575 亿美元。报告称:"网络犯罪为黑客带来低风险和相对低成本的回报"。尽管在网络和现实世界中的有组织犯罪集团之间存在一些重叠,但许多网络团伙与更传统的黑社会组织几乎没有相似之处,提供"网络犯罪服务"的松散关联组织大都是一次性工作,只能通过在线论坛或暗网进行关联。尽管许多网络犯罪组织集中在俄罗斯,但参与者可能分散在全球各地,并采取分散的领导结构。

但这些新问题并没有阻止美国立法机关利用数十年来为有组织犯罪群体而设计的法律,即 RICO(《反欺诈与合谋法》),来打击他们称之为现代版的黑社会组织,美国司法部正越来越多地将 RICO 作为追究网络金融犯罪活动的工具。

作为美国检察官打击网络犯罪的执法工具,RICO 有几个关键优势。首先,法案提供了更严厉的处罚措施,包括 20 年有期徒刑,并没收敲诈勒索活动的收益。这些处罚往往导致犯罪嫌疑人在审判前认罪。其次,RICO 允许检察官获得一份审前限制令,冻结可能会被没收的资产。检察官可以利用这一条款阻止犯罪嫌疑人使用敲诈勒索到的资产支付辩护费用。最后,RICO 可认定被告对组织的行为负责,并且在诉讼时效方面提供了更多的灵活性。自从 1970 年生效以来,RICO 已经把形形色色的罪犯,从纽约市的黑手党家族,到警方的腐败分子、天主教神职人员、某些高级官员都一一拉下马来。美国缉毒局的前监管特工、有组织犯罪的顾问格里高利·李解释称,即使他们没有亲自参与,他们仍然属于具有强联系的等级结构的组织,有领导人和追随者——每个人都有同样的责任。

对 Carder.su 的调查表明,美国执法部门正在越来越多地采取更加激进的策略来打击网络犯罪分子。这起案件部分源于美国特勤局"公开市场行动"时收集的证据。

尽管美国执法机构对网络犯罪分子施加的压力越来越大,网络犯罪成本呈螺旋上升,网络犯罪的普遍性和高收益依然存在。安全公司赛门铁克 2013 年的一份报告发现,美国的网络犯罪造成的损失,总计达 380 亿美元。网络犯罪也占金融犯罪的大部分,据资安公司(Info Sec)的说法,计算机欺诈活动占现在所有欺诈活动的 1/3。由此可见,打击网络犯罪依然任重而道远。

与此同时,要注意到,根据 RICO,将论坛视为犯罪组织的一个重要要素是论坛对新成员的审查。这无疑会让许多处在合法边缘的网站及其用户——地下市场文件共享者感到担忧,几乎所有网站都会对新成员有审查过程。RICO 所涵盖的诈骗活动范围很广,涉及各种伪造和侵权,以及谋杀、绑架和纵火,只要与有组织犯罪有关就面临威胁。这么强大的法律威慑力或许会成为对付网络罪犯的有力武器,但需要谨慎适用。

第五部分
危害网络安全与国家安全

39. 伊朗"震网"病毒事件(2010)

【关键词】伊朗 核电站计算机病毒 网络战

【基本案情】

"震网"(Stuxnet)是一种计算机蠕虫病毒。2010年6月,"震网"病毒首次被发现。"震网"病毒与普通病毒的根本不同在于其特殊的目的。通常黑客会利用计算机的漏洞盗取银行和信用卡信息来获取非法收入,而"震网"病毒却拥有与武器类似的目的,那就是巨大的破坏力。"震网"病毒是首个专门针对工业控制系统的蠕虫病毒。迄今为止,"震网"病毒已经感染20多万台计算机和1000多台机器。"震网"病毒感染的重灾区集中在伊朗境内,该病毒对伊朗布什尔核电站造成了严重影响。

"震网"病毒由三个组件组成:一个蠕虫病毒,用于执行攻击程序;一个链接文件,用于自动执行传播蠕虫病毒的副本;一个木马后门工具(rootkit),用于隐藏恶意文件及程序,防止"震网"病毒被检测出来。该病毒利用西门子 WinCC/PSC 数据采集与监控系统(SCADA 系统)中存在的漏洞来感染由该软件控制的可编程逻辑控制器(PLCs)。只要将已被病毒感染的 U 盘插入 USB 接口,"震网"就会在神不知鬼不觉的情况下取得一些工业用计算机系统的控制权,并代替控制系统向其他计算机"发号施令"。

布什尔核电站(Bushehr Nuclear Power Plant)位于伊朗南部港口城市布什尔,是伊朗首座核电站。布什尔核电站原是 1974 年由德国西门子公司负责建造的,后来在美国的反对和施压下,西门子公司停止了与伊朗的合作。1995 年,俄罗斯和伊朗两国签署合同,由俄罗斯帮助伊朗续建该核电站。在俄罗斯的帮助下,布什尔核电站于 2010 年 8 月完工,设计装机容量为 1000 兆瓦,计划于 2011 年正式投入生产。

然而，2010年8月之后，布什尔核电站的启动时间就被一再拖延，原定2010年8月21日装载燃料棒，2010年10月底或11月初开始并网发电。但2010年8月底，伊朗原子能组织表示，由于布什尔市天气炎热，"出于安全考虑"，伊朗方面决定推迟装载燃料棒。2010年9月底，伊朗国内数万个互联网终端感染蠕虫病毒。时任伊朗原子能组织主席萨利希（Ali-Akbar Salehi）宣布布什尔核电站推迟两个月至2011年1月前后供电，但未说明原因。2010年10月4日，萨利希声明，布什尔核电站推迟供电与蠕虫病毒攻击没有关联。但他第二天表示布什尔核电站核反应堆附近一个燃料贮存池发生轻微泄漏，导致该核电站启动过程延迟。当月26日，布什尔核电站正式开始为核反应堆装载核燃料。萨利希当天表示，伊朗希望2011年2月中旬能看到核电站并网发电。

2010年11月底，萨利希表示，布什尔核电站已经完成燃料加载，将在2011年1月底前开始发电。然而，2011年1月28日，萨利希又宣布，伊朗希望布什尔核电站能于4月9日并网发电。他说，核电站设施的安全比并网发电更重要。2011年2月26日，伊朗常驻国际原子能机构代表苏丹尼耶（Ali-Asghar Soltanieh）突然宣布，伊朗将暂时卸载其首座核电站布什尔核电站的核燃料。苏丹尼耶称，伊朗"应俄罗斯要求，将从核反应堆堆芯中取出核燃料，以便进行多项试验和相关技术工作。试验结束后，核燃料将被重新装入堆芯"。2011年9月3日，布什尔核电站终于并网发电。当月12日，伊朗政府举行庆祝仪式，宣布布什尔核电站正式启动。

尽管俄罗斯和伊朗始终予以否认，但是舆论猜测布什尔核电站发电计划的一再推迟是因为布什尔核电站遭到了"震网"病毒的攻击。同时，舆论还猜测"震网"病毒由美国和以色列共同开发，以期破坏伊朗核计划。2010年9月25日，美国《纽约时报》报道，美国总统乔治·W.布什曾授权使用新技术破坏应用于伊朗核计划的电力和计算机等系统。2011年2月15日，英国《每日电讯报》报道，以色列国防军领导人加比·阿什肯纳齐（Gabi Ashkenazi）在其退休晚会上播放的一个视频中称"震网"病毒是他担任以色列国防军参谋长时的一个军事成就。2012年6月1日，《纽约时报》报道，"震网"病毒是美国和以色列秘密军事行动"奥运军事行动"的一部分，旨在破坏伊朗的核计划。

另外，"震网"病毒高昂的研发成本也暗示了其应当出自国家情报部门之手。"震网"病毒本质上是一种利用"零日漏洞"（zero-day）进行攻击的病毒。"零日漏洞"，是指软件中刚刚被发现，还没有被公开或修补的漏洞。由"零日漏洞"入侵计算机,可大大提高成功率。但"零日漏洞"一般都极为昂贵,在互联网黑市通常可以卖到几十万美元。国际反病毒厂商卡巴斯基实验室(Kaspersky Labs)的创始人尤金·卡巴斯基(Eugene Kaspersky)认为,"震网"这样复杂的网络病毒,绝非个人能开发的,需要大量的工程师进行团队合作,且工程师们要对工业生产过程和工业基础设施十分了解。尤金·卡巴斯基的观点代表了大多数计算机专家的观点,即"震网"病毒攻击的背后必须要有一个国家的庞大财力和先进技术作为支撑。

但是无论关于"震网"病毒起源的讨论如何,"震网"病毒的出现已经出乎许多专家预料。在人们的观念中,电视机、冰箱、空调这样的硬件设备和计算机病毒是没什么关系的。再厉害的计算机病毒,最多也就是把自己计算机中的所有文件都破坏掉。但是"震网"病毒所针对的,正是那些看似没有病毒威胁的工业基础设备。当"互联攻击"被带入到"物联攻击"之时,病毒攻击已经真真切切地影响到了现实生活。而"震网"病毒事件的严重性还不仅仅在于其威胁了国家重要设施安全,更在于其威胁了人身安全。2011年1月26日,俄罗斯常驻北约代表罗戈津表示,"震网"病毒可能给伊朗布什尔核电站造成严重影响,导致有毒的放射性物质泄漏,其危害将不亚于1986年发生的切尔诺贝利核电站事故。

"震网"病毒被一些专家定性为全球首个投入实战的"网络武器"。作为"网络武器","震网"病毒不仅具有危害性大的特点,还具有覆盖范围广的特点。"震网"病毒除了对伊朗的核电站造成严重影响,还感染了来自世界各地其他国家的计算机。仅中国就有约600台计算机遭到"震网"病毒感染。另外,作为"网络武器",具有政治目的也是"震网"病毒的特点之一。"震网"病毒也曾被用于破坏朝鲜的核计划。2015年5月29日,英国路透社报道,美国在2010年试图利用"震网"病毒破坏朝鲜的核武器项目。美国情报人士称,"震网"的研发者制造了一种相关病毒,在遇到朝鲜语计算机时就会被激活。但是由于朝鲜与世隔绝的通信网络,美国特工无法侵入平壤核武器项目的核心计算机,该行动也以失败告终。

"震网"病毒的出现,可能就是未来网络战的一种预演。卡巴斯基实验室认为,"震网"病毒是十分有效且可怕的网络武器原型,它将导致全球新的军备竞赛。例如,2012年9月23日,英国路透社报道,伊朗在遭受"震网"病毒攻击之后增强了其网络战的能力,而且对美国企业和银行施行了报复性袭击。2012年,美国称伊朗政府指使黑客攻击美国银行和企业。2012年3月24日,美国司法部起诉了7名伊朗公民,指控他们对美国46家银行和1个水坝发动网络攻击,直接影响美国国家安全。

40. 朱利安·阿桑奇泄密案(2010)

【关键词】机密 黑客 维基解密 丑闻

【基本案情】

被告人朱利安·保罗·阿桑奇(Julian Paul Assange),1971 年出生于澳大利亚昆士兰。其童年和青少年时代,由于父母在戏剧团工作,阿桑奇常常随着剧团巡演四处搬家,居无定所,14 岁那年,他就已经搬了 37 次家。现代流浪者的生活方式和他母亲对教育体制的不信任,导致阿桑奇不曾接受系统的学校教育。根据阿桑奇的自述,图书馆才是他的学校,他依靠书籍的索引,一本本地找书看,有时候还会到大学去旁听课程,他就这样完成了基础教育。

昆士兰人习惯于在街头大胆讨论政治,他们厌恶权威,警惕政府。这种开放自由的风气极大地影响了阿桑奇的世界观,塑造了他的人格,也让他坚信自己对世界负有责任。阿桑奇早年在一篇博客中写道:"每个人都想改变世界,没有人敢于改变世界。"他成名之后在 TED(每年在加拿大蒙特利尔举办的针对公众的非营利性专业讲座)演讲中说:"有能力的人并不直接制造受害者,但是他们的行为影响着受害者。"

18 岁那年,阿桑奇的儿子出生。同年,他迷上了计算机系统。阿桑奇是互联网世界的元老级人物。1993 年,阿桑奇参与了澳大利亚第一个公共网络服务公司郊区公网(Suburbia Public Access Network)的建设。1994 年,23 岁的阿桑奇开始编程,参与传输控制协议端口扫描器的编写。1995 年,他为世界上最先进的对象——关系型数据库 Postgres 编写补丁。

同时,阿桑奇也很喜欢作为黑客侵入政府和企业的网站,他的目的仅仅是证明自己的技术足以在互联网世界里任意穿梭,而不是获取经济利益。"我们可不像现在那些黑客，只想偷老奶奶账户里面的钱。"阿桑奇在演讲中回忆这段经历的时候说道。1991年，他因为入侵加拿大诺特尔（Notel）电信公司的网站而被起诉，1995年，他对25项黑客相关的罪名表示认罪，但未被判处有期徒刑，仅被判处罚金2100澳元。法官在判决中解释说："尽管他的确入侵了计算机系统，但他只是完成了一项网上智力竞赛，除此之外，没有任何证据证明他违法或者犯罪。"

2006年，阿桑奇建立了维基解密。维基解密是通过协助知情人向公众公开对于社会有重要意义的政府和企业信息，以督促政府、企业在阳光下运作为目的的无国界、非营利的互联网媒体。从此他再次开始了流浪生活，在机场和朋友的家中住宿，为一个个泄密者提供帮助。他在接受TED的采访时说："我拿着一台800美元的二手计算机，做的事情比全世界媒体都要多。他们应该要羞愧。"

2010年，维基解密公布了一系列由前美军士兵切尔西·曼宁（Chelsea Manning）提供的信息，就此"一战成名"。泄露的信息包括美军在巴格达驾驶阿帕奇直升机射击平民，导致两名路透社记者身亡的视频录像和482832份美国的阿富汗、伊拉克战争记录。这些记录揭开了部分美军士兵把平民伤亡伪造为敌军伤亡上报的丑闻，引起了全世界的关注。阿桑奇在事后的演讲中承认，有很多普通美国军人的家属给他写信斥责他不应该公开这些信息，"我的儿子并不是这么残忍的人，你让人们误解了他"。阿桑奇则回应说："你只看到30分钟的视频，而这是每天都在巴格达上演的真相。"2011年10月，在英国西敏市特拉法加广场，他对公众说："如果谎言足以挑起战争，那么真相应当能带来和平。"

2010年11月28日，维基解密开始陆续公布251287封美国外交电报，拉开了举世震惊的"电报门"泄密事件的序幕。这些电报是各国政府官员通过274个美国领事馆、使馆、世界各地的外交使团发送给美国国务院的机密信息。这些信息透漏了美国政府内部对核裁军、中东问题的分歧，美国一些对外间谍活动和反间谍活动的信息等。泄露的电报显示，2003年美国领导入侵伊拉克之前的几个星期，美英外交官窃听了联合国秘书长科菲·安南的电话，这显然违反了禁止在联合国进行窃听监视活动的国际条约。泄露电报中还透露了许多阿拉伯国家高官腐败的丑闻。维基解密揭露的信息点燃了饱受腐败当局压迫的突尼斯民众的愤慨情绪。

2011年4月，维基解密公布了美国五角大楼的机密文件"关塔那摩文件"。该文件透漏了美军在2002年建立的用于关押阿富汗战争中的罪犯的关塔那摩监狱内对待囚犯的不人道行为。关塔那摩监狱最小的囚犯只有14岁，最年长者已经 89 岁,他们的生存状况非常恶劣。此事件让美国政府颜面无光。阿桑奇因此得到了公众的广泛关注,悉尼和平基金会(Sydney Peace Foundation)为他颁发了金质奖章。但是,阿桑奇也因此受到攻击,美国副总统乔·拜登(Joe Biden)说,阿桑奇是一个恐怖分子。

2010 年泄密事件发生后,美国政府对此事件展开了刑事调查,并要求联合国提供援助。2011 年,在针对曼宁的调查中,美国警方发现,阿桑奇给曼宁传输机密信息,提供积极技术指导。美国司法部表示,阿桑奇的行为犯了窝藏包庇罪。曼宁坚决否认,声称自己是完全自行完成的信息传输。曼宁被判处有期徒刑 35年,服刑期间,在奥巴马的要求下,曼宁案被改判轻罪,并在 2017 年结束服刑。美国检方透露,阿桑奇可能面临包括间谍活动罪、盗窃美国政府财产罪,以及计算机犯罪的相关指控,刑期可能长达 45 年。针对阿桑奇的刑事调查仍在进行之中。

2010 年 11 月,阿桑奇被瑞典检察机关指控犯强奸罪。当时,与阿桑奇有过性关系的两名瑞典女士找到警方,希望警方帮助她们找到阿桑奇,建议他去进行性疾病检测。在警方的诱导下,这两名女士指控阿桑奇强奸了她们。阿桑奇否认这些指控,并表示这是美国政府对他参与泄密的报复。他于 2012 年 8 月获得厄瓜多尔的庇护,之后一直留在伦敦的厄瓜多尔大使馆。2017 年 5 月 19 日,瑞典检察官放弃了对阿桑奇强奸指控的调查,并申请法院撤销了针对他的逮捕令。2019 年 4 月,厄瓜多尔大使馆放弃对阿桑奇的庇护,阿桑奇被捕。

即使藏身于厄瓜多尔大使馆的地下室,阿桑奇依然对世界政局有着不可忽视的影响力。2016 年美国大选期间,维基解密发布了从希拉里·克林顿(Hilary Clinton)的私人电子邮件服务器中获取的自 2010 年 6 月 30 日至 2014 年 8 月 12日的 30322 封电子邮件。这些邮件显示,希拉里涉嫌向 ISIS 出售武器,收受政治献金。对此,希拉里回应称,阿桑奇是俄罗斯情报部门的工具,这是俄罗斯主导的对她的蓄意诋毁。阿桑奇则声称,他并不支持任何一名候选人:"我个人很同情希拉里和特朗普,他们以不同的方式,被自己的野心所扭曲。"尽管他不断否认自己与俄罗斯的关系,声称"只要是政治、外交、道德命题相关的信息我们都会发布",他还是遭到了支持民主党的美国媒体的口诛笔伐。

【相关法律条文】

窝藏包庇罪(Harboring or Concealing Persons)

任何人窝藏或隐藏任何他知道或应当知道的犯罪行为人,处罚金或 10 年以下有期徒刑,或两者并罚。

泄露机密信息罪(Disclosure of Classified Information)

知情并故意将美国的机密信息提供、传播至第三方,或以任何损害美国安全或利益的方式使用,或为任何外国政府的利益而损害国家机密,处罚金或 10 年以下有期徒刑,或两者并罚。

收集、传播和丢失国防信息罪(Gathering and transmitting defense information)

合法拥有与国防有关的文件、手稿、照片、地图、器具等的政府公职人员,故意收集并将这些资料和物品交给无权接收该资料和物品的第三国,处罚金或 10 年以下有期徒刑,或两者并罚。

盗窃美国政府财产罪(The Theft or Conversion of Property Belonging to the United States Government)

盗窃美国政府部门的文件、物品等,并意图非法获益或用于其他未经授权的用途,处罚金或 10 年以下有期徒刑,或两者并罚。

【裁判结果】

目前,针对阿桑奇的刑事犯罪调查仍在进行,美国检方尚未对他提起诉讼。截至 2018 年 5 月,英国地区法院的法官艾玛·阿巴思诺特(Emma Arbuthnot)裁定针对阿桑奇的逮捕令依然有效。2019 年 4 月,阿桑奇被英国警方逮捕。

41. 网络钓鱼攻击骗取银行存款案
（2011）

【关键词】网络钓鱼攻击 欺诈 宙斯木马

【基本案情】

EMI 公司（Experi-Metal）是密歇根州一家定制金属制造公司，科美利加（Comerica）是得克萨斯州一家银行，双方于 2000 年 9 月展开合作。两者签署的"财资管理服务协议"授权 EMI 公司使用科美利加公司电汇服务，EMI 公司可在线发送付款令或接收资金转账，进而享有科美利加网上银行系统中的财资管理运营服务。根据服务协议，EMI 方需要提供用户信息以及授予用户享有服务的权限，这些信息被加载到科美利加的执行工作表上。该工作表载有为客户建立服务的用户配置文件。同时，EMI 公司有 6 个账户，分别是扫描账户、通用账户、雇员储蓄账户、税务账户、工资账户和商业账户，这 6 个账户被授予电汇服务访问权限。其中，雇员储蓄账户是 1 个"零余额"账户，即公司需要先将资金转入账户，再从中扣取存款以支付员工工资。此外，双方签署了 1 份"应急授权和安全程序"文件。该文件授权用户在电汇服务无法运行时，可通过电话发起电汇指令。

值得注意的是，该服务还提供双重控制支付的功能，即在线服务不可用时，需对方回电话以核实付款指令的真实性，以此提供更安全的保障。但是，EMI 没有注册使用该功能，这为后来的网络钓鱼攻击埋下了祸根。

多年来，科美利加使用"数字证书"认证网上银行客户。数字证书为互联网通信中标志各方身份的一串数字。许多银行都设下要求，在银行允许客户访问在线系统之前,需从客户的浏览器中加载银行密码签名的数字证书。从 2000 年到 2008 年,科美利加向 EMI 和其他客户发送电子邮件,指引客户点击邮件中的链接,再登录到最终的网站,以更新科美利加所要求的数字证书。

但是,依赖数字证书的问题在于,网络钓鱼者使用虚假的电子邮件,以"嘿,这是你的银行,请更新你的数字证书"的内容来迷惑客户。在几年的时间里,不少客户遭受欺诈,舍弃真正的电子证书,或安装了网络钓鱼者发送的恶意软件。此外,恶意软件可从受害者个人计算机中窃取数字证书。为了解决此问题,从 2008 年开始,科美利加敦促客户采用一种全新的安全解决方案,在认证用户名和密码的基础上,增加使用多因素身份验证的 RSA 安全令牌。这些令牌周期性地生成一个新的随机数字代码,它必须与客户的用户名和密码一起输入,安全性得到很大提高。技术更新后,科美利加向用户发送了一封电子邮件以确认信息。

2009 年 1 月 21 日上午,EMI 公司的副总裁格里·金(Gerry King)收到了一封包含网页链接的网络钓鱼电子邮件。邮件声称,银行需要对其软件进行定期维护,用户需填写一份在线文件"科美利加业务连接客户表单",此邮件与普通邮件没什么两样。格里·金将电子邮件转发给控制员马斯洛夫斯基(Keith Maslowski)。马斯洛夫斯基说,这封电子邮件与他从科美利加那里收到的电子邮件类似。在他按照此邮件指令更新 EMI 的数字证书时,他点击邮件中的链接,计算机跳转至与科美利加网站非常相似的网站。紧接着,该网站提示他登录账号,并输入他的机密 ID 号和密码。事实上,当他这样做时,他不知不觉让未经授权的第三方访问 EMI 的账户,第三方开始将资金从 EMI 的账户转移到俄罗斯、爱沙尼亚、苏格兰、芬兰和中国等多地的各种账户。

为了方便诈骗,犯罪分子将 EMI 通用账户中的所有资金转移到其扫描账户,还将公司其他账户中的现有和非现有资金以及股东个人账户资金转入扫描账户,共执行 20 次"转账",总额超过 560 万美元,其中科美利加只由于资金不足拒绝了三笔转账。大部分转账通过 EMI 的员工储蓄账户进行。在开始时,这些账户没有资金,因而产生了 500 万美元的账户透支。

随后,科美利加公司接到报告说有六个可疑电汇转账,涉及从 EMI 的扫描账户通过摩根大通转移到境外受益人账户。科美利加立即与 EMI 联系,以确定其是否发起了付款指令,对方表示公司当天没有处理任何电汇付款的订单。于是,相关人员紧急禁用了 EMI 公司在线银行系统的用户身份,并通过修改密码停用了所有用户标识,避免可能有人利用账户身份访问电汇服务,然而,他们犯了一个致命的错误，并没有及时将欺诈方从系统中剔除，因而没能阻止那些已经登录到该系统的用户继续进行在线活动。因此，在中午12点多时，犯罪分子仍然能够启动其他的电汇支付指令，直到下午2点其才被彻底"杀死"。

EMI于11月17日对科美利加提起诉讼，主张未经授权的电汇转账造成的损失风险应由科美利加承受，因为其"未遵守公平交易的合理商业标准"，没有以合理方式应对电汇欺诈风险，使用户暴露无遗。而科美利加则反驳称，"对于任何一个负责保护EMI的财务记录和数字证书的人来说都是合理的"，其对按照既定程序操作的转账活动不具有监控责任，银行的安全技术在商业上是合理的，因为这些技术已经在行业内普遍使用，银行已经采取了合理的反欺诈防范手段，根本原因在于EMI的员工未能保护自己的安全信息，违反了之前签订的服务协议。

而在对此次钓鱼欺诈的追踪中发现，当钓鱼者不要求代码以及访问凭证时，令牌工作得很好。但窃贼通过使用"宙斯木马"等恶意软件时，会破坏安全令牌。该木马可以在受害者的浏览器上弹出虚假银行网站，以便通过欺诈的方式获得受害者的用户名、密码和安全令牌号码。受害者通常会被引导到一个虚假的维护页面，页面告诉受害者在几分钟内再次尝试，而幕后黑客们代表受害者提交了截获的信息，然后发起未经授权的转账。

此案受到一些中小型组织的密切关注，这些组织已经因为网络钓鱼欺诈损失了数百万美元，并一直期待法院能够表态由银行承担至少部分损失。所以这些组织的关注点是谁该为自动清算欺诈（Automated Clearing House Fraud，以下简称"ACH欺诈"）负责。安全专家指出，过去几年来，ACH骗子已经赚取了数亿美元，通常会对与小型地区性银行合作的小型企业、学校董事会和社区组织下手。黑客窃取公司员工的在线银行证书，再使用ACH系统快速从账户中转移数十万美元。

很多ACH欺诈纠纷以庭外调解的方式解决。调解的结果为双方各担风险。此妥协基于以下事实：即便诉至法院，受害者也很难获得应有的赔偿。信息法律小组的创始合伙人兼美国律师协会信息安全委员会联席主席大卫·纳维塔（David Navetta）说，关键在于判定科美利加是如何应对安全漏洞以及处理欺诈电汇和汇出资金。更深的问题在于，银行的责任从何而来，客户过错是从哪里开始。在多大程度上，银行要预见客户的错误并制定安全措施来减轻安全漏洞的风险。换言之，互联网金融企业的安全保护义务该如何设置，以及未履行该义务的责任该如何承担。

【相关法条】

计算机诈骗及其他相关犯罪 (Fraud and Related Activity in Connection with Computers)

通过散播恶意程序、信息、代码和命令,或故意非法进入被保护的计算机系统,造成计算机损坏,根据情节,处 1 年以上 20 年以下有期徒刑,并处罚金。

【判决结果】

美国密歇根州地区法院判决支持了 EMI 的诉讼请求,认为科美利加没有妥善行事,即"没有遵守公平交易的合理商业标准",违背了所负有的预先检测并阻止欺诈性电汇活动的义务,要求科美利加赔偿被恶意转移的存款 561399 美元,以及自银行收到支付令之日起的合理费用和法定利息。

42. 克莱曼诉奥巴马政府非法收集数据案(2013)

【关键词】互联网自由 反恐 宪法控权

【基本案情】

被告人拉里·克莱曼(Larry Klayman)1951年出生于美国费城,他在杜克大学获得政治学及法国文学双学士学位,在埃默里大学获得法学博士学位。他是一名保守派共和党律师,曾经在美国司法部担任起诉人。早在20世纪90年代,他就多次因腐败问题对克林顿政府提起诉讼而声名鹊起,被公众称为"克林顿的复仇者"。1994年,他创立了旨在推动《信息自由法案》(*Freedom of Information Act*)的实施的无党派组织"法律观察"(Judicial Watch)。该组织曾提起针对克林顿政府、布什政府和奥巴马政府的诉讼。截止到2016年,单单针对希拉里·克林顿,该组织就提起或参与了20项诉讼。

克莱曼以富有攻击性的法庭策略著称。虽然他的胜诉率不高,但是通过诉讼过程中的调查,他往往能揭露出新的政治丑闻。在他职业生涯中,近半数为美国政府服务的律师都和他在法庭上交锋过。2000年之后,他离开了自己创建的法律监督组织,参与了参议员竞选并落败。"棱镜门"事件爆发之后,这位老骥伏枥的律师又回到了他最熟悉的领域。

2013年6月6日,美国中央情报局工作人员爱德华·斯诺登(Edward Snowden)下载了50000~200000份机密文件,然后从美国的夏威夷岛乘飞机到中国香港,通过英国《卫报》和美国《华盛顿邮报》公布了让全球震惊的丑闻:美国联邦情报局以及美国国家安全局,自2007年开始实施代号为"棱镜"(PRISM)的绝密电子监听计划。在 2001 年"9·11"恐怖袭击之后,美国国会颁布了《爱国者法案》。该法授权外国情报监察机构（FISC）与 FBI 调用"任何有形的东西（包括书籍、记录、文件和其他物品）进行调查,以防止国际恐怖主义"。2006 年以来,美国国家安全局基于《爱国者法案》,以反恐为由,直接进入互联网公司的中心服务器收集全世界互联网用户的信息。微软、雅虎、谷歌、苹果等在内的 9 家国际网络巨头都参与其中。美国国家安全局监控的主要有 10 类信息:电邮、即时消息、视频、照片、存储数据、语音聊天、文件传输、视频会议、登录时间和社交网络资料的细节都被政府监控。通过棱镜计划,美国国家安全局甚至可以实时获取一个人正在进行的网络搜索内容。

棱镜门事件引起了全美民众的讨论。对于政府的监听是否违宪,社会各界进行了激烈的辩论。美国宪法第四修正案要求执法部门如果要对民众进行监听,需对社会公开监听的原因。这种有针对性的监督旨在确保公民不受政府非法监控。然而棱镜计划涉及对"外国势力的活动"的监听,许多人因此认为,为了保护公民不受恐怖袭击的伤害,棱镜计划是必需的,也是合宪的。克莱曼显然认为棱镜计划是违宪的。

棱镜门事件爆发后,克莱曼与在阿富汗遇害的国家安全局的密码学技术员迈克尔·斯特兰奇（Michael Strange）的父母查尔斯·斯特兰奇（Charles Strange）和玛丽·斯特兰奇（Mary Strange）,以威瑞森无线（Verizon Wireless）用户的身份提起诉讼,将国家安全局、司法部、威瑞森通信公司、美国总统贝拉克·奥巴马（Barack Obama）、美国司法部部长艾瑞克·侯德（Eric Holder）和国家安全局局长吉斯·亚历山大（Keith Alexander）告上法庭。克莱曼声称,政府秘密收集大量信息,违反了美国宪法第一修正案（宗教与言论自由）、第四修正案（公民有不受非法搜查的权利）以及第五修正案（防止政府权力滥用）。2013 年 6 月 12 日,克莱曼、斯特兰奇夫妇、迈克尔·费拉里（Michael Ferrari）和马特·盖里森（Matt Garrison）共同提起第二起诉讼,以相同的理由,将第一起诉讼中被告中的政府官员和微软、谷歌、脸书等互联网巨头公司告上法庭。

在起诉书中,克莱曼指出,宪法第四修正案要求政府不得在没有获得司法机关搜查令时,对公民进行搜查。搜查令必须是具体地指向特定的人、特定的地点和特定的搜查对象。美国国家安全局在没有得到司法机关出具的搜查令的情况下,收集和分析了美国公民的通信信息,这种行为属于非法搜查,侵犯了美国公民的隐私权,是违宪的。因此,他提出如下诉讼请求:

1. 政府必须停止棱镜计划,不再收集任何与个人账户相关的数据;

2. 政府必须销毁已经通过棱镜计划收集的数据信息。

克莱曼诉奥巴马政府一案开庭时,斯诺登已经到达了俄罗斯,对此,他评论说:"我的行为(揭露棱镜计划)就是基于我相信美国国家安全局的监控行动是无法通过《宪法》考验的,美国公民有权利在公开的法庭上了解这些情况。今天,一个秘密计划被揭露了,这是将要到来的许多真相的先声。"他感慨道:"我的任务已经完成了。"

为了捍卫公民的隐私权,许多公民和组织都提起了诉讼,例如电子前沿基金会(Electronic Frontier Foundation)诉美国国家安全局网络监控案。2015 年 2 月,法庭驳回电子前沿基金会的诉讼请求,法庭并未对美国国家安全局秘密收集信息合宪与否做出回答,法官仅认定电子前沿基金会有关该计划的事实方面的指控是不准确的,却没有指出具体的不准确之处。

2015 年,在美国公民权利联盟诉国家情报局局长詹姆斯·克莱帕尔(James Clapper)一案中,第二巡回法庭依旧回避数据收集计划的合宪性问题,但认定美国国家安全局在《爱国者法案》第 215 条授权下实施的大众监视计划是非法的。

【相关法律条文】

美国宪法第一修正案(First Amendment of the Constitution of the United States)

国会不得制定关于下列事项的法律:确立国教或禁止宗教自由;剥夺言论自由或出版自由;剥夺人民和平集会和向政府请愿申冤的权利。

美国宪法第四修正案(Fourth Amendment of the Constitution of the United States)

人民享有人身、住宅、文件和财产不受无理搜查和扣押的权利。不经合理根据,以宣誓或代宣誓的形式,并具体说明搜查地点和扣押的人或物,不得发出搜查和扣押状。

美国宪法第五修正案(Fifth Amendment of the Constitution of the United States)

无论何人,不经大陪审团的报告或起诉书,不受死刑或其他重罪的审判,但发生在陆、海军中,战时或出现公共危险时服役的民兵案件除外。任何人不得因同一犯罪行为而两次遭受生命或身体的危害;不得在任何刑事案件中被迫自证其罪；不经正当法律程序，不得被剥夺生命、自由或财产；不给予公平赔偿，私有财产不得充作公用。

【裁判结果】

2013 年 12 月 6 日，美国哥伦比亚地区法院法官理查德 · 莱昂（Richard Leon）认为，自 2006 年以来，美国国家安全局依托棱镜系统，监控美国公民的活动，此类监控构成了美国宪法第四修正案意义上的"搜查"。法院进一步认定，这种搜查行为违宪。

华盛顿特区联邦巡回法院推翻了一审判决。法院认为，美国国家安全局的互联网监控行为是合宪的。巡回法庭认为：为了证明搜查非法，原告必须证明国家安全局的数据收集并非基于合理怀疑。然而，原告给出的证据不足。但是，为了避免同类诉讼的出现，华盛顿特区法庭对国家安全局发出禁止下一步数据收集的禁令。

【评议】大数据时代中行政机关的隐私权保护

15 年前，冯小刚导演的电影《天下无贼》中有这么一段对话："21 世纪，什么最贵？——人才！"15 年后的今天，再问："21 世纪，什么最贵？——数据！"大数据时代的到来使各种数据身价倍增，不论企业还是行政机关，都在关注和发挥大数据的价值。但是，井喷式增长的数据也正在削弱个人的隐私权。在众多行政机关大数据技术与个人隐私权发生冲突的案例中，克莱曼诉奥巴马政府非法收集数据案就是一个典型的例子。如何在大数据时代中保护个人隐私权，已经成为一个至关重要的问题。

一、克莱曼案判决结果

就克莱曼案而言，美国联邦巡回法庭回避了奥巴马政府数据收集计划的合宪性问题。法院没有对数据收集计划是否侵犯美国公民的通信隐私权给出回答，而是从事实层面否定了克莱曼的主体资格。①

克莱曼举证的事实包括：2013 年 4 月 25 日，外国情报监察法庭向威瑞森商

---

① Obama v. Klayman, 800 F. 3d 559(D. C. Cir. 2015).

业网络服务公司发布了一道命令,令其自即日起至 2013 年 7 月 19 日,每天将其订户的电话详细记录交给国家安全局;国家安全局正在进行大规模收集电话通信数据项目。

然而,一方面,克莱曼是威瑞森无线公司(Verizon Wireless)的用户,而非威瑞森商业网络服务公司的用户;另一方面,美国政府坚持认为,其数据收集项目从未包含美国公民的电话记录。从以上两方面来看,克莱曼没有直接的证据可以证明,其通话数据已被政府收集,因此也就无法证明,其遭受到具体的、实际的损害。克莱曼因此没有主体资格,而当事人不适格,法院就无法给出有效判决。巡回法院最终裁定该案发回重审。

二、大数据与隐私权的冲突

该案中,法院之所以回避政府数据收集计划的合宪性问题,是因为该案触及一个法律真空。关于"政府保护国家安全"原则与"公民享有隐私权"原则之间的冲突,美国宪法对此无规定,缺乏判例,连具体的规范意图也付之阙如。这样的法律空白,已经超过了司法解释权的"极限"。由于司法权与立法权之间的功能划分,司法机关不能取代、僭越政府部门进行立法和执法的选择。只有在出现法律上的"紧急状态"的情况下,法院才能对漏洞进行填补,否则只能留待立法解决。应该如何权衡"政府保护国家安全"原则与"公民享有隐私权"原则,这是大数据时代提出的新挑战。

那么,是否可能达到这样的一种平衡呢?笔者认为,这是可能的,其关键在于限制行政机关获取公民个人数据的权力。首先,行政机关在一定条件下有获取公民个人数据的权力。行政机关权力的根本来源是人民群众。从社会契约的角度来看,行政机关权力的产生在于个人将自己的一部分自然权利让渡给行政机关,以换取行政机关对自己的保护。从该案来看,则可视为个人与行政机关之间存在着个人以自己的一部分隐私权换取行政机关对其生命和安全保护的社会契约。同时,只要相信行政机关只将其获得的个人数据用于保护公民生命及国家安全,人们就能忍受其被削弱的隐私权,正如能够忍受医生为自己做身体检查一样。

因此,这里的"一定条件"考察的是行政机关收集公民个人数据的目的。行政机关收集公民个人数据的权力应当基于反恐和保护国家安全的目的。若不是基于此目的,而是为了在与公民的民事诉讼中"占得先机",用于操控市场等目的,则行政机关就不是在收集数据,而是在窃取公民的个人数据了。

其次,政府获取公民个人数据的权力应当是有限度的。在大数据时代,匿名和数据加密技术已将互联网变成一个强有力的策划阴谋的工具,而政府迫切地需要运用和发挥大数据技术来保护国家安全①。因而,绝对禁止政府收集公民个人数据不利于国家安全的保护。但是,如何权衡"政府保护国家安全"原则与"公民享有隐私权"原则,却是一个难题。对此,笔者认为,应当结合具体事实,进行结果考量,即确定在什么条件下"政府保护国家安全"原则优于"公民享有隐私权"原则,抑或相反。例如,当政府对某人或某组织是否为恐怖分子存在合理而明确的怀疑时,"政府保护国家安全"的原则才会优于"公民享有隐私权"原则,政府才可以进行公民个人数据的收集。

三、美国的相关法律规范

为了限制政府获取公民个人数据的权力,2015 年 6 月 2 日,美国参众两院分别通过了《美国自由法案》,以替代原来的《爱国者法案》。

在 2001 年"9·11"事件之后,美国国会通过了《爱国者法案》,规定美国司法与情报部门无须经过国会授权即可调用个人通信记录。该法案最受诟病的是其第 215 条,该条款规定即使无相关嫌疑,政府也可以获知公民的诸多个人资料,例如教育、医疗、投资等各种记录,同时禁止服务商向用户透露他们的信息已受调查。简言之,该法案允许美国政府拥有不受限制的监听权力。

然而,2013 年棱镜门事件的爆发,掀起了一片哗然之声,民众和媒体对个人隐私权遭受侵害表示强烈的抗议与谴责。为了替代《爱国者法案》,2013 年 10 月 29 日,《美国自由法案》提上议程。该法案对政府获取公民个人数据的权力实施了严格限制,规定国家安全局应在 6 个月内逐步将其大规模通信数据收集项目转移给电信公司,并规定国家安全局只有在确认某人或某组织有恐怖活动嫌疑的时候才能向电信公司要求调用相关数据。

总体来说,《美国自由法案》限制了美国政府的大规模通信数据收集活动。

---

① R. A. Posner, Privacy, Surveillance and Law. The University of Chicago Law Review, 2008 (75):251.

但是,该法案并没有终结该活动,而事实上是将数据收集与保存转给了电信公司,美国公民的个人数据仍然处于监控之下。同时,该法案只对美国国内监控项目进行限制,而其海外监控项目并不受影响。

另外,美国法律中举证责任的分配采取个案决定的方式,而克莱曼案中的举证责任在原告克莱曼身上,该举证责任的分配是否合理也值得探讨。该案正是因为这样的举证责任分配,出现了一个悖论。诚如该案中布朗(Brown)法官所言:"为了找到新的证据,原告必须面对的困难是政府不愿公开秘密计划。""即使法院让政府公开,政府也完全有可能不提供有利于原告的信息。"①这就是行政机关的权力垄断。而悖论就出现在,克莱曼要证明其属于适格原告,就要找到新的证据。但政府不会将其收集到的通话记录交给克莱曼,因此克莱曼就无法证明其通话数据已被政府收集。

如此看来,该案举证责任的分配似乎不妥。然而,若举证责任落在美国政府身上,也会出现问题。因为如果美国政府负有举证证明克莱曼不具有主体资格的责任,那么它就必须透露其监控项目的细节。而这种情况可能会促使恐怖分子提起类似的诉讼,以试探自己是否正处于政府的监控之下。总之,该案无论举证责任落在谁的身上,似乎都不完美。布朗法官虽然指出了该案中举证责任分配的问题,但也没有好的解决办法。

综上,克莱曼案是一个典型的行政机关大数据监控与个人隐私权发生冲突的案例,它具体地提出了如何在大数据时代中权衡"政府保护国家安全"原则与"公民享有隐私权"原则的问题。虽然该案在举证责任分配问题上无法做得完美,但是它推动了《美国自由法案》的颁布,在一定程度上平衡了行政机关大数据监控与公民个人隐私权之间的关系。然而,大数据时代背景下的隐私权保护问题仍然存在诸多疑点,有待更多学者加以思考和探讨。

---

① Obama v. Klayman,800 F. 3d 559(D. C. Cir. 2015),p. 5.

43. 斯诺登泄密案(2013)

【关键词】泄密 互联网自由 网络监控 反恐

【基本案情】

被告人爱德华·斯诺登(Edward Snowden)1983年出生于美国北卡罗来纳州的伊丽莎白市。他的祖父和父亲都曾在海岸警卫队服役,母亲在马里兰地区法院工作。斯诺登自幼聪明过人,两次智商测试的成绩都超过了145。少年时代的斯诺登不爱看电视或体育运动,而是沉迷书籍,特别是希腊神话。他说:"我记得一旦开始阅读那些书,我会沉浸好几个小时,犹如自己消失了一样。"斯诺登说,神话故事对他的人生起到了重要作用,让他学会面对道德困境。斯诺登还是一个"宅男",他最喜欢的动画是《钢之炼金术师》。

斯诺登从小成绩优秀,在他十年级的时候,因为罹患回合单核细胞增多症,休学了9个月,身体恢复之后,他不愿意到低年级插班,于是干脆辍学,自己到社区大学旁听。他热爱计算机技术,在大学旁听期间就开始在同学的计算机技术公司打工。2001年,"9·11"事件发生后,斯诺登深受震撼。2003年,20岁的斯诺登在爱国情怀的鼓舞之下,报名参军,希望到伊拉克战场服役。美国陆军国内首席发言人乔治·赖特(George Wright)介绍道:"记录显示,他于2004年5月7日入伍,加入特种部队,但于2004年9月28日退伍,并未完成训练。"斯诺登自己在采访中介绍说,他在体能训练中腿部骨折,因此退伍。

离开军队之后,斯诺登参加了招聘会,成功被中央情报局(CIA)录用。他被分配到位于弗吉尼亚朗格力市的全球通信总部,该组织负责处理中央情报局的计算机问题。从16岁开始就一直在从事网络和工程工作的斯诺登很快就发现:"尽管它(CIA)是一个血淋淋的情报组织,但它的技术已经过时了。这个机构和别人想象中完全不同。"斯诺登以他高超的计算机技术从同期入职的人中脱颖而出，被中央情报局选中参加为期 6 个月的机密技术培训。训练结束之后他被选派到瑞士的日内瓦，为美国中央情报局收集银行业相关情报。

拿着外交护照，住着中央情报局分配给他的四房一厅临湖公寓，在工作之余，斯诺登开始了对这份工作的反思。在情报工作中，他发现了中央情报局道德方面的瑕疵，为了在当地招募情报人员，中央情报局的人把目标人员灌醉，诱导他们在神志不清的时候做出轻微犯罪行为，再将这些人保释出来。这些人因此不得不为中央情报局效力。斯诺登感叹："我们做出这么影响他们生活的事情，仅仅是因为我们有能力这么做。"在日内瓦，他遇到了许多持反战立场的中央情报局特工，和这些人交谈大大改变了他的世界观。

2010 年，斯诺登被调到了美国国家安全局（NSA）。自"9·11"事件以来，国家安全局的大部分工作都被外包给了国防承包商，包括戴尔（Dell）和博思艾伦·汉密尔顿（Booz Allen Hamilton）。2011 年，斯诺登回到马里兰州，担任了一年戴尔的首席技术专家，负责中央情报局的账户工作。他说："我会和中央情报局的首席技术官以及所有技术部门的负责人坐在一起。我的工作是想办法解决最棘手的技术难题。"

在工作中，斯诺登了解到一个惊人的秘密：在 2001 年"9·11"恐怖袭击之后，美国国会颁布了《爱国者法案》。该法案授权外国情报监察法庭（FISC）与FBI调用"任何有形的东西（包括书籍、记录、文件和其他物品）进行调查，以防止国际恐怖主义"。2006 年以来，美国国家安全局基于《爱国者法案》，以反恐为由，开始了对全世界的互联网监控。国家安全局通过实施"棱镜计划"，直接进入互联网公司的中心服务器收集全世界互联网用户的信息。微软、雅虎、谷歌、苹果等在内的 9 家国际网络巨头都参与其中。美国国家安全局主要监控 10 类信息：邮件、即时消息、视频、照片、存储数据、语音聊天、文件传输、视频会议、登录时间和社交网络资料的细节。需要指出的是，"棱镜计划"只是全球监控的一小部分，媒体用"棱镜门"代指互联网监控，仅仅是出于习惯，实质上是不准确的。除"棱镜计划"之外，美国国家安全局对全美手机用户进行监控，将元通话信息用 XKS 系统进行分析，甚至回溯可疑人士的通话记录，调查其整个关系网络。通过对银行账户的转账记录和酒店的入住记录的监控，美国国家安全局对每个人的经济关系、人脉关系、衣食住行都了如指掌。而这个庞大的针对整个互联网通信世界的监控计划，竟然不为公众所知悉。

2012 年 3 月，斯诺登被调到夏威夷的一个大型基地，成为信息共享办公室的首席技术专家，在这个 25 万平方英尺（约 2.3 公顷）大小的曾用于储存鱼雷的地堡里，斯诺登从事着监控整个互联网的工作。他对国家安全局技术落后而缺乏监督的情况的担忧日益增加。他震惊地发现：美国国家安全局定期和以色列情报部门分享他们收集到的私人通信内容和元数据。

在政治上，斯诺登也逐渐走到了当局的对立面。2008 年美国大选的时候，他就为民主党和共和党之外的第三方党派投票。从 2001 年开始直到 2013 年，他一直是电子前沿基金会（一个推进互联网自由的非营利性组织）和"匿名计划"（Tor Project，一个推进互联网非实名聊天的组织）的活跃成员。

从 2012 年到 2013 年，斯诺登致力于向上级反映国家安全局的监控是在侵犯人们的通信自由和通信秘密权这一事实，然而，他的同事和上司都对此不以为然。2013 年 5 月 20 日，斯诺登从夏威夷飞往中国香港。他带走了至今未向公众公开确切数目的海量机密文件。在带走这些文件之前，斯诺登留下了一些数据线索，以便调查人员可以区分哪些文件是他复制了的，哪些文件是他仅仅查看而没有复制的。他希望国家安全局能够据此了解他的目的是向世界公开"棱镜计划"，而不是为外国政府效力，进行间谍活动。这也可以让政府有足够的时间为他将来的泄密做准备，并采取措施减轻损失。可惜的是，美国国家安全局的技术人员未能识别这些线索，只是简单地公布了他接触的文件总数，即 170 万份。

2013 年 6 月初，他向记者格伦·格林沃尔德（Glenn Greenwald）、劳拉·普特拉斯（Laura Poitras）和伊文·麦卡斯基尔（Ewen MacAskill）透露了国家安全局 9000～10000 份机密文件。在一个月内，这些文件的主要内容经整理被陆续发表在英国的《卫报》、德国的《明镜周刊》、美国的《华盛顿邮报》和法国的《世界报》上。举世瞩目的"棱镜门"事件爆发。美国政府对全世界互联网用户，包括对其盟友的网络监控震惊了全世界。

此次事件使得美国情报机构发生巨大的震荡，国家情报局局长詹姆斯·克拉珀（James Clapper）谴责这次泄密事件对美国的情报能力造成了"巨大的、严重的破坏"。前中央情报局局长詹姆斯·伍尔西（James Woolsey）说，如果斯诺登被判叛国罪，他应该被绞死。国务卿克里说："斯诺登是一个懦夫，他是叛徒，他背叛了他的国家。"

2013 年 6 月 14 日，美国联邦检察机关对斯诺登提出刑事诉讼，指控他盗窃政府财产，违反间谍法，未经授权传递国防信息，并将情报信息故意传达给未经授权的人。这三项指控都将使斯诺登面临 10 年有期徒刑。斯诺登拒绝回国接受审判,所以起诉至今仍在进行之中。

在强大的舆论压力之下,美国情报机构不得不进行"9·11"事件之后的第一次全面改革,2015 年 6 月 2 日,美国参议院通过并由奥巴马总统签署《美国自由法案》,这个法案修改了《爱国者法案》中的部分条款。《美国自由法案》首次对美国情报机构批量收集美国公民的通信数据进行了限制。2013 年,多起美国公民和组织起诉情报部门侵犯公民隐私权案件进入开庭审理阶段,在克莱曼诉奥巴马一案中,法官宣布"棱镜门"是一个"奥威尔"式的极权计划(详情见公民克莱曼诉奥巴马政府案)。

联合国大会于 2013 年 12 月一致通过了第 68/167 号决议。该决议谴责无理由的数字监控,并发表了《互联网隐私权利宣言》。

斯诺登这样阐述他的理念:"我相信 1945 年在纽伦堡宣布的原则,'个人有超越国家义务的国际义务,因此公民有责任防止危害和平与人类的罪行发生,哪怕要做出违反国内法的行为。'我没有为自己牟利,我没有出售美国的秘密。我没有和任何外国政府合作来保证我的安全。相反,我把我所知道的东西告诉了公众,让我们所有人来讨论这些影响我们所有人的事情。这个道德决定的代价高昂,但既然它是正确的,那么我并不后悔。"

2013 年 6 月 23 日,斯诺登几经波折,在维基解密的帮助下,乘坐飞机抵达莫斯科谢列梅捷沃机场。在他的逃亡过程中,美国情报部门怀疑斯诺登藏身于玻利维亚总统的专机上,甚至强迫玻利维亚总统埃沃·莫拉莱斯(Evo Morales)的专机接受检查。事实上,这个假消息是维基解密的创始人朱利安·阿桑奇为了迷惑美国情报部门而放出的。2015 年 4 月,玻利维亚驻俄罗斯大使玛丽亚·路易莎·拉莫斯·乌尔扎加斯特(María Luisa Ramos Urzagaste)指控朱利安·阿桑奇将莫拉莱斯的生命置于危险境地,故意向美国提供有关斯诺登乘坐莫拉莱斯专机的谣言。在这个"烟幕弹"的掩护之下,斯诺登成功逃亡到俄罗斯,2013 年 7 月,斯诺登在俄罗斯获得政治庇护。

【相关法律条文】

盗窃美国政府财产罪(The Theft or Conversion of Property Belonging to the United States Government)

盗窃美国政府部门的文件、物品等,并意图非法获益或用于其他未经授权的用途,处罚金或 10 年以下有期徒刑,或两者并罚。

收集、传播和丢失国防信息罪(Gathering and transmitting defense information)

合法拥有与国防有关的文件、手稿、照片、地图、器具等的政府公职人员,故意收集并将这些资料和物品交给无权接收该资料和物品的第三国,处罚金或 10 年以下有期徒刑,或两者并罚。

泄露机密信息罪(Disclosure of Classified Information)

知情并故意将美国的机密信息提供、传播至第三方,或以任何损害美国安全或利益的方式使用,或为任何外国政府的利益而损害国家机密,处罚金或 10 年以下有期徒刑,或两者并罚。

【案件进展】

2013 年 6 月 14 日,美国联邦检察机关起诉斯诺登,指控他盗窃政府财产,实施间谍行为,未经授权传递国防信息,并将情报信息故意传达给未经授权的第三方等。这些指控使斯诺登面临 10 年有期徒刑。斯诺登拒绝回国接受审判,所以起诉至今仍在进行之中。2013 年 7 月,斯诺登在俄罗斯获得政治庇护。

【评议】从斯诺登泄密案浅议政治犯的相关问题

2013 年 6 月,爱德华·斯诺登将美国国家安全局"棱镜计划"的监听文件披露给了《卫报》和《华盛顿邮报》,指责美国政府对全球实施非法网络监控,在全世界掀起了轩然大波。6 月 14 日,美国联邦检察官"火速"对斯诺登提起刑事诉讼。或许斯诺登自己都没有想到,一个原本对国家充满忠诚,并为之服务了十几年的"技术军官",会被拉上"黑名单"。从此他在全世界的风口浪尖开启逃亡模式。而关于他的案例,被一次次地写入各国网络信息安全的教科书中。2013 年,斯诺登离开中国香港,赴俄罗斯寻求政治庇护并获得批准。2014 年,斯诺登再次获得居留许可,延长三年的居留期限。本文从斯诺登泄密案着手,聚焦讨论案件中"政治犯"的相关问题,对案件中值得讨论的相关政治犯法律问题进行深入探讨。

一、国际法上模糊的"政治犯"概念

(一)"政治犯"概述

斯诺登到底是不是政治犯？自美国官方对斯诺登提起刑事诉讼以来,美国屡次向中国香港、俄罗斯、委内瑞拉、玻利维亚等提出引渡斯诺登的请求。2013年8月,俄罗斯正式给予斯诺登政治庇护。而"政治庇护"的待遇,显然以将斯诺登视为政治犯为前提。相反的是,美方否认斯诺登为政治犯,不承认适用国际法"政治犯不引渡"条款。可见政治犯的概念界定是斯诺登案的重要前提,也是连接管辖、引渡、审判等后续刑事程序中的重要环节。

政治犯是大众耳熟能详的概念。然而,国际法上对于政治犯的概念界定并非将一切与政治因素相关的罪犯列为政治犯。事实上,国际法上对政治犯的概念至今尚未统一,政治犯的界定更多取决于一个国家内部的自我规定,或是国与国之间的双边协议。

正是由于政治犯在国际法上的概念模糊,许多违法者利用不同的国家对政治犯概念标准的划分差异,将"政治犯"概念作为自己"逃避罪责"的保护伞。实施犯罪后逃往他国,寻找所实施犯罪与他国政治犯罪的共同因素,将自己的罪行披上政治的色彩,申请庇护,已经成了"标准程序"。而法律实践中,无法否认的是,由于政治制度的差异,在不同的犯罪行为上,不同国家和地区确实存在认定差异,不可能面面俱到。在国际惯例上,通常将政治犯区分为"绝对政治犯"和"相对政治犯"。绝对政治犯是"公认的政治犯",通常是因为违法者触犯了极其重大的国家利益,或实施了影响国际秩序的政治行为。如叛国罪,它危害的是政治稳定。还有间谍罪,它危害的是国家安全利益。绝对政治犯较容易区分,也是各国之间公认的政治犯罪。而相对政治犯的认定则较为困难,它侵犯的并非是各国普遍认同的政治利益,并且一般的犯罪也可以被认为是相对政治犯。如故意伤害、杀害政治首脑、外交代表等行为,需要具体分析其是否具有危害国家的政治利益,对此各国有不同的规定。例如比利时1856年《引渡法》,其规定杀害国家元首及其家庭成员的人,不被视为政治犯。此规定逐步被各国所接受和推广,直到1973年,联合国大会发表的《关于防止和惩处侵害应受国际保护人员包括外交代表的罪行的公约》,以比利时的《引渡法》为基础,确立了杀害国家元首不视为政治犯的原则,并且进一步将杀害政府首脑、外交代表、随员等人员也列入非政治犯范围。目前，世界上大多数国家对于杀害政治人物的犯罪分子已不列为政治犯，并加大了对此类犯罪的打击力度。

（二）反向条款：政治犯的但书规定

政治犯的正面确认有相当的难度，目前只有若干"绝对政治犯"罪名如叛国罪、间谍罪等正面列举为政治犯。因此，反向排除加但书条款成为国际法的新立法趋势。最典型的立法是 1973 年 11 月 30 日联合国大会通过的《禁止并惩治种族隔离罪行国际公约》（以下简称《公约》）。当时各殖民国家的殖民地被收回，"反殖民"口号在国际社会中持续推进，《公约》第一条就确认了种族隔离政策行为违反国际法基本原则与《联合国宪章》。从此种族隔离、民族歧视的罪行已不被各国视作庇护政治犯的工具。同样的反向条款还确立在劫机、种族灭绝等罪名当中，《海牙公约》《蒙特利尔公约》等国际公约都将这些犯罪排除在政治犯罪之外。

（三）斯诺登案中政治犯争议的思考

再次回到本案，斯诺登泄密案的情节不算复杂，就是将其在工作中的所接触的国家秘密透露给公众和外媒。本案的关键在于美方对其起诉的罪名。首先是提出刑事诉讼的指控："2013 年 6 月 14 日，美国联邦检察机关对斯诺登提出刑事诉讼，指控他盗窃政府财产，违反《间谍法》，未经授权传递国防信息，并将情报信息故意传达给未经授权的人。"可见联邦检察官对斯诺登提起的指控共三项：盗窃行为、间谍行为和泄露国家信息行为。然后是起诉的罪名，分别是盗窃公共财产罪（Public Money，Property or Records）、窃取国防信息罪（Gathering，Transmitting or Losing Defense Information）和向未经授权人传递情报罪（Disclosure of Classified Information）。由此可以看出，美方政府对斯诺登的指控和罪名是不对称的。指控所涉的间谍行为并未在罪名中体现出来，泄露国家秘密也只是简单地用"向未经授权人传递情报"来表示，对泄露国家秘密、危害国家安全只字不提。就连当时的中央情报局局长詹姆斯·伍尔西（James Woolsey）和国务卿克里（John Forbes Kerry）都表示斯诺登的叛国行为严重，他应该按叛国罪"处置"。

其实，斯诺登将美国国家秘密公之于众，虽然是以"保障全人类的安全"为名发布，但确实已触及美国的国防与国家安全利益，也不在国际法列明的"但书条款"下。按照普遍国际惯例来说，斯诺登完全可以被认为是政治犯，寻求国外的政治庇护。据维基解密的创始人阿桑奇说，希拉里在 2016 年大选时，甚至意图用无人机"炸死"斯诺登,这样的死亡威胁也侧面说明了俄罗斯对斯诺登的政治庇护确有必要。

政治犯的概念模糊性导致了最终法院对斯诺登指控的三个罪名均未涉及任何政治因素。可见美国官方在对斯诺登进行刑事诉讼前是进行过细致讨论和选择的。而意图就是利用国际法上对政治犯概念的不确定性,在合理的范围内甄选最为符合本国利益的罪名,"剥离"斯诺登身上的政治因素,为接下来引渡和逮捕程序做好法律上的铺垫。

二、讲法律还是讲政治——政治犯的行政司法的双重因素

政治犯并非是单纯地触犯法律,它具有行政性和司法性的双重色彩。政治犯的认定也不同于普通罪名,并非单纯由司法机关判定。国际上,政治犯的判定程序机制基本可以概括为三种:行政机关审查制、司法部门审查制和行政、司法混合审查制。前两项均委托单独判定,不做赘述。目前国际上采用较多的是第三种——行政、司法混合审查机制,由司法机关和行政机关共同负责政治犯的判定。美国采用的也是混合审查的形式。

在美国(其他各国基本如此),司法机关对政治犯具有初步审查权。由司法部门负责对案件的侦查、取证、扣押等。而行政机关的介入是在案件起诉前。而政治犯具有国家安全的意义,一般由政府高层官员亲自介入,对整个案件过程进行相关行政性确认与监督。并且,当司法机关与行政机关进行共同确认后,行政机关一般拥有对政治犯的最终确认权。在这个阶段行政机关站在国家的立场,对案件所涉及的国家和公民利益、政治利益等问题,结合本国的法律和惯例,判定罪犯是否符合政治犯的标准,是否要引渡回国或引渡给他国。而引渡权、赦免权等政治权利大多由美国总统拥有,因此美国总统及其白宫智囊团成为认定政治犯的关键角色。

司法机关从法律角度考虑问题,而面对没有明确概念的"政治犯"往往无从下手。行政机关站在政治权益的角度考虑问题,对于一个案件首先考虑的是政治的宏观局势。因此混合审查制时常会出现矛盾,此时具体的审查方式往往体现了一国司法权与行政权力量的博弈,关乎着一国体制的运行。美国是三权分立的国家,总统有大法官的任免权,司法机关有对总统行政权力的监督权。在涉及政治犯罪的认定时,除了对政治犯罪本身性质的剖析,更有着对共同利益的考

量和平衡。在斯诺登案上，美国行政权和司法权出奇的一致，说明将斯诺登引渡回国，解决网络监控的遗留问题成为美国司法和行政部门的共犯。

三、政治犯不引渡原则的探析

（一）不引渡条文的起源与发展

政治犯的一个英文称谓是"political offender"，中文的翻译是"政治对手"，在有些国家，寻求庇护的政治犯也被称为"持不同政见者"。按照国际法惯例，政治犯不引渡（political offense exception）是一项基本原则。最早采用政治犯不引渡原则的是法国，其作为一项基本原则写进了法国宪法。政治犯不引渡起源于18世纪法国的新兴资产阶级革命，当时政治动乱，欧洲的国际环境不稳定，而"自由"和"民主"的思想影响了法国新兴资产阶级立法者的立法思想，庇护被政治迫害被迫流亡到法国的外国公民成为一项不成文规定，为随后以法律条文的形式写进1793年法国宪法奠定了基础。1948年《世界人权宣言》第14条规定："（一）人人有权在其他国家寻求和享受庇护以避免迫害。（二）在真正由于非政治性的罪行或违背联合国宗旨和原则的行为而被起诉的情况下，不得援用此种权利。"该原则正式成为了国际法的重要原则。

（二）政治犯不引渡原则的原理

为何对于政治犯，国际上都采用不引渡原则？第一，政治犯并非人类公认的犯罪，它因各国国情与法律的千差万别产生不同的情形。同一个国家不同的执政者有着不同的政治见解，引渡即意味着放弃庇护，对一个"持不同政见者"放弃庇护意味着在外交政策上支持该国的当权方，一般被引渡国家不会轻易在外交政策上表态。第二，政治犯不引渡原则来源于对自由和民主的尊崇与拥护。将政治犯重新引渡回国不仅违背了自由与民主的精神，也是对被引渡人的人权的侵犯。第三，近代宪法的精神普遍保持着保护公民权利、限制国家权力的主题基调，政治犯的确立大多数是因为国家权力与个人利益的冲突，那么对公民权利的保护便成为国家之间利益冲突时的首要目标。

（三）斯诺登的不引渡所带来的启示

斯诺登的不引渡宣告了美国政治犯剥离计划的失败。俄方给予斯诺登政治庇护也就承认了斯诺登政治难民的身份，成功破坏了美国引渡斯诺登的企图。从斯诺登离开美国赴中国香港寻求庇护，再到离开香港转向俄方最终成功获得庇护，我们可以发现，引渡是政治力量的博弈。政治犯的确认不能单单凭借引渡方向被引渡方提出指控的罪名来认定，各方需要结合整个事件的前因后果进行综合判断。并且，当政治犯的确立在国内尚无法律或判例可供参考时，被引渡方首先需要本着双方的引渡协议确立程序，当双方没有签订任何引渡协议时（如美俄），需要本着国际法和本国的宪法精神进行判断，在政治犯罪事实的基础上，秉持"保障公民权利，缩小国家权力"的普遍宪法精神，对政治犯的确认、庇护、引渡等措施给予合理的保障。正如斯诺登在泄密时声称："我并非为了商业牟利的目的，也并非受别国指使从事任何间谍行为。"他所做的选择，仅仅是来自内心对于人权和网络信息自由的渴望，从而引发对美国政府随意监控网络、滥用政治强权对世界造成损害的谴责。因此，任何一个国家，只有真正为所谓"政治犯"创造出合理公正的行政、司法环境，方能在政治外交谈判时做出正确的选择，从而守住本国的政治边界与外交话语权。庇护好"斯诺登们"的合法权益，全人类的利益才能得到有效保障。

44. 叙利亚电子军网络钓鱼案(2016)

【关键词】叙利亚电子军 网络钓鱼 国家网络安全

【基本案情】

被告人艾哈迈德·奥马尔·阿迦(Ahmad Umar Agha),生于1994年,叙利亚人。被告人菲拉斯·达达尔(Firas Dardar),生于1989年,叙利亚人。阿迦和达达尔都是叙利亚电子军(Syrian Electronic Army)的成员。叙利亚电子军是一个黑客组织,最早出现于2011年。该黑客组织带有政治动机,该组织成员攻击网络并散布政治信息,以此来支持叙利亚总统巴沙尔·阿萨德。从2011年至2014年间,阿迦和达达尔以叙利亚电子军的名义展开了多起网络攻击行动。他们的攻击对象绝大多数位于美国境内。

阿迦和达达尔展开网络攻击的主要手段是网络钓鱼。他们窃取目标组织中个人的电子邮箱地址,并发送网络钓鱼邮件。网络钓鱼是指网络攻击者通过发送声称来自某知名机构的欺骗性垃圾邮件,意图将收信人引诱到一个精心设计的与目标组织的网站非常相似的钓鱼网站上,并获取收信人在此网站上输入的个人账号信息(如用户名、密码、账号ID)。凭借这些个人账号信息,阿迦和达达尔成功地侵入目标组织的计算机系统并展开非法活动。另外,他们还利用这些个人账号发送其他的网络钓鱼邮件。

2011年9月,阿迦和达达尔将美国哈佛大学的官网主页换成了叙利亚总统巴沙尔·阿萨德的图像,并写道:"叙利亚电子军在这里。"2012年6月,他们发送大量邮件给美国总统行政办公室(the Executive Office of the President,EOP)的工作人员,这些邮件中包含了可连接到由他们操纵的网站上的假链接,但侵入美国总统行政办公室网络的行动失败了。

2012 年 8 月,他们窃取了英国路透社的推特账号,并发布了关于叙利亚冲突的虚假信息。2013 年 2 月,他们向《华盛顿邮报》的工作人员发送网络钓鱼邮件,邮件中含有看似连接到一篇卡塔尔政府声明的假链接,多名工作人员点击了该链接并输入了账号信息。2013 年 3 月,阿迦和达达尔用同样的网络钓鱼方式侵入了"人权观察"①组织官网,并发布谴责"人权观察"的信息。

2013 年 4 月,他们通过网络钓鱼侵入了美国国家公共广播电台官网,修改了其中多篇新闻稿的内容,并发布了多则信息,诸如:"叙利亚电子军在这里,你们所有的报道都是假的!"当月,他们还非法侵入了美国联合通讯社②推特,并发布虚假信息称白宫被炸,奥巴马总统受伤,导致当时的股市短时大幅下挫。2013 年 5 月,他们通过网络钓鱼侵入了美国有线电视新闻网、洋葱网(the Onion News,美国一个提供讽刺新闻的新闻网)和 E! Online 网(美国著名的娱乐新闻网),并发布了关于叙利亚冲突的虚假信息。

2013 年 7 月,他们通过网络钓鱼窃得一名 EOP 工作人员的账号信息,并用该账号向 EOP 其他工作人员发送网络钓鱼邮件,意图引诱这些人输入白宫社交账号的密码,但该行动以失败告终。当月,他们还非法侵入了 *The Daily Dot*(一个专门报道互联网虚拟国度的新闻网),在该网络添加关于叙利亚的图像并删除了一篇有关叙利亚的文章。

2013 年 8 月,他们通过鱼叉式网络钓鱼③的方式窃取了《纽约邮报》的多个推特账号并发布了支持叙利亚政府的言论。2013 年 9 月,他们通过网络钓鱼窃取了智威汤逊广告公司(J. Walter Thompson)一名工作人员的电子邮箱信息,并借此重置这名工作人员另一个账号上的密码。另一个账号可以修改美国海军征兵司令部网站 Marines.com 的信息,阿迦和达达尔将该网站域名连接到了自制的另一个网站,发布信息鼓励美国海军"拒绝服从命令"并邀请他们和叙利亚军队一起战斗。当月,他们还向美国国家航天航空局(NASA)工作人员发送网络钓鱼邮件,数名工作人员点击了该链接但连接通道都被 NASA 网络安全系统阻断了。

2013 年 11 月,他们通过鱼叉式网络钓鱼窃取了一位批判过叙利亚政府的电影制作人的电子邮箱和推特账号,破坏了其个人网站和推特账号。当月,他们还

---

① "人权观察"是一个非政府的国际组织,总部设在美国纽约,以调查、促进人权问题为主旨。

② 美国联合通讯社,简称美联社,是美国最大的通讯社,国际性通讯社之一。

③ 鱼叉式网络钓鱼不以随机目标为对象,而以特定对象为标靶。

窃取了《时代周刊》工作人员的账号信息,并更改了该杂志的推特内容及一份线上投票情况。2014 年 1 月,他们通过网络钓鱼窃取了微软公司工作人员的账号信息,破坏了微软的一个推特账号,并复制了其中的信息。

阿迦和达达尔实行网络犯罪的动机是支持叙利亚阿萨德政权,其行为主要针对美国政府、国际组织及一些处于叙利亚政府对立面的媒体机构或企业。但是,他们的行为不仅损害了受害组织的利益,更是严重危害了国家网络安全。叙利亚电子军的幕后支持者可能就是叙利亚政府。巴沙尔·阿萨德在 2011 年的一次演讲中,曾提到这些匿名的在线"战士":"该军由叙利亚公民兄弟们组成……在这个阶段,年轻人扮演着重要角色,因为他们已经证明了自己是一股活跃力量。这就是电子军队,虚拟现实中的一支真正的军队。"叙利亚全国委员会[①]的成员塔里克·阿尔·贾扎里表示:"叙利亚政府付钱让他们(叙利亚电子军)去跟反对派打一场网络战……他们有时接受来自(叙利亚)大马士革的订单,有时是自发发动袭击。"他还补充说,这些黑客基地位于叙利亚或者迪拜,从叙利亚的主要国际支持者俄罗斯那里获得专家技术援助。

总而言之,叙利亚电子军实际上是叙利亚内战的产物。自 2011 年反对叙利亚总统巴沙尔·阿萨德的起义爆发,叙利亚电子军也开始浮出水面,其宗旨就是传播支持阿萨德的信息和回击他们认为对叙利亚政府有偏见的媒体报道。而从这场叙利亚网络战中可以看出,网络冲突已成为当代冲突的一个重要表现,网络攻击代表了一种新的战争模式,而网络安全也已成为国家安全不容轻视的一部分。

FBI 对阿迦和达达尔展开追踪,并于 2014 年 6 月 12 日将阿迦和达达尔起诉至美国弗吉尼亚东区地区法院。但由于阿迦和达达尔可能居住在叙利亚,所以美国检方无法逮捕他们。2016 年 3 月 22 日,FBI 将阿迦和达达尔添加到 FBI 头号通缉名单之中,并悬赏 10 万美元鼓励人们积极提供有关两人的线索,同时美国的法庭也针对阿迦和达达尔发布了逮捕令。

【相关法律条文】

计算机诈骗及其他相关犯罪 (Fraud and Related Activity in Connection with Computers)

通过散播恶意程序、信息、代码和命令,或故意非法进入被保护的计算机系

---

① 叙利亚全国委员会是由叙利亚反对派组成的政治组织,目的是推翻巴沙尔政权。

统,造成计算机损坏,根据情节,处 1 年以上 20 年以下有期徒刑,并处罚金。

传递虚假恐怖活动信息罪(Convey Information Which Indicates an Terrorist Activity)

故意传递虚假或误导性信息,导致相关公职人员遭到暴力攻击、抵抗、阻挠、妨碍、恐吓或干扰,根据情节,处罚金或 5 年以下有期徒刑,或两者并罚。

意图使美军叛变罪(Intent to Interfere with, Impair, or Influence The Loyalty, Morale, or Discipline of The Military or Naval Forces of the United States)

意图损害美国陆军或海军的忠诚、士气及纪律,以建议、劝告、驱使或其他方式引起或试图引起美国陆军或海军成员的叛变或拒绝履职的,处罚金或 10 年以下有期徒刑,或两者并罚。且在定罪后 5 年内不得被美国公共部门录用。

【裁判结果】

2014 年 6 月 12 日,美国检方将阿迦和达达尔起诉至美国弗吉尼亚东区地区法院,指控两人犯计算机诈骗罪和传递虚假恐怖活动传播罪等罪名罪。然而,阿迦和达达尔目前可能仍居住在叙利亚,两人尚未被捕。

【评议】浅议美国的网络主权与互联网政治

著名社会学家阿尔文·托夫勒在其 20 世纪 80 年代的著作《第三次浪潮》中预言到:"谁掌握了信息,控制了网络,谁就将拥有整个世界。"几十年过去了,瞬息万变的世界格局早已印证了阿尔文当年的预言。21 世纪网络战争成为国家政治博弈的新领域。与此同时,美叙两国政治冲突再升级。2018 年 4 月 14 日,特朗普下令对叙利亚化工武器工厂实施打击,正式对叙宣战。本文从叙利亚电子军网络钓鱼案入手,紧扣网络安全要点,结合当今时事,对互联网安全问题、网络主权与政治之间的关系进行进一步分析。

一、"互联网安全"背后的"网络主权"

所有的互联网安全问题的核心都可以归结于网络主权。如今跨国互联网犯罪有着高昂的成本,对于美国这样一个互联网技术发达、防护措施严密的超级大国来说,对其境内的互联网安全造成威胁需要极高超的科技水平、巨额的资金筹措和团队化的精密运营等前期准备。不同于国内的涉网犯罪,日益猖獗的金融犯罪案、黑客互联网攻击案、非法窃取国家机密案等跨国案件,都有一个共同特征:公开或非公开的政府支持。政府扩充互联网军备力量,维护本国的互联网安全,进而引申出了"网络主权"的概念。

(一)什么是网络主权

网络主权,是新世纪国家主权延伸的新形态。同传统国家主权如制海权、制空权一样,网络主权是体现科技领域国家权力的重要内容。简单概括,网络主权就是一国对互联网空间的话语权、控制权、排除侵害权等权力,主要表现为以下几个性质。

独立性。本国的网络主权有独立运行,不受别国干涉的权力。这是网络主权最重要的特性。而有趣的是,全球相当部分国家的主要服务器都注册在美国,使得美国有很大的操作空间。只要美国对注册在其境内的服务器上的域名进行修改,国家域名网站就会发生改动,甚至被屏蔽无法访问。因此,全球绝大多数国家的服务器是很难单独可靠运行的,网络主权的独立性只在理论上存在意义。

排除外界侵害性。拥有网络主权的国家有排除他人对本国范围内网络空间进行侵犯的权力。面对外来侵害,本国可以以维护网络主权为由,进行自我防卫,排除侵害等武力或非武力的举动。但排除外界侵害要以独立性为边界的,一旦侵害停止则不得再以排除侵害为由进行"防卫过当"举动。

边界性。网络主权的行使应该具有相应的边界。但不同于海、陆、空等地理边界的权力,网络具有跨国性,主权的边界不等同于国界。因此网络的边界并不以地理界限为标准而划分,例如俄罗斯在美国有服务器,俄罗斯行使网络主权的边界就不是美国国境,而是美国境内这台服务器的管辖权力。但实际情况中,网络主权的边界性没有固定的标准,因此很难对其进行划定,也和一国的国际话语权有密切的联系。

(二)从叙利亚电子军网络钓鱼案看美国的网络主权

在叙利亚电子军网络钓鱼案中,叙利亚电子军的跨国网络犯罪的主要手段是"网络钓鱼"。从犯罪手段上看,其运用"网络钓鱼"的技巧似乎并不高明。"通过发送声称来自某知名机构的欺骗性垃圾邮件,意图将收信人引诱到一个精心设计与目标组织的网站非常相似的钓鱼网站上,并获取收信人在此网站上输入的个人账号信息……"似乎与现今购物网站上的诈骗手法并无不同之处。

但叙案与一般的购物网站诈骗最大不同之处不是犯罪手段,而是犯罪对象与犯罪动机。其选取的犯罪对象,要么是扮演着政治角色的行政机构与工作人员,要么就是有一定政治影响力的官方媒体。犯罪动机则是通过捏造不实信息,并通过官方机构或政治媒体宣传,意图扰乱该国的社会稳定,影响政治局势,挑战网络主权。那么关键问题也就来了,与叙利亚对峙的美国网络主权,在国际互联网领域里扮演了怎样的角色?

美国网络主权是强大的。而究其根源,在于美国对全球互联网服务器的控制权。服务器在互联网中是个什么概念?它具有存储功能,是网络与网络之间的节点,处理着网络上几乎所有的数据。是 PC、移动产品等所有互联网设备的交换节点。就如人体内肾脏一样,交换新陈代谢的产物。没有服务器的连接作用,网络在全球的交互不可实现。

第一代互联网起源于美国。1969 年,美国国防部研究计划部(ARPA)联合了斯坦福大学、加利福尼亚大学洛杉矶分校、犹他大学的几台主要计算机,建立了分组交换试验网(arpanet),这也是互联网的最初形态。以 arpanet 为基础,美国又对技术进行升级,生成更多包括麻省理工、哈佛等计算机在内的联机系统,并将此形态不停地向全世界扩张和推广,让全世界的互联网信息交换都必须通过美方设置的节点,并保留美方核心技术,维持美国对全世界网络的控制权。而通过网络系统对经济、教育、科技等产生的影响力,美国的网络主权渐渐扩张,渗透到社会各界。

早在 1993 年,美国政府出台《国家信息基础结构行动计划》,争抢网络人才与科技储备。美国军方甚至去互联网大会上招募黑客,让更多的人才参与网络军备的进程。21 世纪初,美国发布的《国防战略报告》,将网络单独列为与海、陆、空同等重要的作战空间,这是全世界首个赋予网络空间以战略意义的国家。2006 年,美国对网络主权定位再升级,军方组建了"网络媒体部队",将互联网战争推向白热化。实际上,从网络主权走向网络霸权,源于美国在第二次世界大战后,在科技原始资本积累中把握了良机,并进一步将科技资本集权化,构造技术壁垒,最终垄断全世界的互联网技术。

"根服务器"的出现是权力的集中与堕落。"根服务器"相对于普通的互联网服务器,是全球服务器中的"咽喉"。任何域名在使用前,均要进行域名解析,而只有经过"根服务器"解析的域名,才能进行下一步各层级服务器的解析。1998 年,"根服务器"由美国商务部授权"互联网域名与地址管理公司"提出,专门负责域名与互联网技术的管理。"根服务器"在全球共有 13 台,分为 1 个"主根服务器"（地点在美国）与 12 个"辅根服务器"。而"辅根服务器"中又有 9 个放置于美国。对于掌控这样一个全世界互联网的"必经之路"，美国政府长袖善舞之势体现得淋漓尽致。

2003 年伊拉克战争期间，美国利用"根服务器"的解析权，取消了所有伊拉克域名"iq"的申请解析工作，所有以"iq"为后缀的伊拉克域名均无法从互联网上搜索到，对伊拉克网络主权产生重大打击。2004 年，相同的手段再次用于对付利比亚。这次以"ly"为后缀的网站无法在引擎上被搜到。在国际互联网运行方面，由于亚欧地区的网络要经过美国，美国可以通过控制"根服务器"来统计或监控所有服务器解析的相关信息，如访问量、网站点击频率等。这样有力的"窥视权"，对于被窥视方国家的政治、经济主权无疑会有较大的影响。

孟德斯鸠认为："一切缺乏限制的权力拥有者都会滥用权力，他只有遇到权力的界限方会休止。"而美国，恰恰就是庞大网络权力的拥有者。

叙案揭露了新时代对于美国主权的挑战。美国统治全球网络数十年，其网络话语权也受到各国政府、团体的冲击。美国是跨国网络犯罪发生率最高的国家，在其主动入侵世界各国网络的同时，也最受各国顶级黑客的青睐。美国能源部 2010—2014 年被黑客入侵 1131 次，其中成功 159 次。维基解密创办者阿桑奇就曾经入侵美国五角大楼的网络，获取 9 万份美军机密邮件。犯罪组织"匿名者""新世界"更是美国网络主权的"挑战者"。2016 年 10 月，美国加利福尼亚、纽约、波士顿、西雅图等多个地区的公共机构、社交网站等遭到"匿名者"入侵数小时，导致近半个美国的网络瘫痪，是美国有史以来遭到的规模最大的网络袭击之一。"叙利亚政府付费让他们（叙利亚电子军）去跟反对派打一场网络战……"叙利亚全国委员会成员塔里克·阿尔·贾扎里的一番话总结了这样一个事实：叙案只是各方力量挑战美国网络霸权的一个缩影，叙利亚电子军入侵美方官网、篡改信息的目的是支持叙利亚阿萨德政权，其进一步的目的是挑战其他西方政府。在网络开放的新时代，将有越来越多的新兴国家对美国几十年间构建的网络霸权发起进一步挑战。

二、从叙案解读美国互联网的政治功能

在叙案中，叙利亚电子军所选取的入侵对象都是政府官网与媒体，犯罪手段也如出一辙：在官网媒介上传播消息以影响政治局面。美国社交媒体的政治影

响力巨大。这起案件中,仅仅一条"奥巴马被炸受伤"的虚假新闻,就引发了美股下跌,影响了地区经济的运行。

(一)美国互联网媒体对政治人物的塑造功能

美国媒体并非都采用国有资本控制形式,媒体自由言论不受政府干涉的特点增强了对政治人物多元化的塑造。在涉及政治因素时,不同的媒体会发表不同政治倾向的观点,传播不一样的党派理念。20 世纪 60 年代初,肯尼迪利用当时最为强大的媒体 CBS(哥伦比亚广播公司),塑造自己总统候选人的正面形象,打败了当时呼声极大的尼克松,被誉为"媒体革命"。如今,网络媒体与美国政党的关系从之前的互不干涉发展到相互合作,媒体借助政党的力量扩大自己的影响力,政党借助媒体塑造自己的正面形象获得支持。而政治人物选举的成功,关键在于"摇摆州"的支持。2016 年美国大选期间,希拉里在科罗拉多、佛罗里达、俄亥俄、北卡罗来纳等若干"摇摆州"投了上亿美元的广告费用,但最终由于网络舆论的转向,"摇摆州"纷纷倒戈,最终导致落败。叙案中当事人伪造、篡改人权组织官网的信息,就是企图改变信息真实性从而达到破坏官方政治形象的目的。

(二)美国互联网媒体对政治动向的监督功能

美国互联网媒体对政治动向的监督颇为严密。在美国,互联网媒体时常会越过政治的公共领域,参与私人领域去执行政治监督职能。记者深入挖掘未公布的政府草案、政治人物私生活,传播政治动态,这早已成为"惯例"。最典型的案例,就是尼克松总统的"水门事件"和克林顿任职时期媒体曝光的莱温斯基丑闻。媒体对于政治人物动向的监督最终引发政治事件,影响支持率。在美国,互联网新媒介有着"政府第四部门"的称号,执行社会舆论的监督职能,左右政治局势。叙案中电子军通过媒介手段,意图引发互联网监督从而扰乱政治局势的行为,也是利用了互联网在美国政治社会中发挥的社会监督功能。

(三)美国互联网媒体对政府行为决策的辅助职能

在美国,政治家们用于获取信息的具有代表性的媒体包括《华盛顿邮报》《纽约时报》《华尔街时报》,它们是政客获取信息的主要渠道。而互联网广播则是ABC,CBS,CNN,浏览这些网站是政府官员们一天工作的开始。而记者们持续地将观点发表在互联网媒体上,产生"雪球效应",从而引发政治风向的转变。由于网络民意的压力,白宫召开新闻发布会回应热点问题的情况屡见不鲜。

三、总结

网络主权是国际政治的重要议题,是当今国家政治权力的重要组成部分。美国作为网络主权大国,从起源到主权构建再到霸权统治,其在数十年内构建了严密的国际互联网的政治秩序。然而在秩序运行的过程中,发生过无数次来自敌对国家和各种组织对美国网络秩序的政治挑战。正如叙利亚电子军网络钓鱼案般,违法者每次挑起事端,都是世界各国意图重建国际网络秩序、解除网络霸权、拥护平等主权的发声。互联网有着强大的政治功能,在美国对全世界动用"互联网政治"的同时,叙利亚电子军也用同样的方式,意图通过袭击美国境内互联网,影响美国政治人物的形象,扰乱政府决策。

挑战需要殉道者。无论是叙案中的阿迦与达达尔,还是阿桑奇与斯诺登,他们一次次对网络主权发起冲击与挑战,揭发了真相,引发了科技变革,重构了国际网络秩序。未来国际互联网格局依旧将围绕着网络主权进行,谁拥有了网络主权,谁就掌握了科技信息的制高点,拥有了超越本国国界的政治权力。

三、总结

网络主权是国际政治的重要议题,是当今国家政治权力的重要组成部分。美国作为网络主权大国,从起源到主权构建再到霸权统治,其在数十年内构建了严密的国际互联网的政治秩序。然而在秩序运行的过程中,发生过无数次来自敌对国家和各种组织对美国网络秩序的政治挑战。正如叙利亚电子军网络钓鱼案般,违法者每次挑起事端,都是世界各国意图重建国际网络秩序、解除网络霸权、拥护平等主权的发声。互联网有着强大的政治功能,在美国对全世界动用"互联网政治"的同时,叙利亚电子军也用同样的方式,意图通过袭击美国境内互联网,影响美国政治人物的形象,扰乱政府决策。

挑战需要殉道者。无论是叙案中的阿迦与达达尔,还是阿桑奇与斯诺登,他们一次次对网络主权发起冲击与挑战,揭发了真相,引发了科技变革,重构了国际网络秩序。未来国际互联网格局依旧将围绕着网络主权进行,谁拥有了网络主权,谁就掌握了科技信息的制高点,拥有了超越本国国界的政治权力。

图书在版编目(CIP)数据

　　欺诈、盗窃与入侵:西方网络安全大案解析 / 冯洋
主编. —杭州:浙江大学出版社,2020.5(2021.10 重印)
　　ISBN 978-7-308-20207-7

　　Ⅰ.①欺… Ⅱ.①冯… Ⅲ.①互联网络—案例—研究
—西方国家 Ⅳ.①D912.170.5

　　中国版本图书馆 CIP 数据核字(2020)第 075899 号

欺诈、盗窃与入侵
——西方网络安全大案解析
冯　洋　主编

责任编辑	钱济平　陈佩钰
责任校对	汪　潇　杨利军
封面设计	续设计
出版发行	浙江大学出版社
	(杭州市天目山路 148 号　邮政编码 310007)
	(网址:http://www.zjupress.com)
排　　版	浙江时代出版服务有限公司
印　　刷	广东虎彩云印刷有限公司绍兴分公司
开　　本	710mm×1000mm　1/16
印　　张	15.5
字　　数	257 千
版 印 次	2020 年 5 月第 1 版　2021 年 10 月第 2 次印刷
书　　号	ISBN 978-7-308-20207-7
定　　价	60.00 元